高等教育路桥工程类专业系列教材

路桥工程计量与计价

LUQIAO GONGCHENG JILIANG YU JIJIA

主　编　冯　满　李春娥　吴汉美
副主编　孔　亮　高小兰　曾大林

重庆大学出版社

内容提要

本书基于中华人民共和国住房和城乡建设部及中华人民共和国交通运输部的相关规定编写而成,全书分为 3 篇共 18 章,内容包括第一篇概述(包括工程造价及造价管理,道路、桥涵工程定额概述,工、料、机预算单价的确定,工程量与工程量清单计价概述),第二篇市政工程计量与计价——道路、桥梁工程(包括市政工程计价定额,市政工程工程量清单计价,通用工程工程量清单组价,道路工程工程量清单组价,桥涵工程工程量清单组价,市政工程预算费用的组成和计算,市政工程实例及部分成果),第三篇公路工程计量与计价——道路、桥梁工程(包括公路工程预算定额,公路工程工程量清单计价,路基工程工程量清单组价,路面工程工程量清单组价,桥涵工程工程量清单组价,公路工程预算费用的组成和计算,公路工程预算文件的编制)。第一篇为本书的基础理论,统讲工程造价的组成及计价原理,为第二篇市政工程和第三篇公路工程预算文件的编制提供理论支撑。

本书可作为普通高等院校工程造价、工程管理专业市政工程、公路工程方向及其他相关专业方向的教材,也可作为从事工程造价、市政工程、公路工程等领域的专业技术人员的参考用书。

图书在版编目(CIP)数据

路桥工程计量与计价 / 冯满,李春娥,吴汉美主编
. -- 重庆:重庆大学出版社,2024.4
高等教育路桥工程类专业系列教材
ISBN 978-7-5689-4349-9

Ⅰ.①路… Ⅱ.①冯… ②李… ③吴… Ⅲ.①道路工
程—计量—高等学校—教材 ②桥梁工程—工程造价—高等
学校—教材 Ⅳ.①U415②U445③TU723.3

中国国家版本馆 CIP 数据核字(2024)第 073711 号

路桥工程计量与计价

主　编　冯　满　李春娥　吴汉美
副主编　孔　亮　高小兰　曾大林
策划编辑:肖乾泉

责任编辑:姜　凤　　版式设计:肖乾泉
责任校对:刘志刚　　责任印制:赵　晟

*

重庆大学出版社出版发行
出版人:陈晓阳
社址:重庆市沙坪坝区大学城西路 21 号
邮编:401331
电话:(023)88617190　88617185(中小学)
传真:(023)88617186　88617166
网址:http://www.cqup.com.cn
邮箱:fxk@cqup.com.cn(营销中心)
全国新华书店经销
重庆升光电力印务有限公司印刷

*

开本:787mm×1092mm　1/16　印张:20　字数:526 千
2024 年 4 月第 1 版　　2024 年 4 月第 1 次印刷
印数:1—2 000
ISBN 978-7-5689-4349-9　定价:55.00 元

前　言

随着我国城市化进程的迅速发展,城市更新改造与乡村振兴都离不开道路和桥梁的建设,无论是市政工程还是公路工程都受到越来越多的重视。为适应高等教育的发展需要,认真贯彻落实党的二十大精神,结合市政工程、公路工程、工程造价相关专业领域的培养目标,依据行业、企业需求编写了本书。

市政工程包括城市基础设施建设,如道路、桥梁、排水系统等,而公路工程则专注于公路网络的规划、建设和维护。本书以理论联系实际、提高职业能力为目标,结合《建设工程工程量清单计价规范》(GB 50500—2013)、《市政工程工程量计算规范》(GB 50857—2013)、《重庆市市政工程计价定额》(CQSZDE—2018)、《重庆市建设工程费用定额》(CQFYDE—2018)、《公路工程建设项目概算预算编制办法》(JTG 3830—2018)、《公路工程标准施工招标文件》(2018 年版)、《公路工程预算定额》(JTG/T 3832—2018)等编写而成。

本书条理清晰、重点突出、结构合理,涵盖了计量与计价的基本概念、原理、方法和技术,以及在市政工程和公路工程中常见的道路、桥梁工程的工程量计算和计价的应用。通过本书的学习,学生能够掌握计量与计价的技巧,了解工程造价的计算方法,以及理解工程项目中各项费用的构成和核算。合理的计量与计价是保证工程质量、控制成本并实现可持续发展的关键。本书的编写结合了理论和实践,旨在培养学生的实际操作能力和问题解决能力。本书包含了大量的案例分析和实际工程项目的实例,帮助读者将理论知识与实际应用相结合。

本书内容构成新颖,针对性和实践性强。在编写时充分考虑了高校学生的学习目标,平衡理论与实践教学内容,采用切合实际的案例,全面具体地阐述了各知识点,既符合教师的教学要求,也符合学生的理论实践一体化目标。用通俗易懂的语言阐述理论知识点,结合行业的具体情况,让学生根据自身需求选择市政工程和公路工程的纵向学习和横向对比。

本书从市政、公路工程造价的工作岗位和相关课程需求出发,围绕"应用型"办学定位和"工程实践型"培养定位,贯彻"基础实,能力强,素质高"的培养方针进行编写。编写思路与市政、公路工程造价的工作流程和市政、公路工程造价的计价依据保持一致。本书主要内容分为3 个部分,第一篇为概述,第二篇为市政工程计量与计价——道路、桥涵工程,第三篇为公路工程计量与计价——道路、桥涵工程。

本书由重庆城市科技学院冯满、李春娥、吴汉美担任主编,由重庆城市科技学院孔亮、高小兰、曾大林担任副主编。本书具体编写分工如下:第1章、第2章、第5章、第6章、第12章、第13章由李春娥编写,第3章和第4章由李春娥、吴汉美编写,第10章和第17章由吴汉美编写,第11章和第18章由吴汉美、曾大林编写,第7章、第8章、第14章由冯满、孔亮编写,第9章、第15章、第16章由冯满、高小兰编写。全书由冯满、李春娥、吴汉美负责统稿,冯满、曾大林负责校核。同时,向在本书编写过程中给予笔者帮助和建议的徐航、唐平等表示诚挚的谢意,他们的专业知识和丰富的教学经验为本书的质量和深度提供了坚实的支撑。本书编写时参考了大量同类书,书中直接或者间接地引用了参考文献所列书目的部分内容,在此一并表示致谢。

由于编者水平有限,书中难免存在错误及不足之处,恳请专家及读者批评指正,以便修订或再版时不断改进和完善。

编 者

2023 年 11 月

目　录

第一篇　概　述

第1章　工程造价及造价管理 ······················· 3
1.1　工程造价的含义及组成 ····················· 3
1.2　工程计价的特点和模式 ····················· 6
1.3　工程造价管理 ························· 10
1.4　造价工程师职业资格制度及考试实施办法 ············· 13
思考题 ····························· 16

第2章　道路、桥涵工程定额概述 ··················· 17
2.1　定额概述 ·························· 17
2.2　定额分类 ·························· 20
2.3　施工定额原理 ························ 23
2.4　预算定额原理 ························ 26
2.5　定额的应用 ························· 28
思考题 ····························· 31

第3章　工、料、机预算单价的确定 ·················· 32
3.1　预算单价的确定 ······················ 32
3.2　定额基价的编制 ······················ 35
思考题 ····························· 36

第4章　工程量与工程量清单计价概述 ················ 38
4.1　工程量的相关概念和计算 ··················· 38
4.2　清单工程量和定额工程量的区别 ················ 40
4.3　工程量清单计价概述 ···················· 41
思考题 ····························· 44

第二篇　市政工程计量与计价——道路、桥涵工程

第5章　市政工程计价定额 ····················· 47
5.1　市政工程计价定额的组成 ··················· 47
5.2　市政工程计价定额的使用说明 ················· 48

思考题 ……………………………………………………………………… 53

第6章　市政工程工程量清单计价 ……………………………………… 54

6.1　市政工程工程量清单的构成 ………………………………… 54

6.2　市政工程工程量清单计价 …………………………………… 57

思考题 ……………………………………………………………………… 63

第7章　通用工程工程量清单组价 ……………………………………… 64

7.1　通用工程预算定额说明 ……………………………………… 64

7.2　通用工程清单工程量计算规则 ……………………………… 82

7.3　通用工程案例分析 …………………………………………… 92

思考题 ……………………………………………………………………… 98

第8章　道路工程工程量清单组价 ……………………………………… 99

8.1　道路工程预算定额说明 ……………………………………… 99

8.2　道路工程清单工程量计算规则 ……………………………… 107

8.3　道路工程案例分析 …………………………………………… 113

思考题 ……………………………………………………………………… 126

第9章　桥涵工程工程量清单组价 ……………………………………… 127

9.1　桥涵工程预算定额说明 ……………………………………… 127

9.2　桥涵工程清单工程量计算规则 ……………………………… 140

9.3　道路工程案例分析 …………………………………………… 151

思考题 ……………………………………………………………………… 172

第10章　市政工程预算费用的组成和计算 …………………………… 173

10.1　概述 …………………………………………………………… 173

10.2　建筑安装工程费用项目组成及内容 ………………………… 174

10.3　市政工程费用标准 …………………………………………… 179

10.4　工程量清单计价程序 ………………………………………… 182

思考题 ……………………………………………………………………… 186

第11章　市政工程实例及部分成果 …………………………………… 187

11.1　广联达 GCCP 软件简介 ……………………………………… 187

11.2　市政工程预算文件的编制 …………………………………… 192

第三篇　公路工程计量与计价——道路、桥涵工程

第12章　公路工程预算定额 …………………………………………… 195

12.1　公路工程预算定额的组成 …………………………………… 195

12.2　公路工程定额的使用说明 …………………………………… 196

思考题 ……………………………………………………………………… 199

第13章　公路工程工程量清单计价 …………………………………… 200

13.1　公路工程建设项目概算预算编制办法简介 ………………… 200

13.2　施工图预算的编制 …………………………………………… 200

思考题 ……………………………………………………………………… 204

第14章　路基工程工程量清单组价 …………………………………… 205

14.1　路基工程预算定额说明 ……………………………………… 205

14.2 路基工程清单工程量计算规则 …………………………… 211

14.3 路基工程案例分析 ………………………………………… 221

思考题 …………………………………………………………… 225

第15章 路面工程工程量清单组价 …………………………… 226

15.1 路面工程预算定额说明 …………………………………… 226

15.2 路面工程清单工程量计算规则 …………………………… 231

15.3 路面工程案例分析 ………………………………………… 241

思考题 …………………………………………………………… 249

第16章 桥涵工程工程量清单组价 …………………………… 250

16.1 桥涵工程预算定额说明 …………………………………… 250

16.2 桥涵工程清单工程量计算规则 …………………………… 260

16.3 桥涵工程案例分析 ………………………………………… 270

思考题 …………………………………………………………… 278

第17章 公路工程预算费用的组成和计算 …………………… 279

17.1 公路工程建设项目概算预算编制办法(2018)的组成 … 279

17.2 公路工程建设项目概算预算编制办法(2018)总则 …… 280

17.3 部分概算预算费用标准、计算方法和附录 ……………… 280

思考题 …………………………………………………………… 304

第18章 公路工程预算文件的编制 …………………………… 305

18.1 纵横 Z+造价工作平台简介 ……………………………… 305

18.2 公路工程预算文件的编制 ………………………………… 308

参考文献 ………………………………………………………… 309

第一篇 概 述

　　本篇主要介绍工程造价的基础知识,共包含 4 章内容。从工程造价的含义和组成引出,描述至其计价依据之一的计价定额内消耗量和单价的确定,再到定额的应用,最后到工程量清单计价,通篇围绕计价的流程进行基础知识的介绍。

　　第 1 章主要就工程造价的含义、组成、计价流程、造价管理和造价工程师职业资格考试等进行阐述。需要注意的是,本章所介绍的工程造价的组成及职业资格考试等内容均基于现行的最新规范,应注意相关规范的更新变化。第 2 章主要就道路、桥涵工程定额进行概述,虽然市政工程和公路工程定额的编制单位、组成等方面存在诸多不同,但在定额的分类、原理和应用上基本一致。因此,本章主要针对定额编制原理和应用进行介绍。学习时,需注意结合第 5 章和第 12 章的内容进行理解和记忆。人工费、材料费、施工机具使用费在工程造价中的占比非常高,明确其单价的确定有助于更好地控制工程造价。因此,第 3 章主要就工、料、机预算单价的确定进行介绍。学习时,需结合定额表格进行理解,弄清表格内单价列的数据来源。第 4 章主要围绕工程量和工程量清单计价基础知识进行阐述,主要为后续第 6 章和第 13 章做铺垫,应对工程量的计算方法、依据、应遵循原则及清单的作用、编制原则和依据等具备初期概念。

　　本篇作为教材的基础部分,与本书其他章节或其他计量计价系列教材有许多相通的知识点,可进行跨专业联动记忆,以便更好地理解和掌握。

第1章　工程造价及造价管理

1.1　工程造价的含义及组成

根据住房和城乡建设部发布的《工程造价术语标准》(GB/T 50875—2013)，工程造价(Project Costs,PC)是指工程项目在建设期预计或实际支出的建设费用。

在建设活动中，工程造价的含义又可以从以下两个方面进行理解。

第一，指工程投资费用，即投资者为建设一项工程所需全部固定资产投资费用和无形资产投资费用的总和，即广义的工程造价。第二，指工程建设价格，即承包商为建设一项工程进行的施工生产经营活动所形成的工程建设总价或建筑安装工程价格，即狭义的工程造价。通常所说的工程造价指的是工程建设价格。

工程造价的这两种含义是从不同的角度做出的分析。第一种理解主要针对建设工程的投资者而言，其就是项目投资，是为"购买"项目付出的价格，也是投资者在作为市场供给主体"出售"项目时定价的基础。第二种理解主要针对承包人而言，工程造价是他们作为市场供给主体出售和劳务的价格总和，或特指某范围的工程造价，如建筑安装工程造价。

1.1.1　市政工程造价的含义及构成

市政工程造价是市政建设工程的建造价格，它同样具有两种含义。

第一种含义：市政工程造价是指建设一项工程预期开支或实际开支的全部固定资产投资费用，也是一项市政工程通过策划、决策、立项、设计、施工等一系列生产经营活动所形成相应的固定资产、无形资产所需用的一次性费用的总和。这一定义是从投资者、业主的角度来定义的，其费用组成如图1.1所示。

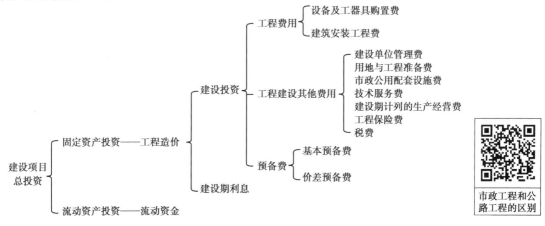

图1.1　建设项目总投资组成

　　第二种含义:市政工程造价是指建成一项市政工程,预计或实际在土地市场、设备市场、技术劳务市场以及工程承包市场等交易活动中所形成的市政建筑安装工程的价格和市政建设项目的总价格。通常把市政工程造价的第二种含义认定为市政工程承发包价格。

　　根据《重庆市建设工程费用定额》(CQFYDE—2018),市政工程建筑安装工程费由分部分项工程费、措施项目费、其他项目费、规费和税金组成,其详细组成见表1.1。

表1.1　建筑安装工程费用项目组成

	分部分项工程费	建筑安装工程的分部分项工程费		
建筑安装工程费	措施项目费	施工技术措施项目费	特、大型施工机械设备进出场及安拆费	
			脚手架费	
			混凝土模板及支架费	
			施工排水及降水费	
			其他技术措施费	
		施工组织措施项目费	组织措施费	夜间施工增加费
				二次搬运费
				冬雨季施工增加费
				已完工程及设备保护费
				工程定位复测费
			安全文明施工费	
			建设工程竣工档案编制费	
			住宅工程质量分户验收费	
	其他项目费	暂列金额		
		暂估价		
		计日工		
		总承包服务费		
	规费	社会保险费	养老保险费	
			工伤保险费	
			医疗保险费	
			生育保险费	
			失业保险费	
		住房公积金		
	税金	增值税		
		城市维护建设税		
		教育费附加		
		地方教育附加		
		环境保护税		

1.1.2　公路工程造价的含义及构成

公路工程造价主要是指公路工程交通基本建设、养护项目从筹备到竣工验收、交付使用所需的全部费用,也就是建设一条公路、一座独立大桥或一个隧道等项目,使其达到设计要求所花费的全部费用。

根据《公路工程建设项目概算预算编制办法》(JTG 3830—2018),公路工程概算预算总金额由建筑安装工程费、土地使用及拆迁补偿费、工程建设其他费、预备费和建设期贷款利息组成,其详细组成如图 1.2 所示。

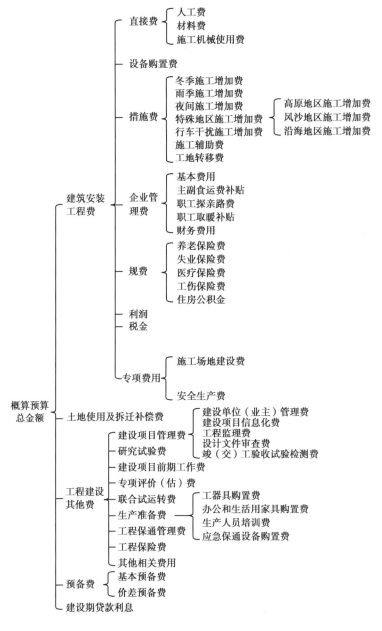

图 1.2　概算预算费用组成

1.2 工程计价的特点和模式

根据住房和城乡建设部发布的《工程造价术语标准》(GB/T 50875—2013),工程计价是按照法律、法规和标准等规定的程序、方法和依据,对工程造价及其构成内容进行的预测或确定。

1.2.1 工程计价的特点

作为一个商品,工程项目与其他普通商品相较存在诸多独立特点,分别表现为计价的单件性、多次性、组合性、动态性、大额性及计价方法的多样性和依据的复杂性等。

1)单件性

产品的个体差别决定了每项工程都必须单独计算造价。就公路工程项目而言,每一项都有其专门用途,如构成公路整体的路基、路面、桥梁、涵洞及沿线设施等,各有不同的形态和结构。加上工程结构物都是固定在地表,其结构、造型必须适应工程所在地的气候、地质、水文等自然客观条件,因而,表现在实物形态上是千差万别的。在建设这些不同的实物形态工程时,因为必须采取不同的工艺、设备和建筑材料,所以其消耗物化的劳动和活劳动也必定是不同的,再加上各地区的社会发展不同造成构成价格和费用的各种价值要素的差异,最终导致工程造价各不相同。这就只能根据各个建设工程项目的具体设计资料和当地的实际情况单独计算工程造价。

2)多次性

工程造价计价的多次性是指在工程项目的不同阶段进行多次计价的过程。

在工程项目的不同阶段,如前期投资决策阶段、设计阶段、招投标阶段、施工准备阶段、竣工验收阶段和竣工阶段都需要对工程造价进行评估和计算。

①前期投资决策阶段:在项目还未立项或初步确定时,需要进行初步的投资估算。这旨在为投资者提供工程项目的大致造价预估,以帮助他们做出投资决策。

②设计阶段:在项目进入设计阶段后,根据详细的设计方案和施工图纸,可以进行更准确的工程造价计算,包括设计概算、修正设计概算和施工图预算等。

③招投标阶段:在公路工程施工招标、投标活动中,对采用工程量清单计价的工程,招标单位参照编制施工图预算的造价依据和方法,按规定程序对招标工程建设所需的全部费用及其构成进行测算所确定的造价预计值,形成招标标底或最高投标限价。投标单位根据招标文件及有关定额和招标项目所在地区的自然、社会和经济条件及施工组织方案与投标单位自身的情况,计算完成招标工程所需的各项费用,形成投标报价。发、承包双方根据合同法、招(投)标文件及有关规定,以约定的工程量清单计价方式,签订工程承发包合同时形成合同价。

④施工准备阶段:在施工前,需要对工程造价进行再次评估和调整。因为可能存在加工制造费用、运输费用、临时设施费用等方面的变化,需要重新计算和确认工程项目的成本,此阶段主要形成施工预算。

⑤竣工验收阶段:在工程项目竣工验收之前,需要进行最后一次造价计算。这一阶段主要是确认实际发生的费用,进行工程结算,并与初期预算进行对比和调整。

⑥竣工阶段:路桥工程经审定从筹建到竣工验收、交付使用全过程中实际支出的全部工程建设费用称为竣工决算。它是整个公路工程的最终造价,是作为建设单位财务部门汇总固定资

产的主要依据。

　　一个建设项目各个阶段的计价是相互衔接,由粗到细,由浅到深,由预期到实际,前者制约后者、后者修正和补充前者的发展过程。其计价的多次性如图 1.3 所示。

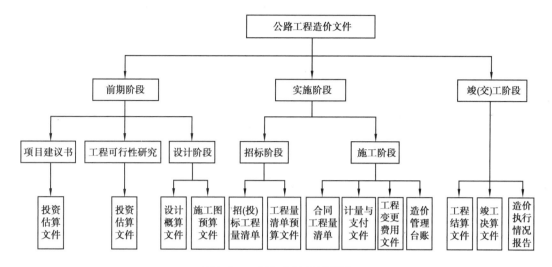

图 1.3　工程多次计价过程图

3) 组合性

　　一个建设项目往往含有多个能够独立发挥设计生产效能的单项工程;一个单项工程又由能够独立组织施工、各自发挥专业效能的单位工程组成;一个单位工程又由多个以主要结构、主要部位为划分标准的分部工程组成;一个分部工程又由多个以不同的施工方法、不同的工程部位、不同的材料、不同的质量要求和工作难易程度为划分标准的分部工程组成。路桥工程中,建设项目逐级分解如图 1.4 所示。

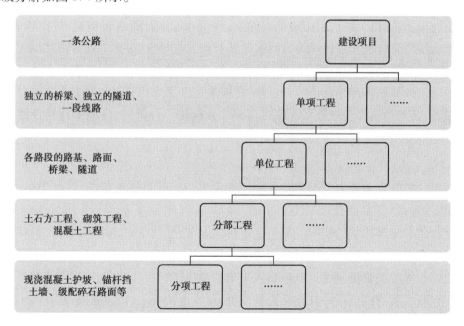

图 1.4　建设项目逐级分解示意图

与此相适应,计价时,首先应对建设项目进行分解,然后再按照组成进行分项工程计算和组合。工程造价可分为建设项目总造价、单项工程造价和单位工程造价。组合计价示意图如图1.5所示。

图1.5　组合计价示意图

4)动态性

工程项目从决策到竣工验收直到交付使用,都有一个较长的建设周期,而且由许多来自社会和自然的众多不可控因素的影响,必然会导致工程造价的变动。例如,物价变化、不利的自然条件、人为因素等均会影响工程造价。因此,工程造价在整个建设期内都处于不确定的状态之中,直到竣工决算后才能最终确定工程的实际造价。

5)大额性

任何一个建设工程,不仅形体庞大,而且资源消耗巨大,少则几百万元,多则数亿乃至数百亿元。工程造价的大额性事关多个方面的重大经济利益,同时也使工程承受了重大的经济风险,对宏观经济的运行产生重大的影响。

6)多样性

多次计价的计价依据各不同,其精确度要求也不同,因此,计价方法具有多样性的特点。计算和确定概(预)算造价有两种基本方法,即单价法和实物量法。公路项目预算造价采用的是实物量法。建设项目投资估算的方法有设备系数法、生产能力指数估算法、类似工程比较法等;初步设计概算和修正概算一般采用概算定额法、概算指标法、类似工程预算法等进行编制;施工图预算采用按施工图计算工程量、按预算定额计算实物消耗、按市场价格计价,按费用定额计算各项费用及利税;投标报价则采用按清单工程量、按企业定额计算实物消耗,按市场价格计价,同时考虑自身的经营状况和工程风险等因素计算而得到综合价格;施工预算则采用按施工图和实际情况计算工程量,按企业定额计算实物消耗,按市场价格计价,同时考虑自身的经营状况和工程风险等因素计算而得到综合价格;工程结算则采用已完成并符合合同要求的清单工程量和变更工程量,按清单价格和变更价格计算而得到综合价格。计价时,应根据背景条件正确选用计价方法。

7)复杂性

计价依据的复杂性主要表现为影响造价的因素多。其计价依据复杂、种类繁多,主要可分为以下7类:

①确定设备和工程数量的依据。其包括项目建议书、可行性研究报告、设计文件等。

②计算人工、材料、机械等实物消耗的依据。其包括投资估算指标、概算定额、预算定额等。

③计算工程单价的价格依据。其包括人工单价、材料价格、运杂费、机械台班费等。

④计算设备购置费的依据。其包括设备原价、设备运杂费、进口设备关税等。

⑤计算其他工程费、间接费和工程建设其他费用依据。其主要是相关的费用定额和指标及当地的征地拆迁补偿政策等。

⑥政府规定的税收和有关收费标准。

⑦物价指数和工程造价指数。

计价依据的复杂性不仅使计算过程复杂,而且要求计价人员熟悉项目建设相关的法律法规及造价编制的各类依据,并加以正确运用。

1.2.2　计价模式

建设项目工程造价的计价模式是与社会经济体制相适应的。随着我国经济体制和工程造价管理体制改革的不断深入,建设项目工程造价的计价模式也发生了根本性变化,经历了 3 种不同的计价模式。

1)政府定价计价模式

政府定价计价模式即定额计价模式。定额是指中央政府有关部门和各级地方政府有关部门定期颁布的工程估算指标、概算定额、预算定额、费用定额、工程量计算规则等一切工程计价的法定依据。它是政府造价主管部门根据社会平均消耗和平均成本制订的"量价合一"的工程造价计算标准,既规定了工程量的实物资源消耗数量标准,又规定了单价及各种取费费率和计算办法。

2)政府指导价计价模式

政府指导价计价模式即"定额量、指导价、竞争费"的量价分离计价模式。这里讲的"定额量"是指单位工程量的人工、材料、施工机械台班量等实物资源消耗量,按政府工程造价主管部门颁布的"基础定额"规定的消耗量标准计算。"指导价"是指人工、材料、机械台班的预算价格,按中央政府和地方政府造价主管部门定期发布的"指导价格"(又称中准价、信息价)计算。"竞争费"是指其他工程费、间接费、利润等取费费率,由中央政府或地方政府造价主管部门制定指导性费率标准,企业可根据自身的具体情况确定投标费率进行竞争。

从实际执行情况看,政府工程造价主管部门发布的工、料、机指导价,一般略高于市场实际成交价;按定额及指导价格、费率计算的工程预算造价,一般高于工程招标实际中的标价。按照计划要留有余地审定概算,审定概算是投资控制最高限额的要求,目前已被普遍使用。但在编制招标标底或投标报价时应注意,由于与市场竞争规则和《中华人民共和国招标投标法》中规定的中标条件相悖,这种计价模式还不是真正的市场经济计价模式,而是在工程招投标尚未完全成熟时,为避免低价恶性竞争和确保工程质量而采用的一种过渡模式。

3)工程量清单计价模式

工程造价管理体制改革的最终目标是逐步建立以市场竞争为主的价格形成机制。其内容如下:

①由政府建设行政主管部门统一制定符合国家标准、规范,并反映一定时期施工水平的人工、材料、机械等消耗量标准,实行对定额消耗量标准的宏观管理;

②制定统一的工程项目划分和工程量计算规则,为逐步实现工程量清单计价报价创造条件;

③建立信息网络系统,加强工程造价信息的收集、处理,及时发布信息;

④建筑施工企业可在基础定额的指导下,结合企业自身的技术和管理情况,制订企业定额,并在投标中结合当地要素、市场行情、自身经营情况及个别成本进行自主报价。

工程量清单计价模式是国际上通行的做法。我国于 2003 年发布《建设工程工程量清单计价规范》(以下简称《规范》),并于2003年7月1日起实施。按照《规范》要求,在建设项目工程招投标中,招标人按照统一的项目编码、项目名称、计量单位、工程量计算规则和统一的格式,提供分部分项工程项目措施项目,其他项目的名称及相应工程数量的明细清单,由投标人依据工程量清单自主报价。通过市场竞争形成工程价格的计价模式,即市场定价模式,是法定招标建设项目必须严格执行的计价模式。

　　在国内工程建设领域,20世纪80年代后期,随着改革开放的不断深入,引入外资进行公路工程的建设进入快速发展时期。1986年12月,开始施工的"西安至三原一级公路"是国内第一个使用世界银行贷款建设的公路项目,紧随其后的"京津塘高速公路""济青高速公路"等大量利用世界银行贷款建设的高速公路项目均采用工程量清单计价模式。在随后10多年的路桥工程建设过程中,均采用工程量清单计价模式。

1.3　工程造价管理

　　工程造价管理是指对工程项目的造价进行有效控制和管理的过程。它包括项目预算编制、成本控制、费用核算、合同管理、变更管理等方面的工作,旨在保证工程项目的造价在合理范围内,同时满足项目的质量、进度和功能要求。

1) 工程造价管理的目标

　　工程造价管理的目标主要包括以下5个方面:

　　①控制项目成本。工程造价管理的首要目标是实现对项目成本的有效控制。通过科学的预算编制成本分析和控制手段,确保工程项目在预算范围内进行,避免成本超支和浪费。同时,在项目变更和风险管理中,及时评估和控制成本变化,确保成本在可接受的范围内。

　　②提高经济效益。工程造价管理追求经济效益最大化。通过合理的资源配置、成本控制和优化决策,使得项目投资得到充分回报,经济效益最大化。同时,也要注重项目的可持续性,综合考虑经济、环境和社会效益,以实现长期的可持续发展。

　　③保证工程质量。工程造价管理不仅要关注成本控制,还要确保工程质量达标。通过合理的投资规划和成本控制,保障项目所需的质量标准得以满足,避免因为成本压缩而牺牲工程质量。同时,工程造价管理还可通过对材料和设备的选择与采购,确保项目使用质量可靠的材料和设备。

　　④提升项目管理效率。工程造价管理有助于提升项目管理效率。通过合理的成本预算和控制,可以提前发现和解决潜在的成本问题,减少变更和风险对项目的影响。同时,工程造价管理还与项目进度、质量、安全等方面的管理密切相关,从而提升项目的整体管理水平。

　　⑤保证合同履约。工程造价管理是确保合同履约的重要手段之一。通过合同管理、费用核算和索赔处理等措施,维护各方权益,确保合同约定的各项条件得到履行。同时,也要防范合同风险,避免合同纠纷对项目造成不利影响。

2) 工程造价管理的任务

　　①预算编制:根据项目需求和设计方案,制订项目的预算计划。预算编制涉及各方面的费用预估,包括人工费、材料费、设备费、管理费等,以确保项目在经济可行的基础上进行。

　　②成本控制:在项目实施过程中,通过掌握实际的成本信息,与预算进行比对和分析,及时

发现和解决造成成本增加的问题,确保项目成本控制在合理的范围内。

③费用核算:对项目的各项费用进行详细核算和记录,包括发包商支付、材料采购、劳务费用等。费用核算可用于评估项目的整体经济效益,并为后续决策提供参考依据。

④合同管理:对项目的合同进行管理和监督,确保各方按照合同约定履行责任,避免合同纠纷和风险。合同管理包括合同的签订、履行,变更管理,索赔处理等。

⑤变更管理:在项目实施过程中,可能会发生设计变更、工程量变更等情况。工程造价管理需要及时评估变更对造价的影响,并与相关各方协商达成变更协议。

⑥投标评审:对项目进行投标评审,评估投标单位的技术能力、经济实力和报价合理性,选择最具竞争力的承包商。

⑦建立成本数据库:建立和维护工程造价管理的成本数据库,记录项目的历史数据和成本信息,为今后类似项目的预算编制和成本控制提供参考。

⑧经济效益评估:对项目的整体经济效益进行评估和分析,包括投资回报率、财务指标等,为项目决策提供依据。

⑨监督检查:对工程项目的造价管理进行监督和检查,确保各项工作符合规定要求,防止违规行为和不当操作。

3)工程造价管理的基本内容

工程造价管理的基本内容是合理地确定工程造价和有效地控制工程造价。

(1)工程造价的合理确定

所谓工程造价的合理确定,就是在工程建设各个阶段采用科学的计算方法和切合实际的计价依据,合理确定投资估算、设计概算、施工图预算、承包合同价,结算价、竣工决算价。

①在项目建议书阶段:按照有关规定,应编制投资估算,经相关部门批准,作为拟建项目列入国家中长期计划和开展前期工作的控制造价。

②在可行性研究报告阶段:按照有关规定编制的投资估算,经相关部门批准,即该项目国家计划控制造价。

③在初步设计阶段:按照有关规定编制的初步设计总概算,经相关部门批准,即控制拟建项目工程造价的最高限额。

④在施工图设计阶段:按规定编制施工图预算,用以核实施工图阶段造价是否超过批准的初步设计概算。经承发包双方共同确认、相关部门审查通过的预算,即结算工程价款的依据。

⑤对于以施工图预算为基础的招标投标工程,承包合同价也是以经济合同形式确定的建筑安装工程造价。

⑥在工程实施阶段:要按照承包方实际完成的工程量,以合同价为基础,同时考虑因物价上涨所引起的造价提高以及在设计中难以预计而在实施阶段实际发生的工程费用,合理确定结算价。

⑦在竣工验收阶段:全面汇集在工程建设过程中实际花费的全部费用,编制竣工决算,如实体现该建设工程的实际造价。

(2)工程造价的有效控制

工程造价的有效控制就是在优化建设方案、设计方案的基础上,在投资决策阶段、设计阶段、建设项目发包阶段和建设实施阶段,采用一定的方法和措施把建设工程造价控制在合理的范围和批准的造价限额以内,随时纠正发生的偏差,以保证项目管理目标的实现,从而在各个建设环节合理地使用人力、物力、财力,取得较好的投资效益和社会效益。

①建设工程造价控制目标的设置。

控制是为确保目标的实现而服务的。一个系统若没有目标,就不需要,也无法进行控制。目标设置是很严肃的,应有科学的依据。

工程项目建设过程是一个周期长、数量大的生产消费过程,建设者在一定时间内拥有的经验知识是有限的,不但常常受科学条件和技术条件的限制,而且受客观过程的发展及其表现程度的限制,因而不可能在工程项目刚开始就设置一个科学、固定的造价控制目标,而只能设置一个大致的造价控制目标,这就是投资估算。随着工程建设实践,认识,再实践,再认识,投资控制目标进一步清晰、准确,这就是设计概算、施工图预算、承包合同价和工程结算价等。也就是说,建设工程造价控制目标的设置应随着工程项目建设实践的不断深入而分阶段进行。

具体来讲,投资估算应是设计方案选择和进行初步设计的建设工程造价控制的目标;设计概算应是进行技术设计和施工图设计的工程造价控制的目标;施工图预算或建安工程承包合同价则应是施工阶段控制建安工程造价的目标。造价控制的目标是一个有机联系的整体,各阶段目标相互制约、相互补充,前者控制后者,后者补充前者,共同组成工程造价控制的目标系统。

目标要既有先进性,又有实现的可能性,目标水平要能激发执行者的进取心,并充分发挥他们的工作能力。若目标水平太低,如对建设项目造价高估冒算,则对建设者缺乏激励性,建设者也没有发挥潜力的余地,目标形同虚设;若目标水平太高,如在建设项目立项时造价就留有缺口,建设者再努力也无法达到,则可能因此而产生灰心情绪,使工程造价控制成一纸空文。

②以设计阶段为重点的建设全过程造价控制。

工程造价控制贯穿于项目建设全过程,但是必须突出重点。很显然,工程造价控制的关键在于施工前的投资决策和设计阶段,而在项目做出投资决策后,控制工程造价的关键就在于设计。西方一些国家分析,设计费一般不足建设工程全寿命费用的1%,但正是这不足1%的费用,对工程造价的影响度占75%以上。由此可见,设计质量对整个工程建设的效益至关重要。

长期以来,我国普遍忽视工程建设项目前期工作阶段的造价控制,而常常把控制工程造价的主要精力放在施工阶段——审核施工图预算、合理结算建安工程价款、算细账。这样做尽管也有效果,但毕竟是"亡羊补牢",事倍功半。要有效地控制建设工程造价,就要坚决把控制重点转到建设前期阶段上来。要抓住设计这个关键阶段,做到未雨绸缪,以取得事半功倍的效果。

在满足公路建设项目设计方案应有的公路技术等级标准及使用功能的前提下,可以运用价值工程分析方法通过对路线方案的调整及限额设计、标准化设计等措施来达到控制和降低工程造价的目的。

③主动控制,以取得令人满意的结果。

一般来说,造价工程师在项目建设时的基本任务是对建设项目的建设工期、工程造价和工程质量进行有效的控制。因此,应根据业主的要求及建设的客观条件进行综合研究,实事求是地确定一套切合实际的衡量准则。只要造价控制的方案符合这套衡量准则,就能取得令人满意的结果,则应认为造价控制达到了预期的目标。

长期以来,人们一直把控制理解为目标值与实际值的比较,当实际值偏离目标值时,分析其产生偏差的原因,并确定下一步的对策。显然,在工程项目建设全过程进行这样的工程造价控制当然是有用的。但问题在于,这种立足于"调查—分析—决策"基础上的"偏离—纠偏—再偏离—再纠偏"的控制方法,只能发现偏离,不能使已产生的偏离消失,不能预防可能发生的偏离,因此,只能说是被动控制。自 20 世纪 70 年代初,人们将系统论和控制论研究成果用于项目管理以来,实现了将"控制"立足于事先主动地采取决策措施,以尽可能地减少甚至避免目标值与实际值偏离的转变。这是主动、积极的控制方法,因此被称为主动控制。也就是说,工程造价控制不仅要反映投资决策,反映设计、发包和施工,被动地控制工程造价,更要能动地影响投资决策,影响设计、发包和施工,主动地控制工程造价。

④技术与经济相结合是控制工程造价最有效的手段。

要有效地控制工程造价,应从组织、技术、经济、合同与信息管理等方面采取措施。从组织上采取的措施,包括明确项目组织结构,明确造价控制者及其任务,以使造价控制有专人负责,明确管理职能分工;从技术上采取措施,包括重视设计多方案选择,严格审查监督初步设计、技术设计、施工图设计、施工组织设计、深入技术领域研究节约投资的可能;从经济上采取措施,包括动态地比较造价的计划值和实际值,严格审核各项费用支出,采取对节约投资的有力奖励措施等。

1.4　造价工程师职业资格制度及考试实施办法

为提高固定资产投资效益,维护国家、社会和公共利益,充分发挥造价工程师在工程建设经济活动中合理确定和有效控制工程造价的作用,住房和城乡建设部、交通运输部、水利部、人力资源和社会保障部根据《中华人民共和国建筑法》和国家职业资格制度有关规定,联合制定了《造价工程师职业资格制度规定》和《造价工程师职业资格考试实施办法》。详细介绍了造价工程师考试、执业、注册等相关信息。

根据《造价工程师职业资格制度规定》,造价工程师分为一级造价工程师和二级造价工程师。住房和城乡建设部、交通运输部、水利部、人力资源和社会保障部共同制定造价工程师职业资格制度,并按照职责分工负责造价工程师职业资格制度的实施与监管。

1.4.1　考试

1)报名条件

凡遵守《中华人民共和国宪法》、法律、法规,具有良好的业务素质和道德品行,具备下列条件之一者,可以申请参加二级造价工程师职业资格考试:

①具有工程造价专业大学专科(或高等职业教育)学历,从事工程造价业务工作满 2 年;具有土木建筑、水利、装备制造、交通运输、电子信息、财经商贸大类大学专科(或高等职业教育)学历,从事工程造价业务工作满 3 年。

②具有工程管理、工程造价专业大学本科及以上学历或学位,从事工程造价业务工作满 1 年;具有工学、管理学、经济学门类大学本科及以上学历或学位,从事工程造价业务工作满 2 年。

③具有其他专业相应学历或学位的人员,从事工程造价业务工作年限相应增加 1 年。

2)考试命题

一级造价工程师职业资格考试全国统一大纲、统一命题、统一组织。二级造价工程师职业资格考试全国统一大纲,各省、自治区、直辖市自主命题并组织实施。住房和城乡建设部组织拟定一级造价工程师和二级造价工程师职业资格考试基础科目的考试大纲,组织一级造价工程师基础科目命、审题工作。住房和城乡建设部、交通运输部、水利部按照职责分别负责拟定一级造价工程师和二级造价工程师职业资格考试专业科目的考试大纲,组织一级造价工程师专业科目命、审题工作。

3)考试科目

一级和二级造价工程师职业资格考试均设置基础科目和专业科目。人力资源和社会保障部负责审定一级造价工程师和二级造价工程师职业资格考试科目和考试大纲,负责一级造价工程师职业资格考试考务工作,并会同住房和城乡建设部、交通运输部、水利部对造价工程师职业资格考试工作进行指导、监督和检查。

4)考试组织

各省、自治区、直辖市住房城乡建设、交通运输、水利行政主管部门会同人力资源和社会保障行政主管部门,按照全国统一的考试大纲和相关规定组织实施二级造价工程师职业资格考试。

5)合格标准

人力资源和社会保障部会同住房和城乡建设部、交通运输部、水利部确定一级造价工程师职业资格考试合格标准。各省、自治区、直辖市人力资源和社会保障行政主管部门会同住房城乡建设、交通运输、水利行政主管部门确定二级造价工程师职业资格考试合格标准。

一级造价工程师职业资格考试合格者,由各省、自治区、直辖市人力资源和社会保障行政主管部门颁发中华人民共和国一级造价工程师职业资格证书。该证书由人力资源和社会保障部统一印制,住房和城乡建设部、交通运输部、水利部按专业类别分别与人力资源和社会保障部用印,在全国范围内有效。

二级造价工程师职业资格考试合格者,由各省、自治区、直辖市人力资源和社会保障行政主管部门颁发中华人民共和国二级造价工程师职业资格证书。该证书由各省、自治区、直辖市住房城乡建设、交通运输、水利行政主管部门按专业类别分别与人力资源和社会保障行政主管部门用印,原则上在所在的行政区域内有效。各地可根据实际情况制定跨区域认可办法。

1.4.2　注册

国家对造价工程师职业资格实行执业注册管理制度。取得造价工程师职业资格证书且从事工程造价相关工作的人员,经注册方可用造价工程师名义执业。经批准注册的申请人,由住房和城乡建设部、交通运输部、水利部核发《中华人民共和国一级造价工程师注册证》(或电子证书);或由各省、自治区、直辖市住房城乡建设、交通运输、水利行政主管部门核发《中华人民共和国二级造价工程师注册证》(或电子证书)。

造价工程师执业时应持注册证书和执业印章。注册证书、执业印章样式以及注册证书编号规则由住房和城乡建设部会同交通运输部、水利部统一制定。执业印章由注册造价工程师按照统一规定自行制作。

1.4.3　执业

1)执业要求

造价工程师在工作中,必须遵纪守法、恪守职业道德和从业规范,诚信执业,主动接受有关主管部门的监督检查,加强行业自律。造价工程师不得同时受聘于两个或两个以上单位执业,不得允许他人以本人名义执业,严禁"证书挂靠"。出租出借注册证书的,依据相关法律法规进行处罚;构成犯罪的,依法追究刑事责任。

2)执业范围

一级造价工程师的执业范围包括建设项目全过程的工程造价管理与咨询等,具体工作内容如下:

①项目建议书、可行性研究投资估算与审核,项目评价造价分析;

②建设工程设计概算、施工预算编制和审核;

③建设工程招标投标文件工程量和造价的编制与审核;

④建设工程合同价款、结算价款、竣工决算价款的编制与管理;

⑤建设工程审计、仲裁、诉讼、保险中的造价鉴定,工程造价纠纷调解;

⑥建设工程计价依据、造价指标的编制与管理;

⑦与工程造价管理有关的其他事项。

二级造价工程师主要协助一级造价工程师开展相关工作,可独立开展以下具体工作:

①建设工程工料分析、计划、组织与成本管理,施工图预算、设计概算的编制;

②建设工程量清单、最高投标限价、投标报价的编制;

③建设工程合同价款、结算价款和竣工决算价款的编制。

造价工程师应在本人工程造价咨询成果文件上签章,并承担相应责任。工程造价咨询成果文件应由一级造价工程师审核并加盖执业印章。

对出具虚假工程造价咨询成果文件或者有重大工作过失的造价工程师,不再予以注册,造成损失的依法追究其责任。

3)继续教育

取得造价工程师注册证书的人员,应按照国家专业技术人员继续教育的有关规定接受继续教育,更新专业知识,提高业务水平。

4)效力

专业技术人员取得一级造价工程师、二级造价工程师职业资格,可认定其具备工程师、助理工程师职称,并可作为申报高一级职称的条件。

《造价工程师职业资格考试实施办法》除与《造价工程师职业资格制度规定》有相同的关于考务工作、考试组织等相关规定外,还特别针对考试具体科目、通过标准、免考情况等做了详细说明。具体规定如下:

(1)考试科目

一级造价工程师职业资格考试设《建设工程造价管理》《建设工程计价》《建设工程技术与计量》《建设工程造价案例分析》4个科目。其中,《建设工程造价管理》和《建设工程计价》为基础科目,《建设工程技术与计量》和《建设工程造价案例分析》为专业科目。职业资格考试分4个半天进行。《建设工程造价管理》《建设工程技术与计量》《建设工程计价》科目的考试时间均为2.5小时;《建设工程造价案例分析》科目的考试时间为4小时。

二级造价工程师职业资格考试设《建设工程造价管理基础知识》《建设工程计量与计价实务》2个科目。其中,《建设工程造价管理基础知识》为基础科目,《建设工程计量与计价实务》

为专业科目。职业资格考试分 2 个半天进行。《建设工程造价管理基础知识》科目的考试时间为 2.5 小时,《建设工程计量与计价实务》为 3 小时。

（2）专业类别

造价工程师职业资格考试专业科目分为土木建筑工程、交通运输工程、水利工程和安装工程 4 个专业类别,考生在报名时可根据实际工作需要选择其一。其中,土木建筑工程、安装工程专业由住房和城乡建设部负责;交通运输工程专业由交通运输部负责;水利工程专业由水利部负责。

（3）滚动周期

一级造价工程师职业资格考试每年一次。二级造价工程师职业资格考试每年不少于一次。

一级造价工程师职业资格考试成绩实行 4 年为一个周期的滚动管理办法,在连续的 4 个考试年度内通过全部考试科目,方可取得一级造价工程师职业资格证书。

二级造价工程师职业资格考试成绩实行 2 年为一个周期的滚动管理办法,参加全部 2 个科目考试的人员必须在连续的 2 个考试年度内通过全部科目,方可取得二级造价工程师职业资格证书。

（4）免考条件

具有以下条件之一的,参加一级造价工程师考试可免考基础科目:

①已取得公路工程造价人员资格证书（甲级）;

②已取得水运工程造价工程师资格证书;

③已取得水利工程造价工程师资格证书。

具有以下条件之一的,参加二级造价工程师考试可免考基础科目:

①已取得全国建设工程造价员资格证书;

②已取得公路工程造价人员资格证书（乙级）;

③具有经专业教育评估（认证）的工程管理、工程造价专业学士学位的大学本科毕业生。

已取得造价工程师一种专业职业资格证书的人员,报名参加其他专业科目考试的,可免考基础科目。

思考题

1. 简述工程造价的含义。

2. 简述市政工程中建设项目总投资的组成部分。

3. 简述公路工程中概预算总金额的组成。

4. 简述雨季施工增加费的内容。

5. 简述工程计价具备的特点。

6. 根据《造价工程师职业资格制度规定》的相关规定,二级造价工程师和一级造价工程师报名应分别具备什么条件?

7. 简述二级造价工程师和一级造价工程师的执业范围。

第2章 道路、桥涵工程定额概述

2.1 定额概述

定额是指在正常合理的施工技术和组织条件下,生产质量合格的单位产品所消耗的人力、物力、财力和时间等的数量标准。即在合理的劳动组织和合理地使用材料和机械的条件下,预先规定完成单位合格产品所消耗的资源数量的标准。

定额反映一定时期的社会生产力水平的高低。定额水平高反映生产力水平较高,完成单位合格产品所需消耗的资源少;反之,则说明生产力水平较低,完成单位合格产品所需消耗的资源较多。同时,定额水平不是一成不变的,而是随着生产力水平的变化而变化的,一定时期的定额水平必须按照平均或平均先进原则来制定。

2.1.1 定额的发展历程

1) 国内定额的产生与发展

工程定额是指在合理的劳动组织和合理的使用材料与机械的条件下,完成一定计量单位质量合格建筑产品所消耗资源的数量标准。

我国定额的产生由来已久,北宋李诚年修编的《营造法式》,是土木工程技术的巨著,也是工料计算方面的巨著;清朝的《工程做法则例》也有许多内容是说明工料计算方法的,甚至可以说,它主要是一部算工算料的书。可见我国古代已经很重视材料的计算,并已形成了许多则例,这些则例可看作是材料、人工定额的原始形态。但直到中华人民共和国成立后,我国的定额才逐渐建立并日趋完善发展起来。最初我国吸取了苏联定额工作的经验,20 世纪 70 年代后期又参考了欧洲多国和美、日等国家有关定额方面的相关经验。1995 年,建设部颁发了《全国建筑安装工程统一劳动定额》《全国统一建筑工程基础定额》(土建部分)和《全国统一建筑工程预算工程量计算规则》,我国定额工作开始走上科学化、制度化、规范化的发展轨道。2002 年,建设部组织编制和颁发了《全国统一建筑装饰工程消耗量定额》,为实行量价分离、工程实体消耗和施工措施消耗定额提供依据。2003 年,建设部发布《建设工程工程量清单计价规范》,实现工程造价模式从定额计价向清单计价的转变。2008 年,住房和城乡建设部发布《建设工程工程量清单计价规范》(GB 50500—2008)(以下简称"08 规范"),进一步规范工程量清单计价。2013 年,《建设工程工程量清单计价规范》(GB 50500—2013)(以下简称"13 规范")的出现,又修改更新、深化和完善了 08 规范,为我国的计量计价提供了更为实际和完整的依据。总之,在各个时期,结合我国建筑工程施工的实际情况,编制了适合我国国情的切实可行的定额。

2)国外定额的产生与发展

定额管理成为科学是从泰勒制开始的。美国工程师泰勒制定出工时定额,将其作为评价工人工作的尺度,并发表了《科学管理原理》一书,由此被称为"科学管理之父"。继泰勒之后,一方面管理科学从操作方法、作业水平的研究向科学组织的研究上扩展,另一方面它也利用现代自然科学和技术科学的新成果——运筹学、系统工程、电子计算机等作为科学管理的手段。20世纪 20 年代出现的行为科学,从社会学和心理学角度研究管理,强调重视社会环境,人际关系对人的行为影响,它弥补了泰勒等人科学管理的某些不足。随着管理科学的发展,定额也有了进一步的发展。制定定额的范围突破了工时定额的内容。20 世纪 40 年代出现的事前工时定额,将工时定额的制定提前到工艺和操作方法的设计过程中,以加强预先控制。20 世纪 70 年代产生的系统论将管理科学和行为科学结合起来,从事物的整体出发进行研究以实现整体最优,为定额理论提供了更加广阔的发展空间。

日本采用建筑工程计算计价。日本也有定额,但量与价分开,工程量是公开的,但价格是不公开的,需要保密。日本建设省编制建筑工程计算基准,并将其作为工程计价标准。其工程量计算规则依据建筑积算研究会编制的《建筑数量积算基准》。同时,《建设省建筑工程积算基准》中制定了一套"建筑工程标准定额",列明每一细目的人、材、机械的消耗量及其他经费。

在美国,实行标准的市场价格,既没有全国统一的标准定额,也没有全国统一的工程量计算规则。通常是由工程咨询公司制定各种工程造价的定额、指标、费用标准等,并根据这些标准结合本地区的实际情况,编制单位面积的消耗量和基价。在中国香港,只有统一的工程量计算规则,施工项目投标报价采用跟随市场的自由价格制度。招标时给出统一的工程量清单,承包商根据给定的工程量清单,根据自身情况结合市场行情进行报价。

2.1.2 定额的性质

1)科学性

定额是应用科学的方法,在认真研究客观规律的基础上,通过长期观察、测定、总结生产实践经验及广泛收集资料的基础上制定的。工程建设定额的科学性包括两种含义:一种含义是指工程建设定额与生产力发展水平相适应,反映出工程建设中生产消费的客观规律;另一种含义是指工程建设定额管理在理论、方法和手段上适应现代科学技术和信息社会发展的需要。

工程建设定额的科学性,首先表现在用科学的态度制定定额,尊重客观事实,力求定额水平合理;其次表现在制定定额的技术方法上,利用现代科学管理的成就,形成一套系统的、完整的、在实践中行之有效的方法;最后表现在定额制定和贯彻的一体化。制定是提供贯彻的依据,贯彻是实现管理的目标,也是对定额的信息反馈。

2)系统性

工程建设定额是相对独立的系统。它是由多种定额结合而成的有机整体。系统性结构复杂,有鲜明的层次,有明确的目标。

工程建设定额的系统性是由工程建设的特点决定的。按照系统论的观点,工程建设就是庞大的实体系统。工程建设定额是为整个实体系统服务的。因此,工程建设本身的多种类、多层次就决定了以它为服务对象的工程建设定额的多种类、多层次。从整个国民经济来看,进行固定资产生产和再生产的工程建设,是由多项工程集合的整体。其中,包括农林水利、轻纺、机械、煤炭、电力、石油、冶金、化工、建材工业、交通运输、邮电工程,以及商业物资、科学教育文化、卫生体育、社会福利和住宅工程等。这些工程的建设都有严格的项目划分,如可划分为建设项目、单项工程、单位工程、分部分项工程;在计划和实施过程中有严密的逻辑,如规划、可行性研究、设计、施工、竣工交付使用以及投入使用后的维修。与此相适应,必然形成工程建设定额的多种类、多层次。

3)统一性

工程建设定额的统一性,主要是由国家对经济发展计划的宏观调控职能决定的。为了使国民经济按照既定的目标发展,就需要借助于某些标准、定额、参数等,对工程建设进行规划、组织、调节、控制。这些标准、定额、参数必须在一定范围内是一种统一的尺度,才能实现上述职能,才能利用它对项目的决策、设计方案、投标报价、成本控制进行比较和评价。

工程建设定额的统一性按照其影响力和执行范围来看,有全国统一定额、地区统一定额和行业统一定额等;按照定额的制定、颁布和贯彻使用来看,有统一的程序、统一的原则、统一的要求和统一的用途。

在生产资料私有制的条件下,定额的统一性是很难想象的,充其量也只是工程量计算规则的统一和信息提供的统一。我国工程建设定额的统一性与工程建设本身的巨大投入和巨大产出有关。它对国民经济的影响不仅表现在投资的总规模和全部建设项目的投资效益等方面,而且通常表现在具体建设项目的投资数额及其投资效益方面。因而需要借助统一的工程建设定额进行社会监督。这一点和工业生产、农业生产中的工时定额、原材料定额也是不同的。

4)权威性

工程建设定额具有很高的权威性,这种权威性在一些情况下具有经济法规性质。权威性反映统一的意志和统一的要求,也反映信誉和信赖程度以及反映定额的严肃性。

工程建设定额的权威性的客观基础是定额的科学性。只有科学的定额才具有权威性。但是在社会主义市场经济条件下,它必须涉及各有关方面的经济关系和利益关系。赋予工程建设定额一定的权威性,就意味着在规定的范围内,对定额的使用者和执行者,不论主观上意愿如何,都必须按定额的规定执行。在当前市场不规范的情况下,赋予工程建设定额以权威性是十分重要的。但在竞争机制引入工程建设的情况下,定额的水平必然会受到市场供求状况的影响,从而在执行中可能产生定额水平的浮动。

应该指出的是,在社会主义市场经济条件下,对定额的权威性不应绝对化。定额的科学性会受到人们认识的局限,定额的权威性会受到限制。随着投资体制的改革和投资主体多元化格局的形成,随着企业经营机制的转换,它们都可以根据市场的变化和自身的情况,自主地调整自己的决策行为。一些与经营决策有关的工程建设定额的权威性特征,自然也就弱化了。但直接与施工生产相关的定额,在企业经营制转换和增长方式的要求下,其权威性还必须进一步强化。

5)稳定性和时效性

工程建设定额中的任何一种定额都是一定时期技术发展和管理水平的反映,因而在一段时间内都表现出稳定的状态。稳定的时间有长有短,一般为 5～10 年。保持定额的稳定性是维护定额的权威性所必需的,更是有效的贯彻定额所必需的。如果某种定额处于经常修改变动之中,那么必然造成执行中的困难和混乱,使人们感到没有必要去认真对待它,很容易导致定额权威性的丧失。工程建设定额的不稳定也会给定额的编制工作带来极大的困难。但是工程建设定额的稳定性是相对的。当生产力向前发展了,定额就会与已经发展了的生产力不相适应。这样,这原有的作用就会逐步减弱以致消失,需要重新编制或修订。

6)群众性

定额的群众性是指定额的制定和执行都具有广泛的群众基础。定额的制定来源于广大工人群众的施工生产活动,是在广泛听取群众意见并在群众直接参加下,通过广泛的测定、大量数据的综合分析,研究实际生产中的有关数据与资料的基础上制定出来的。因此,它具有广泛的群众性,同时,定额的执行与许多部门单位及企业职工直接相关。随着科技的发展,定额应定期调整,以保证它与实际生产水平的一致,保持定额的先进合理。群众性,使定额能反映国家利益和群众利益的一致性。因此,定额的群众性是定额制定与执行的基础。

2.1.3　定额的作用

在工程建设和企业管理中,确定和执行先进合理的定额是技术和经济管理工作中的重要一环。在工程项目的计划、设计和施工中,定额具有以下 4 个方面的作用:

(1)定额是编制计划的基础

工程建设活动需要编制各种计划来组织与指导生产,而计划编制中又需要各种定额作为计算人力、物力、财力等资源需要量的依据。因此,定额是编制计划的重要基础。

(2)定额是确定工程造价的依据和评价设计方案经济合理性的尺度

工程造价是由设计规定的工程规模、工程数量及相应需要的劳动力、材料、机械设备消耗量及其他必须消耗的资金来确定的。其中,劳动力、材料、机械设备的消耗量又是根据定额计算出来的,定额是确定工程造价的依据。同时,建设项目投资的大小又反映了各种不同设计方案技术经济水平的高低。因此,定额又是比较和评价设计方案经济合理性的尺度。

(3)定额是组织和管理施工的工具

建筑企业要计算、平衡资源需要量、组织材料供应、调配劳动力、签发任务单、组织劳动竞赛、调动人的积极因素、考核工程消耗和劳动生产率、贯彻按劳分配工资制度、计算工人报酬等,都要利用定额。因此,从组织施工和管理生产的角度来说,定额又是建筑企业组织和管理施工的工具。

(4)定额是总结先进生产方法的手段

定额是在平均先进的条件下,通过对生产流程的观察、分析、综合等过程制定的,它能够最严格地反映出生产技术和劳动组织的先进合理程度。因此,我们以定额方法为手段,对同一产品在同一操作条件下的不同生产方法进行观察、分析和总结,从而得到一套比较完整的、优良的生产方法,作为在生产中推广的范例。

2.2　定额分类

工程定额是指在正常施工条件下完成规定计量单位的合格建筑安装工程所消耗的人工、材料、施工机具台班、工期天数及相关费率等的数量标准。

工程定额是一个综合概念,是建设工程造价计价和管理中各类定额的总称,包括许多种类的定额,可以按照不同的原则和方法对它进行分类。

（1）按定额反映的生产要素消耗内容分类

可以把工程定额划分为劳动消耗定额、材料消耗定额和机具消耗定额 3 种。

①劳动消耗定额：简称劳动定额（也称为人工定额），是在正常的施工技术和组织条件下，完成规定计量单位合格的建筑安装产品所消耗的人工工日数量标准。劳动定额的主要表现形式是时间定额，但同时也表现为产量定额。时间定额与产量定额互为倒数。

②材料消耗定额：简称材料定额，是指在正常的施工技术和组织条件下，完成规定计量单位合格的建筑安装产品所消耗的原材料、成品、半成品、构配件、燃料以及水、电等动力资源的数量标准。

③机具消耗定额：由机械消耗定额与仪表消耗定额组成。机械消耗定额是以一台机械一个工作班为计量单位，故又称为机械台班定额。机械消耗定额是指在正常的施工技术和组织条件下，完成规定计量单位合格的建筑安装产品所消耗的施工机械台班的数量标准。机械消耗定额的主要表现形式是机械时间定额，同时也以产量定额表现。仪器仪表消耗定额的表现形式与机械消耗定额类似。

（2）按定额的编制程序和用途分类

可以把工程定额分为施工定额、预算定额、概算定额、概算指标、投资估算指标等。

①施工定额是完成一定计量单位的某一施工过程或基本工序所需而消耗的人工、材料和施工机具台班数量标准。施工定额是施工企业（建筑安装企业）组织生产和加强管理在企业内部使用的一种定额，属于企业定额的性质。施工定额是以某一施工过程或基本工序作为研究对象，表示生产产品数量与生产要素消耗综合关系编制的定额。为了适应组织生产和管理的需要，施工定额的项目划分很细，是工程定额中分项最细、定额子目最多的一种定额，也是工程定额中的基础性定额。

②预算定额是在正常的施工条件下，完成一定计量单位合格分项工程或结构构件所需消耗的人工、材料、施工机具台班数量及其费用标准。预算定额是一种计价性定额。从编制程序上看，预算定额是以施工定额为基础综合扩大编制的，同时它也是编制概算定额的基础。

③概算定额是完成单位合格扩大分项工程或扩大结构构件所需消耗的人工、材料和施工机具台班的数量及其费用标准，是一种计价性定额。概算定额是编制扩大初步设计概算、确定建设项目投资额的依据。概算定额的项目划分粗细，与扩大初步设计的深度相适应，一般是在预算定额的基础上综合扩大而成的，每一扩大分项概算定额都包含了数项预算定额。

④概算指标是以单位工程为对象，反映完成一个规定计量单位建筑安装产品的经济指标。概算指标是概算定额的扩大与合并，以更为扩大的计量单位来编制的。概算指标的内容包括人工、材料、机具台班 3 个基本部分，同时还列出了分部工程量及单位工程的造价，是一种计价定额。

⑤投资估算指标是以建设项目、单项工程、单位工程为对象，反映建设总投资及其各项费用构成的经济指标。它是在项目建议书和可行性研究阶段编制投资估算、计算投资需要量时使用的一种定额。其概略程度与可行性研究阶段相适应。投资估算指标往往根据历史的预、决算资料和价格变动等资料编制，但其编制基础仍然离不开预算定额和概算定额。上述各种定额的相互联系见表 2.1。

表 2.1　定额的相互联系

类别	施工定额	预算定额	概算定额	概算指标	投资估算指标
编制对象	施工过程或基本工序	分项工程或结构构件	扩大的分项工程或扩大的结构构件	单位工程	建设项目、单项工程、单位工程
用途	编制施工预算	编制施工图预算	编制扩大初步设计概算	编制初步设计概算	编制投资估算
项目划分	最细	细	较粗	粗	很粗
定额水平	平均先进	平均	平均	平均	平均
定额性质	生产性定额	计价性定额			

（3）按专业分类

由于工程建设涉及众多的专业，不同的专业所含的内容也不同，因此就确定人工、材料和机具台班消耗数量标准的工程定额来说，也需按不同的专业分别进行编制和执行。

①建筑工程定额按专业对象分为建筑及装饰工程定额、房屋修缮工程定额、市政工程定额、铁路工程定额、公路工程定额、矿山井巷工程定额、水利工程定额、水运工程定额等。

②安装工程定额按专业对象分为电气设备安装工程定额、机械设备安装工程定额、热力设备安装工程定额、通信设备安装工程定额、化学工业设备安装工程定额、工业管道安装工程定额、工艺金属结构安装工程定额等。

（4）按主编单位和管理权限分类

工程定额可以分为全国统一定额、行业统一定额、地区统一定额、企业定额、补充定额等。

①全国统一定额是由国家建设行政主管部门综合全国工程建设中技术和施工组织管理的情况编制的，并在全国范围内执行的定额。

②行业统一定额是考虑各行业专业工程技术特点，以及施工生产和管理水平编制的。一般是只在本行业和相同专业性质的范围内使用。

③地区统一定额包括省、自治区、直辖市定额。地区统一定额主要是考虑地区性特点和全国统一定额水平做适当调整和补充编制的。

④企业定额是施工单位根据本企业的施工技术、机械装备和管理水平编制的人工、材料、机具台班等的消耗标准。企业定额在企业内部使用，是企业综合素质的标志。企业定额水平一般应高于国家现行定额，才能满足生产技术发展、企业管理和市场竞争的需要。在工程量清单计价方法下，企业定额是施工企业进行投标报价的依据。

⑤补充定额是指随着设计、施工技术的发展，现行定额不能满足需要的情况下，为了补充缺陷所编制的定额。补充定额只能在指定的范围内使用，可以作为以后修订定额的基础。

上述各种定额虽然适用于不同的情况和用途，但是它们是一个互相联系的、有机的整体，在实际工作中配合使用。

2.3 施工定额原理

2.3.1 施工定额概述

（1）施工定额的概念

施工定额是指在正常的施工条件下，以施工过程为标定对象而规定的完成单位合格产品所需消耗的人工、材料和机械台班的数量标准。施工定额是直接应用于建筑安装企业内部施工管理的一种定额。

（2）施工定额的组成

施工定额由劳动消耗量定额、材料消耗量定额和机械台班消耗量定额 3 部分组成。

（3）施工定额的作用

①施工定额是企业计划管理的依据；

②施工定额是编制单位工程施工预算、加强企业成本管理和经济核算的依据；

③施工定额是施工企业进行工程投标、编制工程投标报价的基础和主要依据；

④施工定额是计算工人劳动报酬的依据；

⑤施工定额是企业激励工人的标准尺度。

2.3.2 劳动消耗量定额

劳动消耗定额是在正常施工技术组织条件下，完成单位合格产品所消耗的劳动力数量标准。人工消耗量如图 2.1 所示。

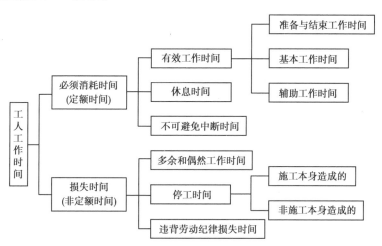

图 2.1 工人工作时间消耗的分类图

本专业使用的劳动定额有《全国建筑安装工程统一劳动定额》、地方补充劳动定额、企业补充劳动定额、一次性的临时劳动定额等。

劳动定额有两种表现形式，即时间定额和产量定额。

（1）时间定额

时间定额是指在正常施工技术组织条件下，某种技术等级的班组或个人完成单位合格产品所消耗的工作时间。

（2）产量定额

产量定额是指在合理的生产组织与合理使用材料的条件下，某专业某种技术等级的工人班组或个人在单位"工日"内完成合格产品的数量。其计算方法为：

$$每工产量 = \frac{1}{单位产品时间定额（工日）} \tag{2.1}$$

时间定额和产量定额互为倒数：

$$时间定额 = \frac{1}{产量定额} \tag{2.2}$$

【例2.1】 某路面垫层采用人工铺粗砂，压实厚度为15 cm，已知2工人完成3 520 m^{2}的铺筑任务需消耗29.22个工日，求每1 000 m^{2}人工的时间定额和产量定额。

【解】 时间定额 $= 29.22 \times \dfrac{2}{3\ 520} = 0.016\ 6（工日/m^2） = 16.6（工日/1\ 000\ m^2）$

产量定额 $= \dfrac{1}{时间定额} = \dfrac{1}{0.016\ 6} = 60.24（m^2/工日） = 0.06（1\ 000\ m^2/工日）$

【例2.2】 现需测定一砖基础墙的时间定额，由项目部数据已知每m^{3}砌体的基本工作时间为140 min，准备与结束时间、休息时间、不可避免中断时间占时间定额的百分比分别为5.45%、5.84%、2.49%，辅助工作时间不计，试确定其时间定额和产量定额。

【解】 时间定额 $= \dfrac{140}{1-（5.45\% + 5.84\% + 2.49\%）}$

$\qquad\qquad = 162.4\ 工日/m^3$

$\qquad\qquad = 162.4/（8\ h \times 60\ min）$

$\qquad\qquad = 0.34（工日/m^3）$

产量定额 $= \dfrac{1}{0.34} = 2.94（m^3/工日）$

2.3.3　材料消耗量定额

材料消耗量定额是指在节约与合理使用材料的条件下，生产单位合格产品所必须消耗的一定规格的工程材料、成品、半成品或配件的数量标准。

材料消耗的数量包括材料的净用量和必要的损耗数量。材料的净用量是指不考虑废料和损耗的情况下，直接用于建筑物上的材料。

材料的损耗是指在施工过程中不可避免的浪费和损耗。其中，材料的损耗范围包括：

①从工地仓库现场堆放地点或现场加工点到安装地点的途中运输损耗；

②施工操作损耗；

③施工现场堆放损耗。

材料的损耗量与材料的净用量之比称为材料的损耗率。其计算方法为：

$$材料的消耗量 = 材料净用量 + 材料损耗量 \tag{2.3}$$

$$材料的损耗率 = \frac{材料的损耗量}{材料的净用量} \times 100\% \tag{2.4}$$

$$材料的损耗量 = 材料的净用量 \times 材料的损耗率 \tag{2.5}$$

$$材料消耗量 = 材料净用量 \times (1 + 材料损耗率) \tag{2.6}$$

【例 2.3】 已知 350# 石油沥青油毡规格为宽 915 mm、长 21.86 m,按施工方案要求,长边方向搭接宽 80 mm,短边方向搭接宽 125 mm,施工操作损耗率为 1%,求 100 m² 两毡三油卷材屋面油毡的消耗量。

【解】 油毡的消耗量 = 100/[(0.915-0.08)×(21.86-0.125)] ×0.915×21.86 ×2×(1+ 1%) = 222.63(m²)。

2.3.4 机械消耗定额

机械消耗定额是指施工机械在正常使用条件下,完成单位合格产品所消耗的机械台班数量标准。机械消耗量如图 2.2 所示。

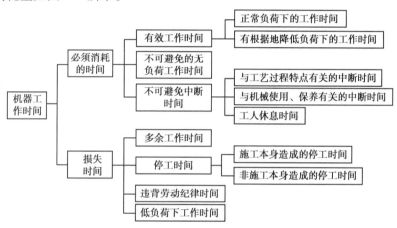

图 2.2 机械工作时间消耗的分类图

机械消耗定额,可分为机械时间定额和机械产量定额。

(1)机械时间定额

机械时间定额是指某种施工机械完成单位合格产品所消耗的工作时间数量标准,用"台时"或"台班"表示,每"台班"等于 8 台时,其计算式为:

$$单位产品机械时间定额(台班) = \frac{1}{每台班机械产量} \tag{2.7}$$

(2)机械产量定额

机械产量定额是指某种施工机械在合理劳动组织与合理使用机械条件下,机械在每个台班时间内所完成合格产品的数量标准。其计算式为:

$$机械台班产量定额(台班) = \frac{1}{机械时间定额} \tag{2.8}$$

机械时间定额和机械产量定额互为倒数:

$$时间定额 \times 产量定额 = 1 \tag{2.9}$$

2.4　预算定额原理

2.4.1　预算定额的概念及作用

(1)预算定额的概念

预算定额是指在正常合理的施工条件下,规定完成一定计量单位的分项工程或结构构件所必需的人工、材料和施工机具台班数量及其相应费用标准。安装工程预算定额也称为安装工程计价定额。

(2)预算定额的作用

①预算定额是设计单位对设计方案进行技术经济比较的依据。

②预算定额是建筑安装企业对招标承包工程的投标报价的依据。

③预算定额是编制概算定额、估算指标的基础。

④预算定额是施工单位加强施工组织管理和经济核算的依据。

⑤预算定额是编制施工图预算、工程结算以及合理确定工程造价的依据。

2.4.2　预算定额消耗量的编制方法

确定预算定额人工、材料、机具台班消耗指标时,必须先按施工定额的分项逐项计算出消耗指标,然后再按预算定额的项目加以综合。但是,这种综合不是简单地合并和相加,而是需要在综合过程中增加两种定额之间的适当水平差。预算定额的水平,首先取决于这些消耗量的合理确定。

人工、材料和机具台班消耗量指标,应根据定额编制原则和要求,采用理论与实际相结合、图纸计算与施工现场测算相结合、编制人员与现场工作人员相结合等方法进行计算和确定,使定额既符合政策要求,又与客观情况一致,便于贯彻执行。

1)预算定额中人工工日消耗量的计算

预算定额中人工工日消耗量有两种确定方法:一种是以劳动定额为基础确定的;另一种是以现场观察测定资料为基础计算的。第二种确定方法主要用于遇到劳动定额缺项时,采用现场工作日写实等测时方法测定和计算定额的人工耗用量。下面着重讲解第一种确定方法。

预算定额中人工工日消耗量是指在正常施工条件下,生产单位合格产品所必需消耗的人工工日数量,是由分项工程所综合的各个工序劳动定额包括的基本用工、其他用工两个部分组成的。

(1)基本用工

基本用工是指完成一定计量单位的分项工程或结构构件的各项工作过程的施工任务所必需消耗的技术工种用工。按技术工种相应劳动定额工时定额计算,以不同工种列出定额工日。基本用工包括:

①完成定额计量单位的主要用工,按综合取定的工程量和相应劳动定额进行计算。

$$基本用工 = \sum (综合取定的工程 \times 劳动定额) \tag{2.10}$$

②按劳动定额规定应增(减)计算的用工量。

（2）其他用工

其他用工是辅助基本用工消耗的工日，包括超运距用工、辅助用工和人工幅度差用工。

①超运距用工，即劳动定额中已包括的材料、半成品场内水平搬运距离与预算定额所考虑的现场材料出半成品堆放地点到操作地点的水平运输距离之差。其计算式为：

$$超运距 = 预算定额取定运距 - 劳动定额已包括的运距 \qquad (2.11)$$

$$超运距用工 = \sum（超运距材料数量 \times 时间定额） \qquad (2.12)$$

需要指出的是，实际工程现场运距超过预算定额取定运距时，可另行计算现场二次搬运费。

②辅助用工，即技术工种劳动定额内不包括而在预算定额内又必须考虑的用工，如机械上方工程配合用工、材料加工（筛砂、洗石、淋化石膏）、电焊点火用工等。其计算式为：

$$辅助用工 = \sum（材料加工数量 \times 相应的加工劳动定额） \qquad (2.13)$$

③人工幅度差，即预算定额与劳动定额的差额，主要是指在劳动定额中未包括，而在正常施工情况下不可避免但又很难准确计量的用工和各种工时损失。其内容包括：各工种间的工序搭接及交叉作业相互配合或影响所发生的停歇用工；施工过程中，由移动临时水电线路而造成的影响工人操作的时间；工程质量检查和隐蔽工程验收工作而影响工人操作的时间；同一现场内单位工程之间因操作地点转移而影响工人操作的时间；工序交接时，对前一工序不可避免的修整用工；施工中不可避免的其他零星用工。

人工幅度差计算公式如下：

$$人工幅度差 = （基本用工 + 辅助用工 + 超运距用工） \times 人工幅度差系数 \qquad (2.14)$$

其中，人工幅度差系数一般为 10% ~ 15%。在预算定额中，人工幅度差的用工量列入其他用工量中。

【例 2.4】　接例 2.2，若预算定额的其他用工占基本用工 12%，试确定预算定额中一砖基础墙的时间定额和产量定额。

【解】　由例 2.2 知：

施工定额中时间定额 = 0.34（工日/m³）

产量定额 = 2.94（m³/工日）

则预算定额中：

时间定额 = 0.34×（1+12%）= 0.38（工日/m³）

产量定额 $= \dfrac{1}{0.38} = 2.63$（m³/工日）

2）预算定额中材料消耗量的计算

①凡有标准规格的材料，按规范要求计算定额计量单位的耗用量，如砖、模板和石料等。

②凡设计图纸标注尺寸及下料要求的按设计图纸尺寸计算材料净用量。

③换算法。各种胶结材料、稳定土基层等材料的配合比用料，可根据要求条件换算，得出材料用量。

【例 2.5】　石灰粉煤灰稳定碎石基层，定额标明的配合比为：熟石灰：粉煤灰：碎石 = 5：15：80，基本压实厚度为 20 cm；设计配合比为：熟石灰：粉煤灰：碎石 = 4：11：85，设计压实厚度为 21 cm。试计算各种材料调整后的数量。

【解】　熟石灰：22.77+1.139×（21-20）×4/5 = 19.127（t）

粉煤灰：$63.963+3.198×(21-20)×11/15=49.25(t)$

碎石：$222.11+11.1×(16-15)×85/80=247.79(m^3)$

④测定法。测定法包括实验室试验法和现场观察法。它是指各种强度等级的混凝土及砌筑砂浆配合比的耗用原材料数量的计算，须按照规范要求试配，经过试压合格后并经过必要的调整得出的水泥、砂子、石子、水的用量。对新材料、新结构又不能用其他方法计算定额消耗量时，须用现场测定方法来确定。根据不同条件，可采用写实记录法和观察法，得出定额的消耗量。

3)预算定额中机具台班消耗量的计算

预算定额中机具台班消耗量是指在正常施工条件下，生产单位合格产品（分部分项工程或结构构件）必须消耗的某种型号施工机具的台班数量。下面主要介绍机械台班消耗量的计算。

①根据施工定额确定机械台班消耗量。这种方法是指用施工定额中机械台班产量加机械台班幅度差计算预算定额的机械台班消耗量。

机械台班幅度差是指在施工定额中所规定的范围内没有包括，而在实际施工中又不可避免地产生的影响机械或使机械停歇的时间。其内容包括：施工机械转移工作面及配套机械相互影响损失的时间；在正常施工条件下，机械在施工中不可避免的工序间歇；工程开工或收尾时工作量不饱满所损失的时间；检查工程质量影响机械操作的时间；临时停机、停电影响机械操作的时间；机械维修引起的停歇时间。

综上所述，预算定额的机械台班消耗量按下式计算：

预算定额机械耗用台班 = 施工定额机械耗用台班 × (1 + 机械幅度差系数)　(2.15)

【例2.6】 已知某挖土机挖土，一次正常循环工作时间是40 s，每次循环平均挖土量为0.3 m³，机械时间利用系数为0.8，机械幅度差系数为25%。求该机械挖土方1 000 m²的预算定额机械耗用台班量。

【解】 机械纯工作1 h循环次数 $=\dfrac{3\,600}{40}=90$（次/台时）

机械纯工作1 h正常生产率 $=90×0.3=27$（m²/台时）

施工机械台班产量定额 $=27×8×0.8=172.8$（m²/台班）

施工机械台班时间定额 $=\dfrac{1}{172.8}=0.005\,79$（台班/m³）

预算定额机械耗用台班 $=0.005\,79×(1+25\%)=0.007\,23$（台班/m²）

挖土方1 000 m³的预算定额机械耗用台班量 $=1\,000×0.007\,23=7.23$（台班）

②以现场测定资料为基础确定机械台班消耗量。如遇到施工定额缺项者，则需根据单位时间完成的产量测定。

2.5　定额的应用

运用定额的基本步骤如下：

①根据给定的条件，如题目已知条件或是项目表，依次按目、节确定欲查定额的项目名称，再根据此在目录中找到其所在页码，并找到所需定额表。但要注意核查定额的工作内容、作业方式是否与施工组织设计相符。

②查到定额表后再进行以下工作:

a. 检查定额表以"工程内容"与给定的条件是否有出入,若无出入,则可以在表中找到相应的细目,并进一步确定子目(栏号);

b. 检查定额表的计量单位与给定的条件取定的计量单位是否一致,是否符合规定的工程量计算规则;

c. 检查定额的总说明、章说明、节说明及表下方的注是否与所查子目的定额有关,若有关,则采取相应措施;

d. 根据给定的条件,检查子目中有无要抽换的定额,是否允许抽换,若应抽换,则进行具体抽换计算;

e. 依次按子目序号确定各项定额值,可直接引用的就直接抄录,需要计算的则在计算后抄录。

③重新按上述步骤复核。

④该项目的细目定额检查完成后,再检查该项目的另外细目定额,依次完成后,再检查另一项目的定额。

2.5.1　定额的直接套用

将图纸设计要求的施工内容、施工方法和材料与定额施工内容、施工方法、材料进行仔细核对,当图纸设计要求与定额工作内容完全一致时,可以直接套用定额。

直接套用定额项目的步骤如下:

①从定额目录中查出某分部分项工程所在的定额编号。

②判断该分部分项工程内容与定额规定的工程内容是否一致,是否可直接套用定额基价。

③查出定额的人工、材料、机械台班消耗量。

④计算分部分项工程的人工、材料、机械台班的消耗量。其中:

$$人工消耗量 = 图示工程量 × 定额的综合人工消耗量 \tag{2.16}$$
$$材料消耗量 = 图示工程量 × 定额相应的材料消耗量 \tag{2.17}$$
$$机械台班消耗量 = 图示工程量 × 定额相应的机械台班消耗量 \tag{2.18}$$

⑤计算人、材、机的费用、综合单价及合价。

【例 2.7】　某路基工程采用 75 kW 以内液压履带推土机和 8 m³ 以内拖式机械铲运机铲运 2 000 m³ 天然密实方的松土,运距 200 m。试根据《公路工程预算定额》(JTG/T 3832—2018)确定其预算定额并计算其基价。

【解】　查《公路工程预算定额》(JTG/T 3832—2018)可知,背景情况适用定额 1-1-13-1 和 1-1-13-4,由两定额相关数据可知:

$$基价 = \frac{2\ 736 + 500 × 2}{1\ 000} × 2\ 000 = 7\ 472(元)$$

2.5.2　定额的换算

将图纸设计要求的施工内容、施工方法和材料与定额施工内容、施工方法、材料进行仔细核对,当图纸设计要求与定额工作内容不完全一致时,可以进行定额的换算。

1)**换算依据**

①定额说明及定额综合解释;

②造价文件;

③合同;

④工程洽商。

2)**换算方法**

(1)系数调整法

系数调整法是一种比例系数确定不变的比例换算法,它是按照定额规定的增减系数调整定额基价、人工、材料或机械费。即在原定额含量或综合单价基础上乘以一个规定系数,一般用于成比例增减的项目。

①当系数用于一个子目的全部定额含量与基价时,调整后的定额含量与综合单价可用下式计算:

$$调整后定额含量(综合单价) = 原定额含量(综合单价) × 调整系数 \qquad (2.19)$$

②当系数仅用于子目中的部分定额含量时,调整后的定额含量与综合单价,须按下式计算:

$$调整增减部分定额含量 = 原部分定额含量 × 调整系数 \qquad (2.20)$$

$$调整后的定额综合单价 = 原定额综合单价 + [部分定额含量的原费用 × (调整系数 - 1)]$$

$$(2.21)$$

【**例2.8**】 某涵洞工程弧形挡墙采用现浇混凝土(商品混凝土)浇筑,试根据《重庆市市政工程计价定额》(CQSZDE—2018)计算浇筑完成 54.26 m³ 混凝土和 23.15 m² 模板的合价。

【**解**】 查《重庆市市政工程计价定额》(CQSZDE—2018)可知,背景条件适用于编号DC0273 和 DC0274 两条子目。再查阅该节相关说明可知,现浇弧形混凝土挡墙,按混凝土挡墙项目人工乘以系数 1.2,模板乘以系数 1.4,其余不变。

合价 = [3 199.73+369.15×(1.2-1)]/10×54.26+(616.48×1.4)/10×23.15

　　 = 19 760.35(元)

(2)数量增减法

数量增减法即在原定额含量的基础上增加或减少一个数量。调整后的定额基价可按下式计算:

$$调整后的定额综合单价 = 原定额综合单价 + (调整部分增减量 × 相应单价) \qquad (2.22)$$

(3)价差换算法

价差换算法是指设计采用的材料(设备)等,其品种、规格、材质与定额不同,按定额规定须作的单价换算,换算后出现的价格差称为定额价差。调整后的定额基价可按下式计算:

$$换算后的定额基价 = 原定额基价 + (调入材质单价 - 定额材质单价) × 定额含量$$

$$(2.23)$$

①综合调差法:由各省市造价站统一测定一个综合调差系数,进行调差。

$$某项费用价差 = 该项费用 × (综合调差系数 - 1) \qquad (2.24)$$

②单项调差法:按照实际单价(结算单价)和预算单价之差,进行调整。

$$某项费用价差 = 该项费用消耗量 × (结算单价 - 预算单价) \qquad (2.25)$$

【**例2.9**】　某路面工程,执行《重庆市市政工程计价定额》(CQSZDE—2018),人工费合计 280 000 元。该工程的人工预算单价为 140 元/工日,结算单价为 160 元/工日,试根据上述背景,计算该工程人工费价差。

【**解**】　人工费价差 $=(280\ 000/140)\times(160-140)=40\ 000(\text{元})$

注意:定额换算后,要在定额编码后面加一个"换",说明该项定额子目是经过换算的。

2.5.3　定额的补充

当在定额中无法找到设计图纸中的相应项目时,可做临时性补充。补充方法一般有定额代用法和编制补充定额两种。

定额代用法可利用材料、性质、施工工艺大致相同的定额项目,通过科学估算其系数后再使用。该方法同时也为以后编制新版定额提供一定的参考。

编制补充定额材料用量按图纸的构造做法和公式计算,并加入规定的损耗率。人工机械台班使用量同相关技术人员讨论确定,与工资标准、材料预算价格以及机械台班单价相乘后得到补充定额基价。

思考题

1.什么是定额?

2.定额具有什么性质?

3.简述工人工作时间的组成。

4.简述机械工作时间的组成。

5.定额具有哪些方面的应用?

第3章 工、料、机预算单价的确定

3.1 预算单价的确定

3.1.1 人工日工资单价

人工日工资单价是指施工企业平均技术熟练程度的生产工人在每工作日(国家法定工作时间内)按规定从事施工作业应得的日工资总额。合理确定人工工日单价是正确计算人工费和工程造价的前提与基础。

人工日工资单价由计时工资或计件工资、奖金、津贴补贴以及特殊情况下支付的工资组成。具体组成内容如下:

①计时工资或计件工资,是指按计时工资标准和工作时间或对已做工作按计件单价支付给个人的劳动报酬。

②奖金,是指对超额劳动和增收节支支付给个人的劳动报酬,如节约奖、劳动竞赛奖等。

③津贴补贴,是指为了补偿职工特殊或额外的劳动消耗和因其他原因支付给个人的津贴,以及为了保证职工工资水平不受物价影响支付给个人的物价补贴,如流动施工津贴、特殊地区施工津贴、高温(寒)作业临时津贴、高空津贴等。

④特殊情况下支付的工资,是指根据国家法律、法规和政策规定,因病、工伤、产假、计划生育假、婚丧假、事假、探亲假、定期休假、停工学习、执行国家或社会义务等原因按计时工资标准或计件工资标准的一定比例支付的工资。

3.1.2 材料单价

在建筑工程中,材料费占总造价的60%～70%,在金属结构工程中所占比重更大。因此,合理确定材料价格的构成,正确计算材料单价,有利于合理确定和有效控制工程造价。材料单价是指建筑材料从其来源地运到施工工地仓库,直至出库形成的综合平均单价。

1)材料原价(或供应价格)

材料原价是指国内采购材料的出厂价格,国外采购材料抵达买方边境、港口或车站并缴纳完各种手续费、税费(不含增值税)后形成的价格。在确定原价时,凡同一种材料因来源地、交货地、供货单位、生产厂家不同,而有几种价格(原价)时,根据不同来源地供货数量的比例,采取加权平均的方法确定其综合原价。其计算公式为:

$$加权平均原价 = \frac{K_1 C_1 + K_2 C_2 + \cdots + K_n C_n}{K_1 + K_2 + \cdots + K_n} \tag{3.1}$$

式中　$K_1, K_2, \cdots, K_n$——各不同供应地点的供应量或各不同使用地点的需要量；

　　　$C_1, C_2, \cdots, C_n$——各不同供应地点的原价。

若材料供货价格为含税价格,则材料原价应以购进货物适用的税率(13%或9%)或征收率(3%)扣除增值税进项税额。

2) 材料运杂费

材料运杂费是指国内采购材料自来源地、国外采购材料自到岸港运至工地仓库或指定堆放地点发生的费用(不含增值税),含外埠中转运输过程中所发生的一切费用和过境过桥费用,包括调车和驳船费、装卸费、运输费及附加工作费等。

同一品种的材料有若干个来源地,应采用加权平均的方法计算材料运杂费。其计算式为:

$$加权平均运杂费 = \frac{K_1 T_1 + K_2 T_2 + \cdots + K_n T_n}{K_1 + K_2 + \cdots + K_n} \tag{3.2}$$

式中　$K_1, K_2, \cdots, K_n$——各不同供应地点的供应量或各不同使用地点的需要量；

　　　$T_1, T_2, \cdots, T_n$——各不同运距的运费。

若运输费用为含税价格,则需按"两票制"和"一票制"两种支付方式分别调整。

①"两票制"支付方式。所谓"两票制"材料,是指材料供应商就收取的货物销售价款和运杂费向建筑业企业分别提供货物销售和交通运输两张发票的材料。在这种方式下,运杂费以接受交通运输与服务适用税率9%扣除增值税进项税额。

②"一票制"支付方式。所谓"一票制"材料,是指材料供应商就收取的货物销售价款和运杂费合计金额向建筑业企业只提供一张货物销售发票的材料。在这种方式下,运杂费采用与材料原价相同的方式扣除增值税进项税额。

3) 运输损耗

在材料的运输中,应考虑一定的场外运输损耗费用。这是指材料在运输装卸过程中不可避免的损耗。其计算式为:

$$运输损耗 = (材料原价 + 运杂费) \times 运输损耗率(\%) \tag{3.3}$$

4) 采购及保管费

采购及保管费是指为组织采购、供应和保管材料过程中所需的各项费用,包括采购费、仓储费、工地保管费和仓储损耗。

采购及保管费一般按照材料到库价格以费率取定。其计算式为:

$$采购及保管费 = 材料运到工地仓库价格 \times 采购及保管费率(\%) \tag{3.4}$$

或

$$采购及保管费 = (材料原价 + 运杂费 + 运输损耗费) \times 采购及保管费率(\%) \tag{3.5}$$

综上所述,材料单价的一般计算式为:

$$材料单价 = \{(供应价格 + 运杂费) \times [1 + 运输损耗率(\%)]\} \times [1 + 采购及保管费率(\%)] \tag{3.6}$$

由于我国幅员辽阔,建筑材料产地与使用地点的距离,各地差异很大,采购、保管、运输方式也不尽相同,因此,材料单价原则上按地区范围编制。

根据《重庆市建设工程费用定额》(CQFYDE—2018)第三章　建筑安装工程费用标准相关说明,承包人采购材料、设备的采购及保管费率可按以下标准计取:

①材料为2%,设备为0.8%,预拌商品混凝土及商品湿拌砂浆、水稳层、沥青混凝土等半成品为0.6%,苗木为0.5%。

②发包人提供的预拌商品混凝土及商品湿拌砂浆、水稳层、沥青混凝土等半成品不计取采购及保管费。

③发包人提供的其他材料到承包人指定地点,承包人计取采购及保管费的2/3。

根据《公路工程建设项目概算预算编制办法》(JTG 3830—2018)第3章　概算预算费用标准和计算方法相关说明,采购及保管费费率可按以下方法计取:

①钢材的采购及保管为0.75%,燃料、爆破材料为3.26%,其余材料为2.06%。

②商品水泥混凝土、沥青混合料和各类稳定土混合料、外购的构件、成品及半成品的预算价格计算方法与材料相同。

③商品水泥混凝土、沥青混合料和各类稳定土混合料不计采购及保管费,外购的构件、成品及半成品的采购和保管费费率为0.42%。

【例3.1】　某轨道交通工程采用的60 kg/m,U71Mn型钢轨来自A,B,C 3个供应商,采购量分别为120 t、200 t和340 t,其供应原价分别为4 700 元/t、4 640 元/t和4 500 元/t,运杂费分别为25 元/t、27 元/t和22 元/t,运输损耗率为2.5%,采购及保管费费率为2%,试计算其预算单价。

【解】　方法一:

$$材料加权平均原价 = \frac{120×4\ 700+200×4\ 640+340×4\ 500}{120+200+340} = 4\ 578.79(元/t)$$

$$材料加权平均运杂费 = \frac{120×25+200×27+340×22}{120+200+340} = 24.06(元/t)$$

材料预算单价 = (4 578.79+24.06)×(1+2.5%)×(1+2%) = 4 812.28(元/t)

方法二:

A 供应商预算单价 = (4 700+25)×(1+2.5%)×(1+2%) = 4 939.99(元/t)

B 供应商预算单价 = (4 640+27)×(1+2.5%)×(1+2%) = 4 879.35(元/t)

C 供应商预算单价 = (4 500+22)×(1+2.5%)×(1+2%) = 4 727.75(元/t)

$$材料预算单价 = \frac{4\ 939.99×120+4\ 879.35×200+4\ 727.75×340}{120+200+340} = 4\ 812.28(元/t)$$

3.1.3　施工机械台班单价

施工机械使用费根据施工中耗用的机械台班数量和机械台班单价确定。施工机械台班耗用量按有关定额规定计算;施工机械台班单价是指一台施工机械,在正常运转条件下一个工作班中所发生的全部费用,每台班按8 h工作制计算。正确制定施工机械台班单价是合理确定和控制工程造价的重要方面。

根据《建设工程施工机械台班费用编制规则》(建标〔2015〕34 号)的规定,将施工机械划分为 12 个类别:土石方及筑路机械、桩工机械、起重机械、水平运输机械、垂直运输机械、混凝土及砂浆机械、加工机械、泵类机械、焊接机械、动力机械、地下工程机械和其他机械。

施工机械台班单价由 7 项费用组成,包括折旧费、检修费、维护费、安拆费及场外运费、人工费、燃料动力费和其他费用。

①折旧费:指施工机械在规定的耐用总台班内,陆续收回其原值的费用。

②检修费:指施工机械在规定的耐用总台班内,按规定的检修间隔进行必要的检修,以恢复其正常功能所需的费用。

③维护费:指施工机械在规定的耐用总台班内,按规定的维护间隔进行各级维护和临时故障排除所需的费用。

④安拆费及场外运费:安拆费指施工机械在现场进行安装与拆卸所需的人工、材料、机械和试运转费用以及机械辅助设施的折旧、搭设、拆除等费用;场外运费指施工机械整体或分体自停放地点运至施工现场或由一施工地点运至另一施工地点的运输、装卸、辅助材料及架线等费用。

⑤人工费:指机上司机(司炉)和其他操作人员的人工费。

⑥燃料动力费:指施工机械在运转作业中所消耗的各种燃料费及水、电等费用。

⑦其他费用:指施工机械按照国家规定应缴纳的车船税、保险费及检测费等。

3.1.4 施工仪器仪表台班单价

根据《建设工程施工仪器仪表台班费用编制规则》(建标〔2015〕34 号)的规定,施工仪器仪表划分为 7 个类别:自动化仪表及系统、电工仪器仪表、光学仪器、分析仪表、试验机、电子和通信测量仪器仪表、专用仪器仪表。

施工仪器仪表台班单价由 4 项费用组成,包括折旧费、维护费、校验费、动力费。施工仪器仪表台班单价中的费用组成不包括检测软件的相关费用。

①折旧费:指施工仪器仪表在耐用总台班内,陆续收回其原值的费用。

②维护费:指施工仪器仪表各级维护、临时故障排除所需的费用以及为保证仪器仪表正常使用所需备件(备品)的维护费用。

③校验费:指按国家与地方政府规定的标定与检验的费用。

④动力费:指施工仪器仪表在施工过程中所耗用的电费。

3.2 定额基价的编制

定额基价就是预算定额分项工程或结构构件的单价,我国现行各省预算定额基价的表达内容不尽统一。有的定额基价只包括人工费、材料费和施工机具使用费,即工料单价;也有的定额基价包括工料单价以外的管理费、利润清单综合单价,即不完全综合单价;还有的定额基价包括规费、税金在内的全费用综合单价,即完全综合单价。

预算定额基价的编制方法,以工料单价为例,即工、料、机的消耗量和工、料、机单价的结合过程。其中,人工费是由预算定额中每一分项工程各种用工数乘以地区人工工日单价之和算出的;材料费是由预算定额中每一分项工程的各种材料消耗量乘以地区相应材料预算价格之和算出的;机具费是由预算定额中每一分项工程的各种机械台班消耗量乘以地区相应施工机械台班预算价格之和,以及仪器仪表使用费汇总后算出的。上述单价均为不含增值税进项税额的价格。

以基价是工料单价为例,分项工程预算定额基价的计算式为:

$$分项工程预算定额基价 = 人工费 + 材料费 + 机具使用费 \tag{3.7}$$

其中:

$$人工费 = \sum(现行预算定额中各种人工工日用量 \times 人工日工资单价) \tag{3.8}$$

$$材料费 = \sum(现行预算定额中各种材料耗用量 \times 相应材料单价) \tag{3.9}$$

$$机具使用费 = \sum(现行预算定额中机械台班用量 \times 机械台班单价) +$$
$$\sum(仪器仪表台班用量 \times 仪器仪表台班单价) \tag{3.10}$$

预算定额基价是根据现行定额和当地价格水平编制的,具有相对稳定性。在预算定额中列出的"预算价值"或"基价",应视作该定额编制时的工程单价。为了适应市场价格的变动,在编制预算时,必须根据工程造价管理部门发布的调价文件对固定的工程预算单价进行修正。修正后的工程单价乘以根据图纸计算出的工程量,就可以获得符合实际市场情况的人工、材料、机具费用。

【例3.2】 根据《公路工程预算定额》(JTG/T 3832—2018)定额子目5-1-10-2可知,每拆除10 t铝合金标志面板需消耗人工8.1工日,4 t以内载货汽车3.34台班,5 t以内汽车式起重机2.82台班。再根据附录四和《公路工程机械台班费用定额》(JTG/T 3833—2018)可知,人工工日单价为106.28元/工日,4 t以内载货汽车台班单价为470.1元/台班,5 t以内汽车式起重机台班单价为637.22元/台班,试计算拆除10 t铝合金标志面板的基价。

【解】 人工费=8.1×106.28=860.87(元)

材料费=0元

机械费=3.34×470.1+2.82×637.22=3 367.09(元)

基价=860.87+0+3 367.09=4 227.96≈4 228(元)

思考题

1. 人工日工资单价的组成部分有哪些?

2. 材料预算单价的组成部分有哪些?

3. 施工仪器仪表台班单价的组成部分有哪些?

4. 核验表3.1所示的综合单价。

表 3.1　混凝土拱桥拱座(编码:040303008)

工作内容:混凝土:浇筑、捣固、抹平、养护等。

　　　　　模板:模板制作、安装、涂脱模剂、拆除、修理、整堆等。

定额编号					DC0250	DC0251
项目名称					混凝土拱桥拱座	
					商品混凝土	模板
单位					10 m³	10 m²
综合单位/元					3 954.11	1 510.61
费用	其中	人工费/元			747.16	858.36
		材料费/元			2 771.66	135.63
		施工机具使用费/元			—	10.45
		企业管理费/元			291.99	339.53
		利润/元			128.36	149.26
		一般风险费/元			14.94	17.38
类型	编码	名　称	单位	单价/元	消耗量	
人工	000300080	混凝土综合工	工日	115.00	6.497	—
	000300060	模板综合工	工日	120.00	—	7.153
材料	840201140	商品混凝土	m³	266.99	10.150	—
	050303800	木材　锯材	m³	1 547.01	—	0.032
	350100011	复合模板	m²	23.93	—	2.468
	330101900	钢支撑	kg	3.42	—	3.618
	341100100	水	m³	4.42	2.070	—
	341100400	电	kW·h	0.70	8.381	—
	002000010	其他材料费	元	—	46.70	14.69
机械	990706010	木工圆锯机 直径 500 mm	台班	25.81	—	0.405

第 4 章　工程量与工程量清单计价概述

4.1　工程量的相关概念和计算

4.1.1　工程量的概念

工程量即工程的实物数量,是以物理计量单位或自然计量单位所表示的各个分项或子分项工程和构配件的数量。

自然计量单位是以物体的自然属性作为计量单位,如"个""组""套""台""块""根""座""处"等。如变压器、配电柜、控制箱等以"台"作为计量单位,跌落式熔断器、避雷器、隔离开关等以"组"作为计量单位。

物理计量单位是以物体的某种物理属性作为计量单位。如"m""m²""m³""t""kg"等。如脚手架、模板等以"m²"作为计量单位,盾构机座、钢箱梁、悬索等以"t"作为计量单位。

4.1.2　工程量的计算依据

1)施工图纸及配套的标准图集

施工图纸及配套的标准图集,是工程量计算的基础资料和基本依据。因为施工图纸全面反映建筑物(或构筑物)的结构构造、各部位的尺寸及工程做法。

2)预算定额、工程量清单计价规范

根据工程计价的方式不同(定额计价或工程量清单计价),计算工程量应选择相应的工程量计算规则。编制施工图预算,应按预算定额及其工程量计算规则算量;编制工程量清单,应按"计价规范"附录中的工程量计算规则算量。

3)施工组织设计或施工方案

施工图纸主要表现拟建工程的实体项目,分项工程的具体施工方法及措施,应按施工组织设计或施工方案确定。如计算挖基础土方,施工方法是采用人工开挖还是采用机械开挖,基坑周围是否需要放坡、预留工作面或做支撑防护等,应以施工组织设计或施工方案为计算依据。

4.1.3　工程量计算的基本方法

工程量计算之前,首先应安排分部工程的计算顺序,然后安排分部工程中各分项工程的计算顺序。分部分项工程的计算顺序,应根据其相互之间的关联因素确定。

同一分项工程中不同部位的工程量计算顺序,是工程量计算的基本方法。分项工程由同一种类的构件或同一工程做法的项目组成。

计算工程量时应注意:按设计图纸所列项目的工程内容和计量单位,必须与相应的工程量计算规则中相应项目的工程内容和计量单位一致,不得随意改变。

为了保证工程量计算的精确度,工程数量的有效位数应遵守以下规定:以"吨"为单位,应保留小数点后三位数字,第四位四舍五入;以"立方米""平方米""米"为单位,应保留小数点后两位数字,第三位四舍五入;以"个""项"等为单位,应取整数。

计算工程量时,应根据不同情况采用以下方法:

(1)按顺时针顺序计算

以图纸左上角为起点,按顺时针方向依次进行计算,即按计算顺序绕图一周后又重新回到起点。这种方法一般用于各种带形基础、墙体、现浇及预制构件计算,其特点是能有效防止漏算和重复计算。

(2)按编号顺序计算

结构图中包括不同种类、不同型号的构件,而且分布在不同的部位,为了便于计算和复核,需要按构件编号顺序统计数量,然后进行计算。

(3)按轴线编号计算

对于结构比较复杂的工程量,为了方便计算和复核,有些分项工程可按施工图轴线编号的方法计算。例如,在同一平面中,带形基础的长度和宽度不一致时,可按Ⓐ轴①～③轴,Ⓑ轴③、⑤、⑦轴这样的顺序计算。

(4)分段计算

在通长构件中,当其中截面有变化时,可采取分段计算。如一座梁式桥的盖梁,当某跨的截面形状或尺寸与其他跨不同时可按墩柱间的尺寸分段计算,又如路面工程,当横断面设计发生变化时,其垫层、面层等工程量都应分段计算。

(5)分层计算

分层计算在工程量计算中较为常见,如路面工程各面层材质不同时,都应分层计算,然后再将各层相同工程做法的项目分别汇总项。

(6)分区域计算

大型工程项目平面设计比较复杂时,可在伸缩缝或沉降缝处将平面图划分成几个区域分别计算工程量,然后再将各区域相同特征的项目合并计算。

(7)快速计算

快速计算是在基本方法的基础上,根据构件或分项工程的计算特点和规律总结出来的简便、快捷方法。其核心内容是利用工程量数表、工程量计算专用表、各种计算公式加以技巧计算,从而达到快速、准确计算的目的。

4.1.4　工程量计算应遵循的原则

在进行工程量计算时,应遵循以下基本原则。

(1)计算口径与定额一致

工程量计算时,根据施工图纸所列出的工程子目的口径(指工程子目所包含的内容),必须与定额中相应工程子目的口径一致。如《公路工程预算定额》(JTG/T 3832—2018)中第二章路面工程第一节说明载明"本章定额中凡列有洒水汽车的子目,均按 5 km 范围内洒水汽车在水源处自吸水编制,不计水费"。当施工方案设定的洒水车按 5 km 以内在水源处自吸水考虑时,不应额外计取洒水汽车相关费用,这就要求预算人员必须熟悉定额组成及其所包含的内容。

（2）计算规则与定额一致

工程量计算时，必须遵循定额中所规定的工程量计算规则，否则是错误的。如斜拉索锚固套筒定额中已综合加劲钢板和钢筋的数量，其工程量以混凝土箱梁中锚固套筒钢管的质量计算。又如各类稳定土底基层采用稳定土基层定额时，每 1 000 m^2 路面减少 12～15 t 光轮压路机 0.18 台班。

（3）计算单位与定额一致

工程量计算时，工程量计算单位必须与定额单位相一致。在定额中，工程量的计算单位规定为：以体积计算的为 m^3，以面积计算的为 m^2，以长度计算的为 m，以质量计算的为 t 或 kg，以件（个或组）计算的为件（个或组）。

建筑工程预算定额中大多数用扩大定额（按计算单位的倍数）的方法计算，即"100 m^3""10 m^3""100 m^2""100 m"等，如门窗工程量定额以"100 m^2"计量。

（4）工程量计算所使用的原始数据必须和设计图纸相一致

工程量是按每一分项工程，根据设计图纸计算的。计算时所采用的数据，都必须以施工图纸所示的尺寸为标准进行计算，不得任意加大或缩小各部位尺寸。

（5）按图纸，结合建筑物的具体情况进行计算

一般应做到主体结构分层计算，内装修分层分房间计算，外装修分立面计算，或按施工方要求分段计算。不同的结构类型组成的建筑，按不同结构类型分别计算。

4.2　清单工程量和定额工程量的区别

1）清单工程量的概念

清单工程量是指根据设计文件或施工图纸，按照工程量清单规定的计量单位和计算方法，对工程项目中各项工作内容进行逐项分析、计算和统计得出的工程数量。清单工程量是工程项目中工作量计算和成本预算的基础，也是合同管理和工程进度控制的依据。

2）定额工程量的概念

定额工程量是指在建筑工程项目中，根据工程设计、规范和经验，通过对常见工作内容进行分析和计算得出的工程量。定额工程量是根据预设的工作标准和工艺要求，以定额规定的计量单位和计算方法，对工程项目中常见工作进行量化和统计，用于快速估算成本和编制工程预算。

3）清单工程量和定额工程量的区别

（1）计算依据不同

清单工程量依据全国统一清单计算规则进行计算，而定额工程量则以各地方、部门或企事业单位相关定额为依据。

（2）计量单位不同

清单工程量的计量单位是在工程施工过程中，将各种工程项目按照一定的规格和计量单位进行量化和计算，它一般以物理或自然计量单位的方式呈现，如"m""kg""m^2"等。定额计量单位则是在清单单位的基础上进行的扩大，如"100 m^2""1 000 m^3"等。

（3）编制主体不同

清单工程量属于招标文件的组成部分之一，其工程量计算主体主要为建设单位或造价咨询单位。定额工程量主要在经济标中呈现，其工程量计算主体主要为投标单位。

（4）计价方式不同

①清单工程量：清单计价体系则是按照一定的划分标准，将各项工程分为独立的清单单元，每个清单单元对应一个明细表，表中列出该项工程的数量和单价，通过数量和单价相乘得出该项工程的造价。清单工程量体现了不同工程活动的细项明细。

②定额工程量：定额计价体系是以定额为基础，通过对工程项目中各项工作的施工工艺、材料用量、人工用时等进行详细规定，然后乘以相应的单价，得出各项工程量的造价。定额工程量体现了不同工程活动的规模和成本。

（5）细化程度不同

①清单工程量：清单计价体系相对较为简化，将工程项目按照一定的清单单元进行划分，不需要像定额工程量一样对施工过程进行详细规定，计价单元通常较大，适合于工程量较大、复杂程度较低的项目。

②定额工程量：定额计价体系相对较为细致，因为它需要对每个工程项目的施工过程进行详细的规定和计算，包括各种材料、人工、机械设备的使用量和工作时间等。

（6）管理方式不同

①清单工程量：相对于定额计价体系，清单计价体系在施工管理上要求相对宽松，更加侧重于对项目整体的成本控制和核算。

②定额工程量：由于定额计价体系涉及更多细节，因此在施工管理中，需要更加严格地控制材料用量、工时等，确保按照定额的规定进行施工。

4.3　工程量清单计价概述

4.3.1　清单与清单计价的概念

1）工程量清单的概念

《建设工程工程量清单计价规范》（GB 50500—2013）中载明了 3 个关于工程量清单的概念。

①工程量清单：载明建设工程分部分项工程项目、措施项目、其他项目的名称和相应数量等的明细清单。

②招标工程量清单：招标人依据国家标准、招标文件、设计文件以及施工现场实际情况编制的，随招标文件发布供投标报价的工程量清单，包括对其的说明和表格。

③已标价工程量清单：构成合同文件组成部分的投标文件中已标明价格，经算术性错误修正（如有）且承包人已确认的工程量清单，包括对其的说明和表格。

工程量清单应反映拟建工程的全部工程内容和为实现这些工程内容而进行的一切工作。工程量清单应由分部分项工程量清单、措施项目清单、其他项目清单、规费项目清单、税金项目清单组成。

2）清单计价的概念

工程量清单计价是建设工程招标投标中，招标人按照国家规范中的工程量计算规范提供的工程量清单，投标人依据工程量清单，自主填报综合单价；中标后，以投标单价为结算依据的工程造价计价模式。

4.3.2　清单与清单计价的发展

在 2003 年前,我国的工程造价管理实行的是与计划经济相适应的预算定额管理制度,即以预算定额为依据、施工图预算为基础、标底为中心的工程计价模式和招投标方式。而传统造价管理模式下反映社会平均水平的预算定额与市场脱节,不能真实地反映出工程建设或者建筑产品的市场价格,也不能反映企业的实际消耗和技术管理水平,在一定程度上限制了企业的技术进步和管理水平的提升。因此,工程计价体制需要进行深入改革。

为了适应建筑业市场化、规范化和国际化的要求,住房和城乡建设部于 2003 年 2 月 17 日发布了《建设工程工程量清单计价规范》(GB 50500—2003),并于 2003 年 7 月 1 日起正式实施。该规范的发布与实施,是我国工程造价计价模式发展的重要里程碑,改变了我国长期以来建设工程计价、招投标、结算以政府发布的工程预算定额加红头文件为主要依据的状况,并使建设工程的计价朝着国家宏观调控、市场有序竞争形成价格的方向发展,标志着我国工程造价管理由传统的"量价合一"的计价模式向"量价分离"的市场模式的重大转变,我国招标制度真正驶入国际惯例轨道。

经过多年的实施,结合实施过程中的实际工程的佐证、调研论证和修订,住房和城乡建设部于 2008 年 12 月 1 日实施了《建设工程工程量清单计价规范》(GB 50500—2008),用以指导后期的计价工作。2008 版规范是对 2003 版规范的补充和完善,不仅比较好地解决了清单计价自执行以来的主要问题,还对清单计价的指导思想作了进一步深化,提出了加强市场监管的思路,进一步推行和完善市场,建立公开、公平、公正的市场竞争秩序,使我国工程造价迈上新的台阶。

经过 5 年规范应用,住房和城乡建设部于 2013 年 7 月 1 日颁发了《建设工程工程量清单计价规范》(GB 50500—2013),该规范是按照我国工程造价管理改革的总体目标,本着国家宏观调控、市场竞争形成价格的原则制定的,总结了《建设工程工程量清单计价规范》(GB 50500—2008)实施以来的经验,针对执行中存在的问题,特别是清理拖欠工程款工作中普遍反映的,在工程实施阶段中有关工程价款调整、支付、结算等方面缺乏依据的问题,主要修订了 2008 版规范正文中不太合理、可操作性不强的条款及表格格式,特别增加了采用工程量清单计价如何编制工程量清单和招标控制价、投标报价、合同价款约定以及工程计量与价款支付、工程价款调整、索赔、竣工结算、工程计价争议处理等内容,并增加了条文说明。

4.3.3　清单与清单计价的作用

1)工程量清单的主要作用

工程量清单是工程量清单计价的基础,贯穿于建设工程的招投标阶段和施工阶段,是编制招标控制价、投标报价、计算工程量、支付工程款、调整合同价款、办理竣工结算以及工程索赔等的依据。工程量清单的主要作用如下:

(1)工程量清单为投标人的投标竞争提供了一个平等和共同的基础

工程量清单是由招标人负责编制的,将要求投标人完成的工程项目及其相应工程实体数量全部列出,为投标人提供拟建工程的基本内容、实体数量和质量要求等的基础信息。这样,在建设工程招标投标中,投标人的竞争活动就有了一个共同基础,投标人机会均等,受到的待遇是公正和公平的。

(2)工程量清单是建设工程计价的依据

在招标投标过程中,招标人根据工程量清单编制招标工程的招标控制价;投标人按照工程量清单所表述的内容,依据企业定额计算投标价格,自主填报工程量清单所列项目的单价与合价。

（3）工程量清单是工程付款和结算的依据

在施工阶段,发包人根据承包人完成的工程量清单中规定的内容以及合同单价支付工程款。工程结算时,承发包双方按照工程量清单计价表中的序号对已实施的分部分项工程或计价项目,按合同单价和相关合同条款核算结算价款。

（4）工程量清单是调整工程价款、处理工程索赔的依据

在发生工程变更和工程索赔时,可以选用或者参照工程量清单中的分部分项工程或计价项目及合同单价来确定变更价款和索赔费用。

2）实行工程量清单计价模式的主要作用

实行工程量清单计价模式,其主要作用体现在以下 6 个方面:

（1）转变政府职能,规范建设市场秩序

工程量清单计价发挥了施工企业自主报价的能力,转变了政府职能。由政府定价转变为市场定价,有利于规范业主在招标中的行为,有效改变了招标单位盲目压价的行为。遵照合理低价的原则,淡化了标底的作用。采用工程量清单招标增加了招投标工作的透明度,标底只控制工程造价既不突破概算又不低于成本,国际惯例中标底也只作为建设单位对工程费用的估测,甚至不设标底。这样就淡化了标底的作用,杜绝泄露标底等现象。从程序上规范了招标运作和建筑市场秩序。

（2）适应建设市场对外开放的需要

采用工程量清单招标是目前国际上普遍采用的方式之一,其计价方法既符合建筑市场竞争规则又符合国际通行原则,有利于中国建筑企业提高参与国际化竞争的能力,提高工程建设的管理水平。

（3）合理分担风险,促进建设市场有序竞争

由于建筑工程本身比较复杂,加之建筑市场变化快、施工工期长,工程建设风险较大,采用工程量清单招标实现了量、价分离,有利于风险的合理分担。招标人确定量,承担了工程量误差的风险;投标人确定价,承担价的风险。由于工程量清单是公开的,避免了弄虚作假、暗箱操作等不规范行为,所有投标单位均在统一量的基础上,结合工程具体情况和企业自身实力,并充分考虑各种市场风险因素,自主报价,为企业提供了平等的竞争平台,可以真正体现投标企业的综合实力和管理水平。

（4）促进施工企业健康发展

工程量清单招标符合国家"控制量、指导价、竞争费"的原则。它将工程造价的决定权逐步交给投标单位,充分调动施工企业的积极性。投标单位要想中标,必须从加强内部管理、采购建筑材料、合理调配资源等方面下狠功夫,采取多种手段,努力降低工程成本。因此,要求施工企业苦练内功,提升市场竞争力,提高资源配置效率,降低施工成本,不断提高自身管理水平。

（5）减少重复劳动,降低成本,节约社会资源

以前招标单位及投标单位各自组织相关的预算编制人员按照统一的施工图纸、招标文件、定额及取费标准等进行工程预算编制。但由于预算编制人员水平不一,对计算规则及招标文件理解不一,各份报价差别甚大,反映不出建筑企业自身的水平。实行工程量清单报价既保证了工程量计算基础统一,又解决了招标工作时间紧、计算工作任务重的矛盾,减少了重复计算,减少了人力、物力、财力等浪费,降低了工程成本,缩短了投标单位的投标报价时间,有利于招投标工作的科学管理。

（6）利于工程款的拨付，进行投资控制

合同一旦签订，工程量清单的报价即成为合同价的基础，在执行过程中，以清单报价作为拨付工程款的依据。工程竣工后，再根据设计变更和工程量的增减确定工程总造价。业主可以随时掌握工程造价的变化，根据投资情况确定是否变更方案，能够有效控制工程造价。

4.3.4　清单与清单计价的编制原则和编制依据

1）清单与清单计价的编制原则

保证工程量清单的准确性，对确定工程造价、控制投资、提高企业经济效益有着重要的作用，因此，在清单与清单计价的编制过程中，应遵循以下原则：

①客观、公正、公平的原则；

②遵守有关法律法规的原则；

③严格按照建设工程工程量清单计价规范进行编制；

④遵守招标文件相关要求的原则；

⑤编制依据齐全的原则。

2）清单与清单计价的编制依据

（1）工程量清单的编制依据

①建设工程工程量清单计价规范和相关工程的国家计量规范；

②国家或省级、行业建设主管部门颁布的计价依据和办法；

③建设工程设计文件；

④与建设工程项目有关的标准、规范、技术资料；

⑤拟定的招标文件；

⑥施工现场情况、工程特点及常规施工方案；

⑦其他相关资料。

（2）工程量清单计价的编制依据

①《建设工程工程量清单计价规范》（GB 50500—2013）；

②工程勘察设计文件及相关资料；

③工程招标文件及招标答疑、补充文件；

④与建设工程项目有关的标准、规范和技术资料；

⑤国家或省级、行业主管部门颁发的计价定额；

⑥企业定额；

⑦费用定额及相关现行文件；

⑧工程造价管理机构发布的相关文件；

⑨其他相关资料。

思考题

1. 工程量计算时应遵循的原则是什么？

2. 工程量清单的作用有哪些？

3. 实行工程量清单计价模式的主要作用是什么？

4. 清单工程量和定额工程量有什么区别？

第二篇 市政工程计量与计价
——道路、桥涵工程

　　本篇主要根据住房和城乡建设部及重庆市城乡建设委员会的相关规定,介绍城市建设市政工程中的道路工程、桥涵工程。本篇共包含 7 个章节,前两章(即第 5、第 6 章)介绍市政工程预算定额的组成及说明、市政工程工程量清单的构成及规则,让读者从总体上把握市政工程工程量清单计价的总则及规定;中间 3 章(即第 7—9 章)分别对市政通用工程、道路工程、桥涵工程三大板块进行详细讲解,重点围绕预算定额说明、清单工程量计算规则说明、案例分析 3 个层面展开,进一步掌握清单及定额具体规定的同时,达到熟练运用清单及定额规则计算工程量、完整列项、正确套用定额完成计量组价的目的;最后两章(即第 10、第 11 章),从实战角度出发,立足运用,先介绍了市政工程预算费用构成、计算方法及预算文件编制方法和步骤,然后以某市政工程图纸为依托,借助广联达计价软件平台,围绕其展开施工图预算的编制,在进一步巩固理论知识的同时具备利用理论知识解决工程实际问题的能力。

第5章　市政工程计价定额

5.1　市政工程计价定额的组成

为合理确定和有效控制工程造价,提高工程投资效益,规范建设市场计价行为,推动建设行业持续健康发展,重庆市城乡建设委员会主持编制了《重庆市市政工程计价定额》(CQSZDE—2018),于2018年8月1日正式实施。

整本定额由以下8个部分组成:

(1)前言

前言主要介绍定额的编制背景、修改和补充流程、参编人员等。

(2)颁发通知

颁发通知主要就新版定额的适用条件及管理和解释权做出相关说明。

(3)目录

(4)总说明

针对定额的一个总体情况说明,详细内容见5.2.1小节。

(5)章说明

定额各章节的使用说明。

(6)工程量计算规则

各分部工程的计算规定。

(7)定额子目表

下面以图5.1为例,简要介绍定额表格的结构。

①表名:暗挖土方(编码:040101004)。

②工作内容。

a.人工平洞开挖:人工开挖土方,运距5 m内。

b.机械平洞开挖:挖土,土方洞内运输、垂直提升等。

③计量单位:100 m³。

④定额编号:DA0036,DA0037。

其中,D表示市政工程,A表示目录内第A章 土石方工程,0036或0037为顺序码,表示第A章内的第36或第37条定额子目。

⑤项目名称:平洞开挖(人工),平洞开挖(机械)。

⑥费用汇总:综合单价、人工费、材料费、机械费、企业管理费、利润、一般风险费。

⑦费用明细:定额人工、材料、机械消耗量及对应的单价。

A.1.4　暗挖土方(编码:040101004)

工作内容:1.人工平洞开挖:人工开挖土方,运5 m内。

2.机械平洞开挖:挖土,土方洞内运输、垂直提升等。

计量单位:100 m³

定额编号						DA0036	DA0037
项目名称						平洞开挖	
						人工	机械
费用	其中	综合单价/元				11 608.34	2 998.21
		人工费/元				7 920.00	1 322.10
		材料费/元				—	—
		施工机具使用费/元				—	723.49
		企业管理费/元				2 523.31	651.72
		利润/元				1 006.63	259.99
		一般风险费/元				158.40	40.91
类型	编码	名　称	单位	单价/元	消耗量		
人工	000300040	土石方综合工	工日	100.00	79.200		13.221
机械	990101015	履带式推土机75 kW	台班	818.62			0.113
	990106030	履带式单斗液压挖掘机1 m³	台班	1 078.60	—		0.585

图5.1　某定额子目图

(8)附录

《重庆市市政工程计价定额》(CQSZDE—2018)附录为各种金属结构安装设备全套参考质量表。

附录提供了"导梁全套设备质量表""跨墩门架一套(两个)设备质量表""一个悬臂吊机及悬浇挂篮设备质量表""提升模架及墩顶拐脚门架设备质量表""移动模架金属设备的参考质量表"和"金属塔架设备全套参考质量表"。

5.2　市政工程计价定额的使用说明

5.2.1　市政工程计价定额总说明

2018年计价定额于2018年8月1日起在新开工的建设工程中执行,在此之前已发出招标文件或已签订施工合同的工程仍按原招标文件或施工合同执行。

根据《重庆市市政工程计价定额》(CQSZDE—2018)总说明,该定额在使用时需注意以下规定。

第一条:《重庆市市政工程计价定额》(以下简称"本定额")是根据《市政工程消耗量定额》(ZYA1-31—2015)、《市政工程工程量计算规范》(GB 50857—2013)、《重庆市市政工程计价定额》(CQSZDE—2008)、《重庆市建设工程工程量计算规则》(CQJLGZ—2013)、现行有关设计规范、施工验收规范、质量评定标准、国家产品标准、安全操作规程等相关规定,并参考了行业和地方标准及代表性的设计、施工等资料,结合本市实际情况进行编制的。

第二条:本定额适用于本市行政区域内的新建、扩建和改建市政工程。

第三条:本定额是本市行政区域内国有资金投资的建设工程编制和审核施工图预算、招标控制价(最高投标限价)、工程结算的依据,是编制投标报价的参考,也是编制概算定额和投资估算指标的基础。非国有资金投资的建设工程可参照本定额规定执行。

第四条:本定额按正常施工条件、大多数施工企业采用的施工方法、机械化程度和合理的劳动组织及工期进行编制的,反映了社会平均人工、材料、机械消耗水平。本定额中的人工、材料、机械消耗量除规定允许调整外,均不得调整。

第五条:本定额综合单价是指完成一个规定计量单位的分部分项工程项目或措施项目所需的人工费、材料费、施工机具使用费、企业管理费、利润及一般风险费。本定额综合单价是按一般计税法计算的,计算程序见表5.1。

表 5.1　定额综合单价计算程序表

序号	费用名称	计费基础
		定额人工费+定额施工机具使用费
	定额综合单价	1+2+3+4+5+6
1	定额人工费	
2	定额材料费	
3	定额施工机具使用费	
4	企业管理费	(1+3)×费率
5	利润	(1+3)×费率
6	一般风险费	(1+3)×费率

(1)人工费

本定额人工以工种综合工表示,内容包括基本用工、超运距用工、辅助用工、人工幅度差,定额人工按 8 h 工作制计算。

定额人工单价为:土石方综合工 100 元/工日,筑路、混凝土、砌筑、防水、市政综合工 115 元/工日,吊装、模板、金属制安综合工 120 元/工日,木工、抹灰、安装综合工 125 元/工日,镶贴综合工 130 元/工日。

(2)材料费

①本定额材料消耗量已包括材料、成品、半成品的净用量以及从工地仓库、现场堆放地点或现场加工地点至操作或安装地点的运输损耗、施工操作损耗、施工现场堆放损耗。

②本定额材料已包括施工中消耗的主要材料、辅助材料和零星材料,辅助材料和零星材料合并为其他材料费。

③本定额已包括材料、成品、半成品从工地仓库、现场堆放地点或现场加工地点至操作或安装地点的水平及垂直运输。如特大型桥梁采用施工电梯、塔吊施工,按批准的施工组织设计或方案另行计算,同时扣除定额中的垂直运输机械费。

④本定额模板是按不同构件分别以复合模板、木模板、定型钢模板等编制的,实际使用模板

材料不同时,不作调整。

⑤本定额已包括工程施工的周转性材料的 30 km 以内,从甲工地(或基地)至乙工地搬迁运输费和场内运输费。

(3)施工机具使用费

①本定额不包括机械原值(单位价值)在 2 000 元以内、使用年限在一年以内、不构成固定资产的工具用具性小型机械费用,该"工具用具使用费"已包含在企业管理费用中,但其消耗的燃料动力已列入材料内。

②本定额已包括工程施工的中小型机械在 30 km 以内,从甲工地(或基地)至乙工地搬迁运输费和场内运输费。

(4)企业管理费、利润

本定额综合单价中的企业管理费、利润按《重庆市建设工程费用定额》(CQFYDE—2018)规定专业工程进行取定,使用时不作调整。专业工程和取费专业对照表,见表5.2。

表 5.2　专业工程和取费专业对照表

专业工程		取费专业
市政工程	道路工程	道路工程
	厂区、小区道路工程	交通管理设施工程
	桥梁工程	桥梁工程
	隧道工程	隧道工程
	运动场、广场停车场	广(停车)场
	管网工程	排水工程
		市政给水、燃气工程
	涵洞工程	涵洞工程
	挡墙工程	挡墙工程
	钢筋工程	桥梁工程
	拆除工程	人工土石方工程
		机械(爆破)土石方工程
	措施项目	隧道工程
		桥梁工程
人工土石方工程		人工土石方工程
机械土石方工程		机械(爆破)土石方工程

(5)一般风险费

本定额除人工土石方定额项目外,均包含了《重庆市建设工程费用定额》(CQFYDE—2018)所指的一般风险费,使用时不作调整。

第六条:人工、材料、机械燃料动力价格调整。本定额人工、材料、成品、半成品和机械燃料动力价格,是以定额编制期市场价格确定的,建设项目实施阶段市场价格与定额价格不同时,可参照建设工程造价管理机构发布的工程所在地的信息价格或市场价格进行调整,价差不作为计取企业管理费、利润、一般风险费的计费基础。

第七条：本定额未考虑现场搅拌混凝土定额项目，实际采用现场搅拌混凝土浇捣，人工、机械按以下规定进行调整：

①人工增加 0.80 工日/m³。

②混凝土搅拌机（400 L）增加 0.052 台班/m³。

③混凝土按设计及"混凝土及砂浆配合比表"中强度等级进行换算，损耗按 1% 计算。

第八条：本定额部分章节中未考虑普通现拌砂浆子目，实际采用现场拌和水泥砂浆，人工、机械具体调整如下：

①人工增加 0.382 工日/m³。

②扣除定额预拌砂浆罐式搅拌机机械消耗量，增加灰浆搅拌机（200 L）0.02 台班/m³。

第九条：本定额的自拌混凝土强度等级、砌筑砂浆强度等级、抹灰砂浆配合比以及砂石品种，如设计与定额不同时，应根据设计和施工规范要求，按"混凝土及砂浆配合比表"进行换算，但粗骨料的粒径规格不作调整。

第十条：本定额中所采用的水泥强度等级是根据市场生产与供应情况和施工操作规程考虑的，施工中实际采用水泥强度等级不同时不作调整。

第十一条：本定额土石方运输、构件运输及特大型机械进出场中已综合考虑了运输道路等级、重车上下坡等多种因素，但不包括过路费、过桥费和桥梁加固、道路拓宽、道路修整等费用，发生时另行计算。

第十二条：本定额的缺项，按其他专业计价定额相关项目执行；再缺项时，由建设、施工、监理单位共同编制一次性补充定额。

第十三条：本定额的工作内容已说明了主要的施工工序，次要工序虽未说明，但均已包括在内。

第十四条：本定额中未注明单位的，均以"mm"为单位。

第十五条：本定额中注有"×××以内"或者"×××以下"者，均包括×××本身；"×××以外"或者"×××以上"者，则不包括×××本身。

第十六条：本定额总说明未尽事宜，详见各章说明。

5.2.2　定额表格的识读

5.1 节已经就定额表格的结构做了简单介绍，接下来，以下图中 DB0395 子目为例，对其数据的含义和计算过程做详细介绍，如图 5.2 所示。（不考虑价差等因素，仅针对表格内数据做分析）

（1）基础数据

单价列和消耗量列数据分别通过第 2、第 3 章相关知识测算得到，消耗量包括损耗量。

①单价列 115.00 表示完成 1 只（计量单位）标志器（项目名称）的放样、钻孔、安装等内容（工作内容）所需的市政综合工（人工行名称）日工资单价为 115.00 元/工日。

②单价列 0.85 表示完成 1 只（计量单位）标志器（项目名称）的放样、钻孔、安装等内容（工作内容）所需的标志器（材料行名称）单价为 0.85 元/只。

③单价列 390.44 表示完成 1 只（计量单位）标志器（项目名称）的放样、钻孔、安装等内容（工作内容）所需的 4 t 载重汽车（材料行名称）台班单价为 390.44 元/台班。

B.5.4 视线诱导器(编码:040205005)

工作内容:放样、钻孔、安装等。

计量单位:只

定额编号					DB0393	DB0394	DB0395
项目名称					反光道钉	路边线轮廓标	标志器
综合单价/元					20.99	16.04	43.11
费用	其中	人工费/元			8.51	7.25	24.27
		材料费/元			8.05	4.62	4.15
		施工机具使用费/元			2.73	2.73	9.85
		企业管理费/元			1.02	0.86	2.89
		利润/元			0.53	0.45	1.51
		一般风险费/元			0.15	0.13	0.44
类型	编码	名称	单位	单价/元	消耗量		
人工	000700010	市政综合工	工日	115.00	0.074	0.063	0.211
材料	030192950	反光道钉	个	4.27	1.000	—	—
	341300300	路边线轮廓标	块	4.62	—	1.000	—
	341300170	标志器	只	0.85	—	—	1.000
	800205030	混凝土 C25(塑、特、碎 5~20、坍10~30)	m³	249.1	—	—	0.013
	002000010	其他材料费	元	—	3.84	—	0.06
机械	990401015	载重汽车 4 t	台班	390.44	0.007	0.007	0.023
	991003020	电动空气压缩机 0.6 m³/min	台班	37.78	—	—	0.023

图5.2 视线诱导器定额子目

④消耗量列 0.211 表示完成 1 只(计量单位)标志器(项目名称)的放样、钻孔、安装等内容(工作内容)需消耗市政综合工 0.211 个工日。

⑤消耗量列 1.000 表示完成 1 只(计量单位)标志器(项目名称)的放样、钻孔、安装等内容(工作内容)需消耗标志器 1.000 只。

⑥消耗量列 0.023 表示完成 1 只(计量单位)标志器(项目名称)的放样、钻孔、安装等内容(工作内容)需消耗 4 t 载重汽车 0.023 个台班或电动空气压缩机(0.6 m³/min)0.023 个台班。

(2)计算结果

查阅《重庆市建设工程费用定额》(CQFYDE—2018)第三章工程费用标准可知,市政安装工程企业管理费、利润和一般风险费的计算基数和费率标准,此三项费用均以定额人工费为费用计算基础,交通管理设施工程一般计税法下企业管理费费率为 11.93%,利润率为 6.24% ,一般风险费费率为 1.8%。

①人工费行 24.27 表示完成 1 只标志器的放样、钻孔、安装等内容需支出人工:115×0.211=24.27(元)。

②材料费行 4.15 表示完成 1 只标志器的放样、钻孔、安装等内容需支出材料费:0.85×1+

249.01×0.013+0.06＝4.15(元)。

③施工机具使用费行 9.85 表示完成 1 只标志器的放样、钻孔、安装等内容需支出机械费：390.44×0.023+37.78×0.023＝9.85(元)。

④企业管理费行 2.89 表示完成 1 只标志器的放样、钻孔、安装等内容需支出企业管理费：24.27×11.93%＝2.89(元)。

⑤利润行 1.51 表示完成 1 只标志器的放样、钻孔、安装等内容可得到的利润：24.27×6.24%＝1.51(元)。

⑥一般风险费行 0.44 表示完成 1 只标志器的放样、钻孔、安装等内容应考虑的一般风险费：24.27×1.8%＝0.44(元)。

⑦综合单价行 43.11 表示完成 1 只标志器的放样、钻孔、安装等内容的综合单价：24.27+4.15+9.85+2.89+1.51+0.44＝43.11(元)。

思考题

1.挑选任一定额子目,解读表格内各数据的含义及计算流程。

2.定额中"×××以外"或者"×××以上"者,是否包括×××本身。

3.《重庆市市政工程计价定额》(CQSZDE—2018)中构件运输已考虑了哪些费用? 未考虑哪些费用?

4.《重庆市市政工程计价定额》(CQSZDE—2018)适用于什么性质的工程?

5.定额编号的编码格式是什么?

第6章 市政工程工程量清单计价

6.1 市政工程工程量清单的构成

根据《建设工程工程量清单计价规范》(GB 50500—2013)的相关说明,工程量清单应采用统一的格式进行编制,应以单位(项)工程为对象进行编制,由分部分项工程量清单、措施项目清单、其他项目清单、规费和税金项目清单等组成。其内容的填写应符合清单规范的相应规定。

招标工程量清单应由具有编制能力的招标人或受其委托,具有相应资质的工程造价咨询人编制。

6.1.1 分部分项工程量清单

分部分项工程项目清单必须载明项目编码、项目名称、项目特征、计量单位和工程量,且必须根据相关工程现行国家计量规范的规定进行编制。

(1)项目编码

项目编码是指分部分项工程和措施项目清单名称的阿拉伯数字标识。分部分项工程量清单的项目编码,应采用12位阿拉伯数字表示。1~9位应按计量规范附录的规定设置,10~12位应根据拟建工程的工程量清单项目名称和项目特征由清单编制人自行设置,同一招标工程的项目编码不得有重码。

项目编码的含义如下:

$$\underset{1\,2\,位}{\square\square}\quad\underset{3\,4\,位}{\square\square}\quad\underset{5\,6\,位}{\square\square}\quad\underset{7\,8\,9\,位}{\square\square\square}\quad\underset{10\,11\,12\,位}{\square\square\square}$$

1、2位为相关工程计量规范代码;3、4位为专业工程顺序码;5、6位为分部工程顺序码;7、8、9位为分项工程工程名称顺序码;10、11、12位为清单项目名称顺序码。

1、2位计量规范代码分别为:01为房屋建筑与装饰工程代码;02为仿古建筑工程代码;03为通用安装工程代码;04为市政工程代码;05为园林绿化工程代码;06为矿山工程代码;07为构筑物工程代码;08为城市轨道交通工程代码;09为爆破工程代码。

例如,某清单项目编码为040203006001,表示:市政工程(04),道路工程(02),分部工程——路面工程(03),分项工程——沥青混凝土(006),最后3位001为造价人员自定义的顺序码。

(2)项目名称

分部分项工程工程量清单的项目名称,应按计量规范(则)附录的项目名称结合拟建工程的实际确定。

计量规范附录表中的"项目名称"为分项工程项目名称,是形成分部分项工程量清单项目名称的基础,在编制分部分项工程量清单时可作适当调整或细化。清单项目名称应表达详细、准确。

例如,"混凝土盖梁"在形成工程量清单项目名称时可以细化为"混凝土盖梁 C30"和"混凝土盖梁 C35"。

(3)项目特征

分部分项工程量清单项目特征应按计量规范附录规定的项目特征,结合拟建工程项目的实际进行修改描述。

项目特征是确定一个清单项目综合单价不可缺少的重要依据,在编制工程量清单时,必须对项目特征进行准确和全面的描述。为达到规范、简洁、准确、全面描述项目特征的要求,在描述工程量清单项目特征时应按以下原则进行:

①项目特征的描述应按计量规范附录中的规定,结合拟建工程的实际,能满足确定综合单价的需要。对涉及计量、结构及材质要求、施工工艺及方法、安装方式等影响组价的项目特征必须予以描述。

②若采用标准图集或施工图纸能够全部或部分满足项目特征描述的要求,项目特征描述可直接采用详见××图集或××图号的方式。但标准图集所示仍不明确的及不能满足项目特征及主要工程内容描述的部分,仍用文字进行补充描述。

对项目特征及主要工程内容的描述,应能满足确定综合单价的需要。

(4)计量单位

分部分项工程量清单中的计量单位应按计量规范附录中规定的计量单位确定。附录中有 2 个或 2 个以上计量单位的,应结合拟建工程项目的实际选择最适宜表现该项目特征并方便计量的单位。计量单位的有效位数应遵守下列规定:

①以"t"为单位,应保留小数点后三位数,第四位小数四舍五入。

②以"m""m^2""m^3""kg"为单位时,应保留小数点后两位,第三位小数四舍五入。

③以"个""件""根""组""系统""台""套"等为单位时,应取整数。

(5)工程量

分部分项工程量清单中的工程量应按计量规范附录中规定的工程量计算规则计算。

计量规范附录给出了各类工程的项目设置和工程量计算规则,编制工程量清单时必须按照这些规则计算工程量,这是强制性规定。

6.1.2　措施项目清单

措施项目清单必须根据相关工程现行计量规范的规定编制并根据拟建工程的实际情况列项。措施项目清单包括施工技术措施项目清单和施工组织措施项目清单。

1)施工技术措施项目清单的编制

措施项目中能计算工程量的措施项目称为技术措施项目,即计量规范措施项目中列出了项目编码、项目名称、项目特征、计量单位、工程量计算规则等项目。技术措施项目也称为单价措施项目。

编制技术措施项目清单时,必须按计量规范列出项目编码、项目名称、项目特征、计量单位和按计量规则计算的工程量,表6.1为某工程"脚手架搭拆"清单计价表。

表6.1 施工技术措施项目清单计价表

序号	项目编码	项目名称	项目特征	计量单位	工程量	金额/元	
						综合单价	合价
1	041101001001	墙面脚手架	墙高	m^2	1		

2)施工组织措施项目清单的编制

施工组织措施项目是指不能计算工程量而是按"项"计量的施工措施项目。组织措施项目也称为总价措施项目。

施工组织措施项目可按表6.2选择列项,若出现表中未列项目,则应根据工程实际情况进行补充。

表6.2 施工组织措施项目清单表

序号	项目名称	序号	项目名称
1	安全文明专项费用	7	建设工程竣工档案编制费
2	夜间施工增加费	8	围堰
3	二次搬运费	9	便道及便桥
4	冬雨季施工增加费	10	洞内临时设施
5	已完工程及设备保护费	11	构件运输
6	工程定位复测费		

6.1.3 其他项目清单

其他项目清单是指除分部分项工程量清单、措施项目清单所包含的内容外,因招标人的特殊要求而发生的其他费用项目和相应数量的清单。工程建设标准的高低、工程的复杂程度、工期的长短、工程的组成内容、发包人对工程管理的要求等都直接影响其他项目清单的具体内容。

其他项目清单宜按照下列内容列项:

(1)暂列金额

暂列金额是指招标人在工程量清单中暂定并包括在合同价款中的一笔款项。这笔款项用于施工合同签订时尚未确定或者不可预见的所需材料、工程设备、服务的采购,施工中可能发生的工程变更、合同约定调整因素出现时的工程价款调整以及发生的索赔、现场签证确认等的费用。

尽管暂列金额列入了合同价格,但并不一定都属于中标人。对该金额,招标人有权全部使用、部分使用或完全不用。

(2)暂估价

暂估价是指招标人在工程量清单中提供的用于支付必然发生但暂时不能确定的材料、工程设备的单价以及专业工程的金额,包括材料暂估价、工程设备暂估价、专业工程暂估价。

一般情况下,为方便合同管理和计价,需要纳入分部分项工程量清单综合单价的暂估价只是材料(工程设备)费,以便投标人组价。暂估价中的材料、工程设备暂估单价应根据工程造价信息或参照市场价格估算,列出明细表。

专业工程暂估价应分不同专业,按有关计价规定估算,列出明细表。表内应填写工程名称、工程内容、暂估金额,投标人应将上述金额计入投标总价中。

(3)计日工

计日工是指在施工过程中,承包人完成发包人提出的工程合同范围以外的零星项目或工作,按合同约定的单价计算的人工、材料、施工机械及其费用。

招标人应在计日工表中分别列出人工、材料、机械的名称、计量单位和相应额定数量。

(4)总承包服务费

总承包服务费是总承包人为配合协调发包人进行的专业工程分包,以及为发包人自行采购的材料和工程设备等进行保管的费用,以及施工现场管理,同期施工时提供必要的简易架料、垂直吊运和水电接驳,竣工资料整理等服务所需的费用。总承包服务费应列出服务项目及其内容。

编制招标工程量清单时,招标人应将拟定进行专业发包的专业工程,自行采购的材料、设备等确定清楚,填写项目名称、服务内容,以便投标人决定报价。

6.1.4　规费、税金项目清单

1)规费项目清单

规费项目清单应按照下列内容列项:

①社会保险费:包括养老保险费、失业保险费、医疗保险费、工伤保险费、生育保险费。

②住房公积金。

③工程排污费。

若出现未包含在上述内容中的项目,应根据重庆市政府或市级有关管理部门的规定列项。

2)税金项目清单

税金项目清单应包括下列内容:

①增值税;

②附加税;

③环境保护税;

④地方教育附加。

6.2　市政工程工程量清单计价

招标控制价
相关表格

6.2.1　招标控制价相关表格

根据《重庆市建设工程费用定额》(CQFYDE—2018)第五章工程量清单计价表格相关阐述,编制招标控制价时应使用封-2、表-01、表-02、表-03、表-04、表-08、表-09、表-09-1(3)或表-09-2(4)、表-10、表-11、表-11-1—表-11-5、表-12、表-19、表-20或表-21。其中封-2见表6.3,其余内容可查看右侧二维码。

表 6.3　招标控制价（封-2）

（封-2）

招标控制价

招标控制价（小写）：_____

（大写）：_____

其中：安全文明施工费用（小写）：_____

（大写）：_____

招标人：_____

（单位盖章）

工程造价

咨 询 人：_____

（单位资质专用章）

法定代表人

或其授权人：_____

（签字或盖章）

法定代表人

或其授权人：_____

（签字或盖章）

编制人：_____

（造价人员签字盖专用章）

审核人：_____

（造价人员签字盖专用章）

时 间：　　年 月 日

6.2.2 投标报价相关表格

投标报价使用如下表格：封-3、表-01、表-02、表-03、表-04、表-08、表-09、表-09-1（3）或表-09-2(4)、表-10、表-11、表-11-1—表-11-5、表-12、表-19、表-20 或表-21。

其中，封-3 投标总价见表6.4，其余表格同招标控制价。

表 6.4 投标总价（封-3)

投标总价

招　　标　人：＿＿＿＿＿＿＿＿＿＿＿＿＿＿＿＿＿

投标总价(小写)：＿＿＿＿＿＿＿＿＿＿＿＿＿＿＿

　　　　（大写)：＿＿＿＿＿＿＿＿＿＿＿＿＿＿＿

投　　标　人：＿＿＿＿＿＿＿＿＿＿＿＿＿＿＿＿＿
（单位盖章)

法定代表人
或其授权人：＿＿＿＿＿＿＿＿＿＿＿＿＿＿＿＿
（签字或盖章)

编　　制　人：＿＿＿＿＿＿＿＿＿＿＿＿＿＿＿＿
（造价人员签字盖专用章)

时　间：　　年　月　日

6.2.3 竣工结算相关表格

竣工结算需使用如下表格:封-4、表-01、表-05、表-06、表-07、表-08、表-09、表-09-1(3)或表-09-2(4)、表-10、表-11、表-11-2—表-11-8、表-12—表-19、表-20 或表-21。其中,封-04、表-05、表-06、表-07,见表6.5—表6.8,其余表格同招标控制价。

表6.5 竣工结算书(封-4)

_____工程

竣工结算书

竣工结算价(小写):_____　　　(大写):_____

承包人:_____
（单位盖章）

法定代表人
或其授权人:_____
（签字或盖章）

编制人:_____
（造价人员签字盖专用章）

发包人:_____
（单位盖章）

法定代表人
或其授权人:_____
（签字或盖章）

审核人:_____
（造价人员签字盖专用章）

工程造价
咨 询 人:_____
（单位资质专用）

法定代表人
或其授权人:_____
（签字或盖章）

审核人:_____
（造价人员签字盖专用章）

时 间: 年 月 日

表 6.6 建设项目竣工结算汇总表(表-05)

工程名称： 第 页共 页

序号	单项工程名称	金额/元	其 中	
			安全文明施工费/元	规费/元
	合 计			

表6.7 单项工程竣工结算汇总表(表-06)

工程名称： 第 页共 页

序号	单位工程名称	金额/元	其　中	
			安全文明施工费/元	规费/元
	合　计			

注:本表适用于建设项目结算价的汇总。

表 6.8 单位工程竣工结算汇总表(表-07)

工程名称: 第 页共 页

序号	汇总内容	金额/元
1	分部分项工程	
1.1		
1.2		
1.3		
1.4		
2	措施项目	
2.1	其中:安全文明施工费	
2.2		
2.3		
3	其他项目	
4	规费	
5	税金	
竣工结算总价合计=1+2+3+4+5		

注:如无单位工程划分,单项工程也使用本表汇总。

思 考 题

1. 简述清单编码的格式和含义。

2. 描述项目特征的原则是什么?

3. 计量单位的有效位数应遵循什么规定?

4. 简述 4 种综合单价分析表的使用情况。

第7章 通用工程工程量清单组价

7.1 通用工程预算定额说明

《重庆市市政工程计价定额》(CQSZDE—2018)包含 A 土石方工程、B 道路工程、C 桥涵工程、D 隧道工程、E 管网工程、F 钢筋工程、G 拆除工程、H 措施项目等八章内容。由于道路工程、桥涵工程在本书后面详细讲解,因此本章只选取土石方工程、拆除工程、钢筋工程、措施项目这四章内容进行重点介绍。为了系统且全面地理解市政通用工程预算定额,建议读者将本书与《重庆市市政工程计价定额》(CQSZDE—2018)结合学习,以更好地掌握知识点。

7.1.1 土石方工程

1)岩石分类

岩石分类详见表7.1。

表 7.1 岩石分类表

名称	代表性岩石	岩石单轴饱和抗压强度/MPa	开挖方法
软质岩	①全风化的各种岩石; ②各种半成岩; ③强风化的坚硬岩; ④弱风化~强风化的较坚硬岩; ⑤未风化的泥岩等; ⑥未风化~微风化的凝灰岩、千枚岩、砂质泥岩、泥灰岩、粉砂岩、页岩等	<30	用手凿工具、风镐、机械凿打及爆破法开挖
较硬岩	①弱风化的坚硬岩; ②未风化~微风化的熔结凝灰岩、大理岩、板岩,白云岩、石灰岩、钙质胶结的砂岩等	30~60	用机械切割、水磨钻机、机械凿打及爆破法开挖
坚硬岩	未风化~微风化的花岗岩、正长岩、闪长岩、辉绿岩、玄武岩、安山岩、片麻岩、石英片岩、硅质板岩、石英岩、硅质胶结的砾岩、石英砂岩、硅质石灰岩等	>60	用机械切割、水磨钻机及爆破法开挖

注意：

①软质岩综合了极软岩、软岩、较软岩。

②土壤及岩石定额子目，均按天然密实体积编制。

③人工及机械土方项目是按照不同土壤类别综合考虑的，实际土壤类别不同时不作调整。

④干、湿土的划分以地下常水位进行划分，常水位以上为干土、以下为湿土；地表水排出后，土壤含水率<25%为干土，含水率≥25%为湿土。如采用人工降低地下水位时，干湿土的划分仍以常水位为准。

⑤淤泥是指池塘、沼泽、水田及沟坑等呈膏质（流动或稀软）状态的土壤，分黏性淤泥与不黏附工具的砂性淤泥。流砂是指含水饱和，因受地下水影响而呈流动状态的粉砂土、亚砂土。

⑥沟槽、基坑和一般土石方的划分：设计图示槽底宽（不含加宽工作面）7 m 以内，且槽底长大于底宽 3 倍以上为沟槽；底长小于底宽 3 倍以内且基底面积（不含加宽工作面）在 150 m² 以内为基坑；超出上述范围的则为一般土石方。

⑦松土是未经碾压、堆积时间不超过一年的土壤。

⑧围护基坑土石方定额适用于地下连续墙、混凝土锚喷、混凝土薄壁挡墙、混凝土桩板、钢板桩等围护的宽大于 8 m 的深基坑开挖。

⑨平整场地是指平整至设计标高后，厚度在±300 mm 以内的就地挖、填、找平。竖向布置挖、填土方是指超过 300 mm 的挖、填土方，用方格网或断面法控制，确定自然标高和设计标高以及应挖或填的高度，以便挖填至设计标高，竖向布置进行挖、填土方时不再计算平整场地项目。场地厚度在±300 mm 以内的挖、填土石方项目按挖、填相应定额子目乘以系数 1.3。

⑩本章未包括有地下水时施工的排水费用，发生时按实计算。

【例7.1】 某工程桥梁基础，采用机械开挖土方，开挖断面 15 m×12 m，试问该土方开挖套哪一项定额？

【解】 $15×12=180(m^2)>150(m^2)$

该土方开挖应套用一般土石方定额，经查定额，该定额编号为 DA0003。

2)土石方工程定额说明

（1）人工土石方（图 7.1）

图7.1 人工土石方

①人工土方项目是按干土编制的，如挖湿土时，人工乘以系数 1.18。

②人工平基挖土石方项目是按深度为 1.5 m 以内编制的,深度超过 1.5 m 时,按表 7.2 增加工日。

表 7.2　人工平基挖土石方项目增加工日参考表

单位:100 m³

类别	深 2 m 内	深 4 m 内	深 6 m 内
土方	2.63	14.71	26.72
石方	3.10	17.35	31.51

注:深度超过 6 m 以上时,在原有 6 m 深内增加工日的基础上,土方深度每增加 1 m,每 100 m³ 增加 6.01 工日,石方深度每增加 1 m,每 100 m³ 增加 7.08 工日;其增加用工的深度以主要出土方向的深度为准。

③人工挖沟槽、基坑,当上层土方深度超过 3 m 时,下层石方按表 7.3 增加工日。

表 7.3　人工挖沟槽、基坑项目石方增加工日参考表

单位:100 m³

土方深度(m 以内)	4	6	8
增加工日	0.67	0.99	1.32

④人工挖基坑、沟槽土石方,深度超过 8 m 时,其超过部分按 8 m 相应项目乘以系数 1.20,超过 10 m 时,其超过部分按 8 m 相应项目乘以系数 1.5。人工挖沟槽、基坑,如在同一沟槽、基坑内有土有石时,按其土层与岩层的不同深度分别计算工程量,执行相应定额子目。

⑤人工挖淤泥、流砂沟槽(基坑)按土方相应定额子目系数乘以 1.4。

⑥支挡土板项目分别是按密撑和疏撑钢支撑综合编制的,实际间距与支撑材质不同时,不作调整。

⑦在挡土板支撑下挖土方,按相应定额项目人工乘以系数 1.43。

⑧支撑项目按槽、坑两侧同时支撑挡土板编制,如一侧支挡土板时,人工乘以系数 1.33。

⑨人工剔打钢筋混凝土构件时,按人工凿较硬岩子目乘以系数 1.8 执行。

⑩人工平基、沟槽、基坑石方的定额子目已综合各种施工工艺(包括人工凿打、风镐、水钻、切割),实际施工不同时不作调整。

(2)机械土石方

①机械土石方(图 7.2)项目是按各类机型综合编制的,执行本定额均不作调整。

图 7.2　机械土石方

②机械作业的坡度因素已综合在定额内,坡度不同时,不作调整。

③机械挖运土方定额子目是按干土编制的,如挖运湿土时,相应定额子目人工、机械乘以系数 1.15;采用降水措施后,机械挖运土方定额不作调整。

④机械挖运土方定额项目适用于平基土方的挖运,机装机运土方定额项目适用于松土的装运。

⑤人装(机装)机械运土、人装(机装)机械运石渣定额项目中不包括开挖土石方的工作内容。

⑥机械挖沟槽(坑)土方、石方项目深度超过 8 m 时,其超过部分按 8 m 相应定额子目乘以系数 1.20;超过 10 m 时,其超过部分按 8 m 相应定额子目乘以系数 1.5。

⑦在经压实后的回填区进行沟槽开挖执行土石方开挖相应定额项目。

⑧机械不能施工的土石方部分(如死角等),按相应的人工挖土项目乘以系数 1.5;人工凿石子目按相应的乘以系数 1.2。

⑨人装机运或机装机运土方、石渣运距在 500 m 内时,分别执行人装机运或机装机运土方、石渣运距 1 000 m 内定额子目乘以系数 0.9。

(3)回填方

①机械碾压回填土石是以密实度达到 85% ~ 90% 编制的。如设计密实度为 90% ~ 95% 时,按相应机械回填碾压土石子目乘以系数 1.4;如设计密实度超过 95% 时,按相应机械回填碾压土石子目乘以系数 1.6。

②利用爆破石渣回填碾压,若设计或规范对粒径有明确要求时,需另行增加岩石解小费用,按人工或机械凿打岩石相应定额子目乘以系数 0.25。

③人工级配回填块(片)石土及人工回填碎石土中块(片)石和碎石比例为 75%,设计比例不同时允许调整。

④回填土压实定额中,已综合考虑了所需的水和洒水车台班及人工。

(4)暗挖土方

①暗挖土方定额子目适用于隧道土方开挖。

注意:暗挖土方(图 7.3)是指土质隧道、地铁中除用盾构掘进和竖井挖土方外,用其他方法挖洞内土方的方式。

图 7.3　暗挖土方施工

②暗挖土方运输执行本章相应土方运输定额子目乘以系数 1.2。

③暗挖土方经竖井、斜井运输时,执行本定额"隧道工程"中"平洞出渣"相应定额子目乘以

系数 0.8。

④暗挖土方临时设施执行本定额"措施项目"相应定额子目。

(5)盖挖土石方

①盖挖土石方定额子目综合了开挖、开挖点至提升点 100 m 以内水平运输和垂直提升工作内容。

②盖挖土石方开挖点至提升点水平运距超过 100 m 时,执行本章相应土石方运输定额子目乘以系数 1.2。

③盖挖土石方若设计的膨胀剂材料用量与定额规定不同时,可作调整。

3)土石方工程工程量计算规则

①土壤、岩石体积,均按挖掘前的天然密度体积以"m³"计算。

②机械进入施工作业面,上下坡道增加的土石方工程量,并入施工的土石方工程量内一并计算。

③机械不能施工的部分(如死角等)采用人工开挖时,应按设计或施工组织设计规定计算,若无规定时,按表 7.4 计算。

表 7.4　机械不能施工部分人工开挖工程量计算表

挖土石方工程量/m³	1 万以内	5 万以内	10 万以内	50 万以内	100 万以内	100 万以上
占挖土石方工程量/%	8	5	3	2	1	0.6

注:上表所列工程量是指一不独立的施工组织设计所规定范围的挖方总量。

④土方天然密实、压实后、松填、虚方体积折算时,按表 7.5 所列值换算。

表 7.5　土方体积折算表

天然密实体积	压实后体积	松填体积	虚方体积
1.00	0.87	1.08	1.30

⑤石方天然密实、虚方、松填、码方体积折算时,按表 7.6 所列值换算。

表 7.6　石方体积折算表

名称	天然密实体积	虚方体积	松填体积	码方
石方	1.00	1.54	1.31	
块石	1.00	1.75	1.45	1.67
砂夹石	1.00	1.07	0.94	

⑥平整场地工程量按实际平整面积以"m²"计算。

⑦场地原土碾压,按图示尺寸以"m²"计算。

⑧平基土石方按图示尺寸加放坡工程量及石方爆破允许超挖量,以"m³"计算。

⑨挖淤泥、流砂工程量按设计图示位置、界限等以"m³"计算。

⑩沟槽、基坑土石方工程量按图示尺寸加工作面宽度增加量、放坡量,以"m³"计算。

a.基础、管道、管网沟槽宽度按设计规定计算,如无设计规定时,无基础(垫层)的管道沟槽底宽按其管道外径另两侧工作面宽度计算;有基础(垫层)的底宽按其基础(垫层)宽度加两侧工作面宽度计算;支撑挡土板的沟槽底宽,除按以上规定计算外,每边各加 0.1 m。沟槽每侧工作面宽度,按表 7.7 计算。

表 7.7　工作面计算参考表

管道工程				构筑物		其他市政工程	
管道结构宽 /mm	管道混凝土基础 90° /mm	管道混凝土基础>90° /mm	金属管道 /mm	无防潮层 /mm	有防潮层 /mm	基础材料	每侧工作面宽 /mm
500 以内	400	400	300			砖	200
1 000 以内	500	500	400			浆砌条石、毛石	250
2 500 以内	600	500	400	400	600	混凝土垫层或基础支模板者	300
2 500 以上	700	600	500			垂面做防水、防潮层	600

b. 基础沟槽长度:沟槽长度按设计图示中心线长度计算,相交沟槽长度按沟底净长计算。

c. 管道、管网工程沟槽长度:主管按管道的设计轴线长度计算,支管按支沟槽的净长线计算。

d. 地槽、地坑深度按图示槽、坑底面至自然地面(场地平整的按平整后的路床或地坪)高度计算。

e. 挖沟槽、基坑的放坡应根据设计或施工组织设计要求的放坡系数计算。如设计或施工组织设计无规定时,土方放坡按表 7.8 规定放坡系数计算;石方放坡应根据设计或批准的施工组织设计要求的放坡系数计算。

表 7.8　放坡起点

人工开挖	机械开挖土方		放坡起点深度/m
土方	在沟槽、坑底	在沟槽、坑边	土方
1:0.3	1:0.25	1:0.67	1.50

注:1. 计算放坡时,在交接处所产生的重复工程量不予扣除。如放坡处重复量过大,其计算总量等于或大于开挖方量时,应按大开挖规定计算工程量。

2. 原槽基础垫层,放坡自垫层上表面开始计算;垫层浇筑需支模时,加宽工作面从垫层外缘边起算。

f. 排水管道沟槽为直槽时的井位加宽按直槽挖方总量的 1.5% 计算,给水、路灯、电力、电信、燃气管道等管网为直槽时的井位加宽,接头坑、支墩、支座等土方,按该部分土方总量的 2.5% 计算。

⑪人工挖土堤台阶工程量,按挖前的堤坡斜面积计算,运土应另行计算。

⑫人工摊座和修整边坡工程量,以设计规定需摊座和修整边坡的面积以"m²"计算。

⑬围护基坑土石方开挖工程量按设计图示尺寸以"m²"计算。

⑭回填土、石渣碾压工程量,按填方区压实后体积以"m³"计算。

⑮沟槽、基坑回填按下列方法以"m³"计算：

$$槽、坑回填体积 = 挖方体积 - 埋设的构件体积$$

管沟回填体积 = 挖方体积 - 埋设的构筑物体积及管径在 500 mm 以上管道体积

⑯余方工程量按下式计算：

$$余方运输体积 = 挖方体积 - 回填方体积(折合天然密实体积)$$

若总体积为正,则为余土外运;若总体积为负,则为取土内运。

⑰挖地槽、地坑支挡土板,按图示槽、坑底宽尺寸,单面支挡土板加 100 mm,双面支挡土板加 200 mm, 以槽、坑垂直的支撑面积,以"m²"计算。如一侧支撑挡土板时,按一侧的支撑面积计算工程量。支挡板工程量和放坡工程量,不得重复计算。

⑱暗挖土方按设计图示断面面积乘以长度另加允许超挖量以"m³"计算。

⑲盖挖土石方按设计结构外围断面面积乘以设计长度以"m³"计算,其设计结构外围断面面积为结构衬墙外侧之间的宽度乘以设计顶板底至底板(或垫层)底的高度。

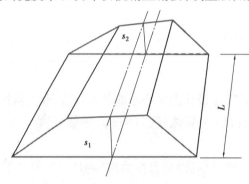

图 7.4 平均断面法

注意:挖一般土方可用平均断面法(图 7.4)或方格网法;挖沟槽土方的工程量计算按设计图示尺寸以基础垫层底面积乘以挖土深度计算;挖基坑土方的工程量计算按设计图示尺寸以基础垫层底面积乘以挖土深度计算。

a. 挖一般土石方,其计算式为：

$$V = \frac{1}{2} \times (S_1 + S_2) \times L \tag{7.1}$$

式中　S_1——S_1 的面积；

　　　S_2——S_2 的面积；

　　　L ——S_1 和 S_2 之间的垂直距离。

b. 挖沟槽。

沟槽放坡,不支挡土板,留工作面,如图 7.5 所示,其计算式为：

$$V = (b + 2c + kh) \cdot h \cdot L \tag{7.2}$$

式中　V——挖槽工程量；

　　　b——槽底宽度；

　　　c——增加工作面值；

　　　h——挖土深度；

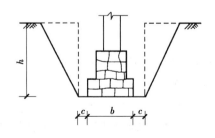

图 7.5 沟槽土石方示意图

L——沟槽长度；

k——放坡系数。

c. 挖基坑，如图 7.6 所示。

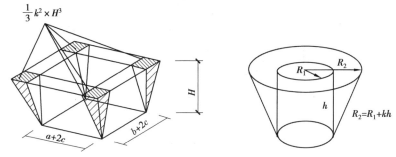

图 7.6　基坑土石方示意图

方形基坑：

$$V = (a + 2c + kh)(b + 2c + kh) \times h + \frac{1}{3}k^2h^3 \qquad (7.3)$$

式中　a——垫层一边长度；

b——垫层另一边长度；

c——增加工作面宽度；

h——基坑深度；

k——放坡系数。

圆形基坑：

$$V = \frac{1}{3}\pi h(R_1^2 + R_2^2 + R_1R_2)$$
$$= \frac{1}{3}\pi h[R_1^2 + (R_1 + kh)^2 + R_1(R_1 + kh)] \qquad (7.4)$$

式中　R_1——坑底半径（包括加宽工作面在内）；

R_2——坑上口半径；

k——放坡系数；

h——基槽开挖深度；

π——圆周率。

【例 7.2】　某道路路基工程，K1+000 桩号开挖断面面积为 50 m²，相邻 K1+030 桩号开挖断面面积为 70 m²，求该路基工程土方开挖量。

【解】　$V = \frac{1}{2} \times (S_1 + S_2) \times L$

$\qquad = \frac{1}{2} \times 50 \times 70 \times 30$

$\qquad = 52\,500(\text{m}^3)$

【例 7.3】　某市政排水管道采用 $d=600$ mm 钢筋混凝土管，管道垫层长度为 150 m，原地面平均标高为±0.000，管内底标高为-1.400，相关尺寸详见管道埋设断面图 7.7（图中尺寸除标高以"m"计外，其余均以"mm"计），若考虑管壁厚度为管道内径的 1/10 计算，试根据《重庆市市政工程计价定额》计算该段管道挖沟槽土方的定额工程量。（不考虑放坡）

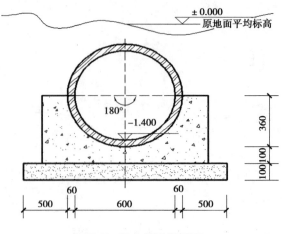

图 7.7 排水管道断面图

【解】 由题意可知，$b = 1.72 + 0.5 \times 2 = 2.72$（m），$L = 150$ m，$h = 1.400 - 0.06 - 0.1 - 0.1 = 1.66$（m）

$$V = 2.72 \times 1.66 \times 150 = 677.28 \text{（m}^3\text{）}$$

【例 7.4】 某市政工程桥台土方开挖，已知桥台基础垫层底面长为 6.5 m，宽为 4.8 m，原地面标高为 ±0.000 m，垫层底面标高为 −8.600 m，放坡系数 $k = 0.5$，试根据《重庆市市政工程计价定额》计算该桥台挖土方的定额工程量。

【解】 由题意可知，$a = 6.5 + 0.3 \times 2 = 7.1$（m），$b = 4.8 + 0.3 \times 2 = 5.4$（m），$h = 8.6$（m）$> 1.5$（m），考虑放坡，$7.1 \times 5.4 = 38.34 < 150$，故为基坑。

该桥台挖基坑土方的定额工程量 $= (7.1 + 8.6 \times 0.5) \times (5.4 + 8.6 \times 0.5) + \dfrac{1}{3} \times 0.5 \times 0.5 \times 8.6 \times 8.6 \times 8.6 = 163.58$（m^3）。

7.1.2 拆除工程

1）定额一般说明

①拆除工程未编制《市政工程工程量计算规范》（GB 50857—2013）中 041001011 拆除管片对应的定额项目。

②拆除定额项目中均不包括除渣内容，除渣内容另按土石方工程中相应定额子目执行。

③机械拆除定额项目中已包括人工配合作业，不另计算。

2）拆除工程

①管道拆除要求拆除后的旧管保持基本完好，破坏性拆除不得套用本定额。拆除混凝土管道未包括拆除基础及垫层用工。基础及垫层拆除按本册相应定额项目执行。

②拆除电杆定额项目中不包括拆除基础，应另按相应定额项目执行。

③液压岩石破碎机破碎混凝土及钢筋混凝土构筑物项目中：

a. 液压岩石破碎机破碎坑、槽的混凝土及钢筋混凝土分别按破碎混凝土及钢筋混凝土构筑物定额子目乘以系数 1.3 执行。

b. 液压岩石破碎机破碎道路混凝土及钢筋混凝土路面分别按破碎混凝土及钢筋混凝土构筑物定额子目乘以系数 0.6。

c. 液压岩石破碎机破碎道路的沥青混凝土、半刚性材料、水泥稳定层按破碎混凝土定额子目乘以系数 0.5。

d. 液压岩石破碎机破碎后的废料，其清理费用另行计算；人工及小型机械拆除后的旧料应整理干净就近堆放整齐。如需外运，则需另行计算外运费用。

3)拆除工程工程量计算规则

①拆除路面按拆除部位以"m²"计算。

②拆除人行道：

a. 拆除人行道按拆除部位以"m²"计算。

b. 拆除铁栏杆按实际拆除数量以"延长米"计算。

③拆除基层按拆除部位以"m²"计算。

④铣刨路面：

a. 路面凿毛、路面铣刨机刨沥青路面按设计图纸或施工组织设计的面积以"m²"计算，铣刨路面厚度大于 5 cm 的需分层铣刨。

b. 伐树、挖树需按实挖数以"棵"计算。

⑤拆除侧、平(缘)石按拆除部位以"延长米"计算。

⑥拆除管道按拆除部位以"延长米"计算。

⑦拆除砖石结构按拆除部位以"m³"计算。

⑧拆除混凝土结构按拆除部位以"m³"计算。

⑨拆除井按拆除部位以"m³"计算。

⑩拆除电杆按拆除部位以数量计算。

【例7.5】　某沥青混凝土道路，因道路破损严重，需进行路面改造，重新铺装路面，原沥青道路面层厚 12 mm，道路路面宽 10 m，道路长 1 km，道路两侧人行道路宽 2 m，原铺设透水砖改造为硬化路面，原水泥制品路缘石改造为花岗岩路缘石。试求该道路拆除工程量。

【解】　沥青道路拆除工程量：10×1 000＝10 000(m²)

人行道透水砖拆除工程量：2×1 000×2＝4 000(m²)

路缘石拆除工程量：2×1 000＝2 000(m)

7.1.3　钢筋工程

1)定额说明

①钢筋工程未编制《市政工程工程量计算规范》(GB 50857—2013)中 040901007 型钢、040901008 植筋、040901010 高强螺栓对应的定额项目，如发生时，参照其他章节定额项目执行；如果其他章节无相应项目，则参照《市政工程消耗量定额》(ZYA1-31—2015)编制一次性补充定额。

②项目中已综合考虑了钢筋、铁件的施工损耗以及钢筋除锈用工，不另行计算。

③钢筋子目是按绑扎、电焊(除电渣压力焊和机械连接外)综合编制的，实际施工不同时，不作调整。

④现浇构件中固定钢筋位置的支撑钢筋、双(多)层钢筋用的铁马(垫铁)按现浇钢筋子目执行。

⑤机械连接综合了直螺纹和锥螺纹连接方式,均执行机械连接定额子目。该部分钢筋不再计算搭接损耗。

⑥非预应力钢筋不包括冷加工,如设计要求冷加工时,另行计算。ϕ10 以内冷轧带肋钢筋需专业调直时,调直费用按实计算。

⑦弧形钢筋按相应定额子目人工乘以系数 1.20。

⑧钢筋接头因设计规定采用电渣压力焊、机械连接时,接头按相应定额子目执行;采用电渣压力焊、机械连接接头的现浇钢筋在执行现浇钢筋制安定额子目时,同时应扣除人工 2.82 工日、钢筋 0.02 t、电焊条 5 kg、其他材料费 3 元进行调整,电渣压力焊、机械连接的损耗已考虑在定额子目内,不得另计。

⑨预应力钢筋如设计要求按人工时效处理时,每吨预应力钢筋需按 200 元计算人工时效费,并计入按实费用中。

2) 钢筋工程工程量计算规则

①现浇、预制构件钢筋,按设计图示钢筋长度乘以单位理论质量以"t"计算。

②钢筋的搭接(接头)数量,按设计图示及规范计算;设计图示及规范未标明的,以构件的单根钢筋确定,ϕ10 以上按每 9 m 长计算一个搭接(接头)。

③钢筋搭接(接头)长度,按设计图示及规范计算。

④箍筋长度按箍筋中轴线周长加 23.8d(含平直段 10d)弯钩长度计算,设计平直段长度不同时允许调整。

⑤分布筋、箍筋等设计以间距标注的,钢筋根数以间距数(向上取整)加 1 计算。

⑥机械连接以"个"计算。该部分钢筋不再计算其搭接用量。

⑦预制构件的吊钩并入相应钢筋工程量。

⑧现浇构件中固定钢筋位置的支撑钢筋、双(多)层钢筋用的铁马(垫铁),设计或规范有规定的,按设计或规范计算;设计或规范无规定的,按批准的施工组织设计(方案)计算。

⑨预埋铁件、T 形梁连接钢板按设计图示(钢板按几何图形的外接矩形尺寸,不扣除孔眼质量)以"t"计算。

⑩预应力钢绞线的锚固长度和工作长度(图 7.8),设计有要求时按设计计算,设计无要求时按各边增加 800 mm 计算。

图 7.8　预应力钢绞线锚固及工作长度图

7.1.4 措施项目

1）脚手架工程定额一般说明

①脚手架工程未编制《市政工程工程量计算规范》（GB 50857—2013）中 041101001 墙面脚手架、041101002 柱面脚手架、041101004 沉井脚手架、041101005 井字架对应的定额项目。

②砌筑物高度超过 1.2 m 可计算脚手架费用。

③脚手架是按钢管架料编制的，施工中实际采用竹、木和其他脚手架时，不允许调整。

④脚手架定额项目中已综合考虑了斜道、上料平台、防护栏杆和安全网。

⑤脚手架计算规则中，非独立构筑物是指堡坎、护坡、沟墙等。独立构筑物是指桥墩、桥台、沉井等。

⑥脚手架消耗量中未包括脚手架基础加固。基础加固是指脚手架立杆下端以下或脚手架底座以下的一切做法（如混凝土基础、垫层等）。

2）脚手架工程

①若实际施工过程中搭设为三排脚手架，则按相应双排脚手架项目乘以系数 1.4。

②窨井高度（流水面至井盖上表面）超过 1.5 m 需搭设脚手架时，窨井高度在 3.6 m 以内执行简易脚手架定额项目，窨井高度在 3.6 m 以上按实际搭设方式执行相应定额项目。

③满堂脚手架是指在纵、横方向，由不小于三排立杆并与水平杆、水平剪刀撑、竖向剪刀撑、扣件等构成的操作脚手架。

④仓面脚手架不包括斜道，若发生时另行计算。

3）混凝土支架

（1）水上桩基础支架、平台

①对于陆地、水上、船上打桩工作平台，水上、围堰上钻孔工作平台，灌注桩工作平台，平台下部是按型钢支撑的钢桩（柱）作为平台的支撑（含斜撑），平台上部是按型钢纵横梁、上铺面板组成钢平台进行编制的。

②钢护筒定额中，钢护筒按摊销量计算。若在深水作业，钢护筒无法拔出时，经签证后，按钢护筒实际用量（或参考表 7.9 重量）减去定额数量一次增列计算，但该部分不得计取除税金外的其他费用。

表 7.9 钢护筒每米参考重量表

桩径/mm	800	1 000	1 200	1 500	2 000
每米钢护筒重量/kg	155.06	184.87	285.93	345.09	554.6

（2）桥涵支架

①桥涵拱盔、支架均不包括底模及地基加固，发生时另按相应定额计算。

②桥梁满堂式钢管支架定额只包括搭拆的费用，使用费根据实际情况按实计算，工程量可按每立方米空间体积 50 kg 计算（包括扣件等）。

③万能杆件门架式支架，只包括搭拆的费用，使用费根据实际情况按实计算。

④军用梁脚手架支架，只包括搭拆的费用，使用费根据实际情况按实计算。

⑤跨越式钢管支架：钢管支架采用直径大于 30 cm 的钢管作为立柱，在立柱上采用贝雷桁

架或万能杆件搭设水平支撑平台的支架,其中,下部指立柱顶面以下部分,上部指立柱顶面以上部分。

⑥支架预压一般按堆载沙袋的方法进行预压。

4)围堰(围堰、筑岛)

①围堰、筑岛工程未包括施工期发生潮汛冲刷后所需的养护工料,发生时另行计算。围堰工程中已包括土石方的 50 m 范围内的运距,当运距超过 50 m 时,其超出部分的运距执行"土石方工程"章节增加运距定额,如图 7.9(a)所示。

②钢桩围堰、钢板桩围堰、双壁钢围堰子目围堰高度不同时,用内插法计算,如图 7.9(b)所示。

③执行围堰工程本节定额子目未使用驳船时,扣除定额中驳船台班数量。根据实际施工方法,套用相应定额。

④沉井制作分钢筋混凝土重力式沉井、钢丝网水泥薄壁浮运沉井、钢壳浮运沉井 3 种。沉井浮运、落床、下沉、填塞定额,均适用于以上 3 种沉井。

⑤沉井下沉用的工作台、三脚架、运土坡道、卷扬机工作台均已包含在定额中。井下爆破材料除硝铵炸药外,其他列入"其他材料费"中。

⑥沉井下水轨道的钢轨、枕木、铁件按周转摊销量计入定额中,定额还综合了轨道的基础及围堰等的工、料,不得另行计算。轨道基础的开挖工作未计入的,发生时执行相应定额。

⑦沉井浮运定额仅适用于只有一节的沉井或多节沉井的底节,分节施工的沉井除底节外的其余各节的浮运、接高均应执行沉井接高定额。

⑧导向船、定位船的船体本身加固所需的工、料、机消耗及沉井定位落床所需的锚绳均已综合在沉井定位落床定额中,不得另行计算。

⑨无导向船定位落床定额已将所需的地笼、锚碇等的工、料、机消耗综合在定额中,不得另行计算。有导向船定位落床定额未综合计算锚碇系统,应按相应定额另行计算。

⑩锚碇系统定额均已将锚链的消耗计入定额中,并已将抛锚、起锚所需的工、料、机消耗量综合在定额中,不得进行换算。

⑪定位船或导向船之间联结所需的金属设备、钢壳沉井接高所需的吊装设备在本定额中均未计算,需要时应按金属结构吊装设备定额另行计算。

⑫钢壳沉井作钢围堰使用时,应按施工组织设计计算回收,但回收部分拆除所需的工、料、机消耗量在本定额中未计算,发生时另行计算。

(a)土袋围堰　　　　　　　　(b)双壁钢套筒围堰

图 7.9　土袋围堰、双壁钢套筒围堰

5）便道及便桥（图 7.10）

①便道路基中已经综合考虑了挖填土方、压实、做错车道、修整排水沟等的消耗，路面已综合考虑了铺料、培肩、碾压等的消耗，如便道基层及面层材料与定额不同时可执行道路工程相关定额。

②钢便桥指的是临时便桥的上部构造部分，按拖拉法架设的装配式公路钢桥进行编制，定额中已经综合考虑了装配式钢桁架、桥面板、桥座、桥头搭板的拼装、拆除、清理堆放、去污、调刷油漆以及钢桁架的拖拉、架设、定位和拖拉设备等的消耗，使用定额时不应再另行计算。便桥墩按照钢管柱进行编制，定额中已经综合考虑了打、拔桩以及剪刀撑、连接梁、垫木等的消耗，使用定额时不应另行计算。

图 7.10 便道及便桥

6）洞内临时设施（图 7.11）

①定额适用于岩石隧道洞内施工所用的通风、供水、供风、照明、动力管线以及轻便轨道线路的临时性工程。

②定额按年摊销量计算，施工时间不足一年的按"一年内"计算，超过一年的按"每增一季度"增加，不足一季度的按一季度计算。

③定额临时风水钢管、照明线路、轻便轨道均按单线设计考虑，如批准的施工组织设计（或方案）规定需安双排时，工程量应按双排计算。

④洞长在 200 m 以内的短隧道，一般不考虑洞内通风。如经批准的施工组织设计要求必须通风时，按定额规定计算。

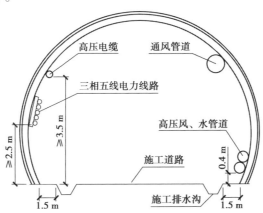

图 7.11 洞内临时设施图

7)大型机械设备进出场及安拆

①大型机械设备包括钻孔机械、土石方机械、自升式塔式起重机、塔吊、施工电梯、移动模架、搅拌站、混凝土梁(钢梁)吊装设备等。压路机、架桥机如图7.12所示。

图7.12　压路机、架桥机

②自升式塔式起重机、塔吊、施工电梯、搅拌站基础:

a.自升式塔式起重机是按固定式基础、带配重确定的,基础若需增设桩基础时,其桩基础项目另执行基础工程章节中的相应子目;不带配重的自升式塔式起重机固定式基础,按施工组织设计或方案另行计算。

b.自升式塔式起重机行走轨道按施工组织设计或方案另行计算。

c.施工电梯和混凝土搅拌站的基础按相应章节项目另行计算。

③特、大型机械安装及拆卸:

安拆台班中已包括机械安装完毕后的试运转台班,不另行计算。

④特、大型机械场外运输:

a.机械场外运输是按运距25 km考虑的。

b.机械场外运输综合考虑了机械施工完毕后回程的台班,不另行计算。

8)其他措施项目

①施工栈桥按照钢栈桥、水中基础进行编制,桥宽4 m,水深分为3~10 m和10 m以上定额。

②若栈桥下部结构为万能杆件拼装可借用水上基础支架及桥涵支架中有关门架式万能杆件支架搭拆定额子目。

③墩柱提升架金属结构吊装设备定额是根据不同的安装方法划分子目的。但设备重量不包括列入材料部分的铁件、钢丝绳、道钉等。

④零号块托架定额中已综合考虑了托架与承台连接的预埋件、安全维护措施,以及拼装、拆除托架所需的小型机具和辅助材料等消耗,使用定额时不应再另行计算。场外运输费用另行按实计算。

⑤挂篮制作项目适用于现场和施工企业附属加工厂制作的构件,包括分段制作和整体预装配的人工、材料、机械台班用量,以及整体预装配用的螺栓(图7.13)。

一般情况下,挂篮材料费每桥次按30%摊销处理;工程情况特殊需一次性摊销时,一次摊销量按70%计算,残值做回收处理。

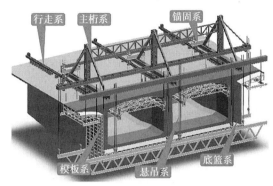

图 7.13 0#块托架、挂篮

⑥挂篮运输按照Ⅲ类构件,分别按照相应定额项目进行计算,但运输定额中未包括道路的铺设和维修工料,发生时另行计算。

⑦预制场中大型预制构件底座定额综合考虑了底座基础的修筑、底模板系统的制作及安装、底座的拆除等消耗,使用定额时不应再另行计算。

⑧索道吊装系统定额中已综合考虑了先导索、牵引索、拽拉器、锚碇门架滑轮组、塔顶门架滑轮组、猫道门架滑轮组、猫道滚筒、塔顶滚筒、导轮、架设过程中需要的焊接支架和转向所需的支承架,以及完工后拆除索道吊装系统等消耗,使用定额时不应再另行计算。

⑨悬索桥猫道系统定额中,猫道承重索按钢丝绳考虑,抗风结构采用下压装置、变位刚架、制振结构工艺。

⑩悬索桥猫道系统定额中还考虑了猫道承重索的预张拉及灌注锚头、承重索握索器、承重索及猫道的矢度调整、猫道门架及滚筒、制振阻尼器、横向走道、猫道面层、天车系统以及猫道系统的拆除等消耗,使用定额时不应再另行计算。

⑪大体积混凝土降温措施是指冷却水管的制、安、通水等,实际施工不同时,可按批准的施工组织设计另行计算。

⑫其他措施项目:

a.构件运输距离以 10 m、50 m、1 km 为计算单位,不足第一个 10 m、50 m、1 km 者,均按 10 m、50 m、1 km 计;超过第一个定额运距单位时,其运距尾数不足一个增运定额单位的半数时不计,等于或超过半数时按一个定额运距单位计算。

b.构件运输所需的便道、轨道的铺设,栈桥码头、扒杆、龙门架、缆索的架设等,均未包括在定额内,应按有关章节定额另行计算。

c.金属结构吊装设备定额是根据不同的安装方法划分子目的,如"单导梁"是指安装用的拐脚门架、蝴蝶架、导梁等全套设备。定额是以 10 t 设备重量为单位,并列有参考重量。如果实际重量与定额数量不同时,可根据实际重量计算。但设备重量不包括列入材料部分的铁件、钢丝绳、鱼尾板、道钉及列入"小型机具使用费"内的滑车等。

9)其他说明

①定额中设备摊销费是按每吨每月 90 元,并按使用 4 个月编制的,如使用时间、摊销使用费与定额不同时,允许调整。

②各类钢支架定额中上下部钢材消耗量与定额不同时,允许调整。

③特大型桥梁的施工电梯、塔式起重机、施工塔吊定额子目中未计入使用费,发生时按已批准的施工组织设计另行计算。

10)措施项目工程量计算规则

(1)脚手架工程

①非独立构筑物外脚手架按实砌高度以"m²"计算。高度在3.6 m以上者,执行单排脚手架;高度在3.6 m以下者,执行简易脚手架定额。

②单排、双排外脚手架均按搭拆高度乘以长度以"m²"计算。不扣除穿过构筑物的孔洞、过道等面积。

③独立构筑物执行双排脚手架定额。高度在3.6 m以内者,按构筑物底面外周长乘以实砌高度以"m²"计算;高度在3.6 m以上者,按构筑物底面外周长加3.6 m乘以实砌高度以"m²"计算。

④里脚手架均按垂直投影面积计算,不扣除门窗洞口和空圈等所占面积。

⑤满堂脚手架按搭拆的水平投影面积计算。搭拆高度为3.6~5.2 m时,按满堂脚手架基本层计算。高度超过5.2 m时,每增加1.2 m按增加一层计算,增加高度在0.6 m以内时舍去不计。

例如,设计层高为9.2 m时,其增加层数为:(9.2-5.2)/1.2=3(层),余0.4 m舍去不计。

(2)混凝土支架

①水上桩基础支架、平台:打桩平台(支架)定额中已综合考虑了工作平台的支撑桩、纵横梁及面板等消耗,使用定额时不应再另行计算;打桩平台(支架)计价工程量按照施工组织设计确定的平台面积进行计算。

②钢护筒按直径以"m"计算。

(3)桥涵支架

①桥涵拱盔按起拱线以上弓形侧面积乘以(桥宽+2 m)以"m³"空间体积计算。

②桥涵支架按结构底至原地面(水上支架为水上支架平台顶面)平均标高乘以纵向距离再乘以(桥宽+2 m)以"m³"空间体积计算。

③万能杆件、军用梁使用数量根据实际情况及杆件进行确定计算。

④钢管支架与横撑、斜撑的质量之和进行计算,钢管柱的顶支架横梁按贝雷桁架进行编制,再按横梁形成的平面面积进行计算。

⑤支架堆载预压按设计要求计算,设计未规定时按支架承载的梁体设计质量乘以系数1.1计算。

(4)围堰、筑岛

①土石围堰、筑岛填心按设计砌筑尺寸以"m³"计算。

②钢桩围堰、钢板桩围堰、双壁钢围堰按设计围堰中心长度计算,围堰高度按施工期内的最高临水面加0.5 m计算。

③钢套箱围堰的工程量为套箱金属结构的质量、套箱整体下沉时的悬吊平台的钢结构及套箱内支撑的钢结构均已综合在定额中,不得作为套箱工程进行计算。

④沉井制作的工程量:重力式沉井为设计图纸井壁及隔墙混凝土数量;钢丝网水泥薄壁沉井为刃脚及骨架钢材的质量,但不包括铁丝网的质量;钢壳沉井的工程量为钢材的总重。

⑤沉井下沉定额的工程量按沉井刃脚外缘所包围的面积乘以沉井刃脚下沉入土深度计算。沉井下沉按土、石所在的不同深度分别采用不同下沉深度的定额。定额中的下沉深度是指沉井顶面到作业面的高度。定额中已综合了溢流(翻砂)的数量,不得另加工程量。

⑥沉井浮运、接高、定位落床定额工程量为沉井刃脚外缘所包围的面积,分节施工的沉井接高工程量应按各节沉井接高工程量之和计算。

⑦锚碇系统定额工程量是指锚碇的数量,按施工组织设计的需要量计算。

⑧沉井下沉应按土、石所在的不同深度分别采用不同的下沉深度定额,如沉井下沉在5 m以内的土、石应采用下沉深度0～5 m的定额;当沉井继续下沉到10 m以内时,对于超过5 m的土、石应执行下沉深度5～10 m的定额;当下沉深度超过40 m时,按每增10 m为一档,每增加一档按下沉深度30～40 m的定额分不同地质乘以下列系数计算:土1.5、砂砾石1.5、软质岩石1.3、较硬岩石1.2。

(5)便道及便桥

①便道计量工程量按施工组织设计确定的便道长度进行计算。

②钢便桥计价工程量按施工组织设计确定的钢便桥的长度进行计算;便桥墩按施工组织设计确定需要设置的便桥墩的座数进行计算。

(6)洞内临时设施

①洞长按主洞加支洞的长度之和计算(均以洞口断面为起止点,不含明槽)。

②洞内通风按洞长长度计算。

③粘胶布通风筒及铁风筒按每一洞口施工长度减20 m以长度计算。

④风、水钢管按洞长加100 m以长度计算。

⑤照明线路按洞长长度计算。

⑥动力线路按洞长加50 m以长度计算。

⑦轻便轨道以批准的施工组织设计(或方案)所布置的起、止点为准,对所设置的道岔,每处按相应轨道折合30 m以长度计算。

(7)大型机械设备进出场及安拆

特、大型机械安拆及场外运输按"台次"计算。

(8)其他措施项目

①施工栈桥计价工程量按施工组织设计确定的钢便桥的长度进行计算。

②墩柱提升架金属结构吊装设备定额以10 t设备质量为单位,并列有参考质量(附录)。如果实际质量与定额质量不同时,可根据实际质量计算。

③零号块托架的计价工程量按施工组织设计确定的托架钢构件的质量进行计算,但不包括连接螺栓等连接件的质量。

④项目的挂篮形式为自锚式无压重钢挂篮,其质量按设计要求确定,以"t"计算;挂篮型钢按设计图纸的规格尺寸计算(不扣除孔眼、切肢、切边的质量)。挂篮推移工程量按挂篮质量乘以推移距离以"t×m"计算。

⑤大型预制构件底座定额分为平面底座和曲面底座两项。

⑥缆索吊装的索跨指两塔架之间的距离。

⑦悬索桥猫道系统计价工程量按单侧猫道的设计长度计算。

⑧悬索桥猫道系统定额中未包括猫道承重索制作时加工场地和张拉槽座的费用,应根据实际需要按有关定额另行计算费用。

7.2 通用工程清单工程量计算规则

《市政工程工程量计算规范》(GB 50857—2013)中包含 A 土石方工程、B 道路工程、C 桥涵工程、D 隧道工程、E 管网工程、F 水处理工程、G 生活垃圾处理工程、H 路灯工程、J 钢筋工程、K 拆除工程、L 措施项目等十一章内容。由于道路工程、桥涵工程在本书后面详细讲解,本章只选取土石方工程、拆除工程、钢筋工程、措施项目四章内容进行重点介绍。为了系统全面地理解市政通用工程量清单,建议与《市政工程工程量计算规范》(GB 50857—2013)结合学习,以更好地掌握知识点。

7.2.1 土石方工程

1)土方工程

土方工程工程量清单项目设置、项目特征描述的内容、计量单位及工程量计算规则,应按表7.10—表7.13 的规定执行。

表 7.10 土方工程(编号:040101)

项目编码	项目名称	项目特征	计量单位	工程量计算规则	工作内容
040101001	挖一般土方	1.土壤类别; 2.挖土深度	m³	按设计图示尺寸以体积计算	1.排地表水; 2.土方开挖; 3.围护(挡土板)及拆除; 4.基底钎探; 5.场内运输
040101002	挖沟槽土方	1.土壤类别; 2.挖土深度		按设计图示尺寸以基础垫层底面积乘以挖土深度计算	
040101003	挖基坑土方				
040101004	暗挖土方	1.土壤类别; 2.平洞、斜洞(坡度); 3.运距		按设计图示断面乘以长度以体积计算	1.排地表水; 2.土方开挖; 3.场内运输
040101005	挖淤泥、流砂	1.挖掘深度; 2.运距		按设计图示位置、界限以体积计算	1.开挖; 2.运输

注:1.沟槽、基坑、一般土方的划分为:底宽≤7 m 且底长>3 倍底宽为沟槽,底长≤3 倍底宽且底面积≤150 m² 为基坑。超出上述范围则为一般土方。

2.土壤的分类应按表 A.1-1 确定。

3.如土壤类别不能准确划分时,招标人可注明为综合,由投标人根据地勘报告决定报价。

4.土方体积应按挖掘前的天然密实体积计算。

5.挖沟槽、基坑土方中的挖土深度,一般指原地面标高至槽、坑底的平均高度。

6.挖沟槽、基坑、一般土方因工作面和放坡增加的工程量,是否并入各土方工程量中,按各省、自治区、直辖市或行业建设主管部门的规定实施。如并入各土方工程量中,编制工程量清单时,可按表 A.1-2、表 A.1-3 的规定计算;办理工程结算时,按经发包人认可的施工组织设计规定计算。

7.挖沟槽、基坑、一般土方和暗挖土方清单项目的工作内容中仅包括了土方场内平衡所需的运输费用,如需土方外运时,按 040103002 "余方弃置"项目编码列项。

8.挖方出现流砂、淤泥时,如设计未明确,在编制工程量清单时,其工程数量可为暂估值。结算时,应根据实际情况由发包人与承包人双方现场签证确认工程量。

9.挖淤泥、流砂的运距可以不描述,但应注明由投标人根据施工现场实际情况自行考虑决定报价。

表 7.11 土壤分类表

土壤分类	土壤名称	开挖方法
一、二类土	粉土、砂土(粉砂、细砂、中砂、粗砂、砾砂)粉质黏土、弱中盐渍土、软土(淤泥质土、泥炭、泥炭质土)、软塑红黏土、冲填土	用锹,少许用镐、条锄开挖。机械能全部直接铲挖满载者
三类土	黏土、碎石土(圆砾、角砾),混合土、可塑红黏土、硬塑红黏土、强盐渍土、素填土、压实填土	主要用镐、条锄,少许用锹开挖。机械需部分刨松方能铲挖满载者或可直接铲挖但不能满载者
四类土	碎石土(卵石、碎石、漂石、块石)、坚硬红黏土、超盐渍土、杂填土	全部用镐、条锄挖掘,少许用撬棍挖掘。机械需普遍刨松方能铲挖满载者

注:本表土的名称及其含义按现行国家标准《岩土工程勘察规范(2009 年版)》(GB 50021—2001)(2009 年局部修订版)定义。

表 7.12 放坡系数表

土类别	放坡起点 /m	人工挖土	机械挖土		
			在沟槽、坑内作业	在沟槽侧、坑边上作业	顺沟槽方向坑上作业
一、二类土	1.20	1:0.50	1:0.33	1:0.75	1:0.50
三类土	1.50	1:0.33	1:0.25	1:0.67	1:0.33
四类土	2.00	1:0.25	1:0.10	1:0.33	1:0.25

注:1.沟槽、基坑中土类别不同时,分别按其放坡起点、放坡系数,根据不同土类别厚度加权平均计算。

2.计算放坡时,在交接处的重复工程量不予扣除,原槽、坑做基础垫层时,放坡自垫层上表面开始计算。

3.本表按《全国统一市政工程预算定额》(GYD-301—1999)整理,并增加机械挖土顺沟槽方向坑上作业的放坡系数。

表 7.13 管沟施工每侧所需工作面宽度计算表

管道结构宽/mm	混凝土管道基础90°	混凝土管道基础>90°	金属管道/mm	构筑物/mm	
				无防潮层	有防潮层
500 以内	400	400	300	400	600
1 000 以内	500	500	400		
2 500 以内	600	500	400		
2 500 以上	700	600	500		

注:1.管道结构宽:有管座的按管道基础外缘计算;无管座的按管道外径计算;构筑物按基础外缘计算。

2.本表按《全国统一市政工程预算定额》(GYD-301—1999)整理,并增加管道结构宽 2 500mm 以上的工作面宽度值。

2)石方工程

石方工程工程量清单项目设置、项目特征描述的内容、计量单位及工程量计算规则,应按表7.14 的规定执行。

表7.14 石方工程(编号:040102)

项目编码	项目名称	项目特征	计量单位	工程量计算规则	工作内容
040102001	挖一般石方	1. 岩石类别; 2. 开凿深度	m³	按设计图示尺寸以体积计算	1. 排地表水; 2. 石方开凿; 3. 修整底、边; 4. 场内运输
040102002	挖沟槽石方			按设计图示尺寸以基础垫层底面积乘以挖石深度计算	
040102003	挖基坑石方				

注:1. 沟槽、基坑、一般石方的划分为:底宽≤7 m 且底长>3 倍底宽为沟槽;底长≤3 倍底宽且底面积 ≤150 m² 为基坑;超出上述范围则为一般石方。

2. 岩石的分类应按表 A.2-1 确定。

3. 石方体积应按挖掘前的天然密实体积计算。

4. 挖沟槽、基坑、一般石方因工作面和放坡增加的工程量,是否并入各石方工程量中,按各省、自治区、直辖市或行业建设主管部门的规定实施。如并入各石方工程量中,编制工程量清单时,其所需增加的工程数量可为暂估值,且在清单项目中予以注明;办理工程结算时,按经发包人认可的施工组织设计规定计算。

5. 挖沟槽、基坑、一般石方清单项目的工作内容中仅包括石方场内平衡所需的运输费用,如需石方外运时,按040103002"余方弃置"项目编码列项。

6. 石方爆破按现行国家标准《爆破工程工程量计算规范》(GB 50862)相关项目编码列项。

3) 回填方及土石方运输

回填方及土石方运输工程量清单项目设置、项目特征描述的内容、计量单位及工程量计算规则,应按表7.15 的规定执行。

表7.15 回填方及土石方运输(编号:040103)

项目编码	项目名称	项目特征	计量单位	工程量计算规则	工作内容
040103001	回填方	1. 密实度要求; 2. 填方材料品种; 3. 填方粒径要求; 4. 填方来源、运距	m³	1. 按挖方清单项目工程量加原地面线至设计要求标高间的体积,减基础、构筑物等埋入体积计算; 2. 按设计图示尺寸以体积计算	1. 运输; 2. 回填; 3. 压实
040103002	余方弃置	1. 废弃料品种; 2. 运距		按挖方清单项目工程量减利用回填方体积(正数)计算	余方点装料运输至弃置点

注:1. 填方材料品种为土时,可以不描述。

2. 填方粒径,在无特殊要求的情况下,项目特征可以不描述。

3. 对于沟、槽坑等开挖后再进行回填方的清单项目,其工程量计算规则按第 1 条确定;场地填方等按第 2 条确定。其中,对工程量计算规则 1,当原地面线高于设计要求标高时,则其体积为负值。

4. 回填方总工程量中若包括场内平衡和缺方内运两部分时,应分别编码列项。

5. 余方弃置和回填方的运距可以不描述,但应注明由投标人根据施工现场实际情况自行考虑决定报价。

6. 回填方如需缺方内运,且填方材料品种为土方时,是否在综合单价中计入购买土方的费用,由投标人根据工程实际情况自行考虑决定报价。

4）相关问题及说明

①隧道石方开挖按附录 D 隧道工程中相关项目编码列项。

②废料及余方弃置清单项目中，如需发生弃置、堆放费用的，投标人应根据当地有关规定计取相应费用，并计入综合单价中。

7.2.2 拆除工程

拆除工程工程量清单项目设置、项目特征描述的内容、计量单位及工程量计算规则，应按表7.16 的规定执行。

表 7.16 拆除工程（编码:041001）

项目编码	项目名称	项目特征	计量单位	工程量计算规则	工作内容
041001001	拆除路面	1. 材质； 2. 厚度	m²	按拆除部位以面积计算	1. 拆除、清理； 2. 运输
041001002	拆除人行道				
041001003	拆除基层	1. 材质； 2. 厚度； 3. 部位			
041001004	铣刨路面	1. 材质； 2. 结构形式； 3. 厚度			
041001005	拆除侧、平（缘）石	材质	m	按拆除部位以延长米计算	
041001006	拆除管道	1. 材质； 2. 管径			
041001007	拆除砖石结构	1. 结构形式； 2. 强度等级	m³	按拆除部位以体积计算	
041001008	拆除混凝土结构				
041002009	拆除井	1. 结构形式； 2. 规格尺寸； 3. 强度等级	座	按拆除部位以数量计算	
041001010	拆除电杆	1. 结构形式； 2. 规格尺寸	根		
041001011	拆除管片	1. 材质； 2. 部位	处		

注：1. 拆除路面、人行道及管道清单项目的工作内容中沟不包括基础及垫层拆除，发生时按本章相应清单项目编码列项。

2. 伐树、挖树应现行国家标准《园林绿化工程工程量计算规范》（GB 50858）中相应清单项目编码列项。

7.2.3　钢筋工程

钢筋工程工程量清单项目设置、项目特征描述的内容、计量单位及工程量计算规则,应按表7.17的规定执行。

表7.17　钢筋工程(编码:040901)

项目编码	项目名称	项目特征	计量单位	工程量计算规则	工作内容
040901001	现浇构件 钢筋	1. 钢筋种类; 2. 钢筋规格	t	按设计图示尺寸以质量计算	1. 制作; 2. 运输; 3. 安装
040901002	预制构件 钢筋				
040901003	钢筋网片				
040901004	钢筋笼				
040901005	先张法预应力钢筋(钢丝、钢绞线)	1. 部位; 2. 预应力筋种类; 3. 预应力筋规格			1. 张拉台座制作、安装、拆除; 2. 预应力筋制作、张拉
040901006	后张法预应力钢筋(钢丝束、钢绞线)	1. 部位; 2. 预应力筋种类; 3. 预应力筋规格; 4. 锚具种类、规格; 5. 砂浆强度等级; 6. 压浆管材质、规格			1. 预应力筋孔道制作、安装; 2. 锚具安装; 3. 预应力筋制作、张拉; 4. 安装压浆管道; 5. 孔道压浆
040901007	型钢	1. 材料种类; 2. 材料规格			1. 制作; 2. 运输; 3. 安装、定位
040901008	植筋	1. 材料种类; 2. 材料规格; 3. 植入深度; 4. 植筋胶品种	根	按设计图示数量计算	1. 定位、钻孔、清孔; 2. 钢筋加工成型; 3. 注胶、植筋; 4. 抗拔试验; 5. 养护
040901009	预埋铁件	1. 材料种类; 2. 材料规格	t	按设计图示尺寸以质量计算	1. 制作; 2. 运输; 3. 安装
040901010	高强螺栓		1. t 2. 套	1. 按设计图示尺寸以质量计算; 2. 按设计图示数量计算	

注:1. 现浇构件中伸出构件的锚固钢筋、预制构件的吊钩和固定位置的支撑钢筋等,应并入钢筋工程量内。除设计标明的搭接外,其他施工搭接不计算工程量,由投标人在报价中综合考虑。

　　2. 钢筋工程所列"型钢"是指劲性骨架的型钢部分。

　　3. 凡型钢与钢筋组合(除预埋铁件外)的钢格栅,应分别列项。

7.2.4　措施项目

1)脚手架工程

脚手架工程工程量清单项目设置、项目特征描述的内容、计量单位及工程量计算规则,应按表 7.18 的规定执行。

表 7.18　脚手架工程(编码:041101)

项目编码	项目名称	项目特征	计量单位	工程量计算规则	工作内容
041101001	墙面脚手架	墙高	m²	按墙面水平边线长度乘以墙面砌筑高度计算	1. 清理场地; 2. 搭设、拆除脚手架、安全网; 3. 材料场内外运输
041101002	柱面脚手架	1. 柱高; 2. 柱结构外围周长		按柱结构外围周长乘以柱砌筑高度计算	
041101003	仓面脚手架	1. 搭设方式; 2. 搭设高度		按仓面水平面积计算	
041101004	沉井脚手架	沉井高度		按井壁中心线周长乘以井高计算	
041101005	井字架	井深	座	按设计图示数量计算	1. 清理场地; 2. 搭、拆井字架; 3. 材料场内外运输

注:各类井的井深按井底基础以上至井盖顶的高度计算。

2)混凝土模板及支架

混凝土模板及支架工程量清单项目设置、项目特征描述的内容、计量单位及工程量计算规则,应按表 7.19 的规定执行。

表 7.19　混凝土模板及支架(编码:041102)

项目编码	项目名称	项目特征	计量单位	工程量计算规则	工作内容
041102001	垫层模板	构件类型	m²	按混凝土与模板接触面的面积计算	1. 模板制作、安装、拆除、整理、堆放; 2. 模板粘接物及模内杂物清理、刷隔离剂; 3. 模板场内外运输及维修
041102002	基础模板				
041102003	承台模板				
041102004	墩(台)帽模板	1. 构件类型; 2. 支模高度			
041102005	墩(台)身模板				
041102006	支撑梁及横梁模板				
041102007	墩(台)盖梁模板				
041102008	拱桥拱座模板				
041102009	拱桥拱肋模板				
041102010	拱上构件模板				
041102011	箱梁模板				
041102012	柱模板				
041102013	梁模板				
041102014	板模板				
041102015	板梁模板				
041102016	板拱模板				
041102017	挡墙模板				

3)围堰

围堰工程量清单项目设置、项目特征描述的内容、计量单位及工程量计算规则,应按表 7.20 的规定执行。

表 7.20　围堰(编码:041103)

项目编码	项目名称	项目特征	计量单位	工程量计算规则	工作内容
041103001	围堰	1. 围堰类型; 2. 围堰顶宽及底宽; 3. 围堰高度; 4. 填心材料	1. m³ 2. m	1. 以立方米计量,按设计图示围堰体积计算; 2. 以米计量,按设计图示围堰中心线长度计算	1. 清理基底; 2. 打、拔工具桩; 3. 堆筑、填心、夯实; 4. 拆除清理; 5. 材料场内外运输
041103002	筑岛	1. 筑岛类型; 2. 筑岛高度; 3. 填心材料	m³	按设计图示筑岛体积计算	1. 清理基底; 2. 堆筑、填心、夯实; 3. 拆除清理

4）便道及便桥

便道及便桥工程量清单项目设置、项目特征描述的内容、计量单位及工程量计算规则,应按表7.21的规定执行。

表7.21　便道及便桥(编码:041104)

项目编码	项目名称	项目特征	计量单位	工程量计算规则	工作内容
041104001	便道	1.结构类型; 2.材料种类; 3.宽度	m²	按设计图示尺寸以面积计算	1.平整场地; 2.材料运输、铺设、夯实; 3.拆除、清理
041104002	便桥	1.结构类型; 2.材料种类; 3.跨径; 4.宽度	座	按设计图示数量计算	1.清理基底; 2.材料运输、便桥搭设; 3.拆除、清理

5）洞内临时设施

洞内临时设施工程量清单项目设置、项目特征描述的内容、计量单位及工程量计算规则,应按表7.22的规定执行。

表7.22　洞内临时设施(编码:041105)

项目编码	项目名称	项目特征	计量单位	工程量计算规则	工作内容
041105001	洞内通风设施	1.单孔隧道长度; 2.隧道断面尺寸; 3.使用时间; 4.设备要求	m	按设计图示隧道长度以延长米计算	1.管道铺设; 2.线路架设; 3.设备安装; 4.保养维护; 5.拆除、清理; 6.材料场内外运输
041105002	洞内供水设施				
041105003	洞内供电及照明设施				
041105004	洞内通信设施				
041105005	洞内外轨道铺设	1.单孔隧道长度; 2.隧道断面尺寸; 3.使用时间; 4.轨道要求		按设计图示轨道铺设长度以延长米计算	1.轨道及基础铺设; 2.保养维护; 3.拆除、清理; 4.材料场内外运输

注:设计注明轨道铺设长度的,按设计图示尺寸计算;设计未注明时,可按设计图示隧道长度以延长米计算,并注明洞外轨道铺设长度由投标人根据施工组织设计自定。

6）大型机械设备进出场及安拆

大型机械设备进出场及安拆工程量清单项目设置、项目特征描述的内容、计量单位及工程量计算规则,应按表7.23的规定执行。

表7.23　大型机械设备进出场及安拆(编码:041106)

项目编码	项目名称	项目特征	计量单位	工程量计算规则	工作内容
041106001	大型机械设备进出场及安拆	1.机械设备名称; 2.机械设备规格型号	台次	按使用机械设备的数量计算	1.安拆费包括施工机械、设备在现场进行安装拆卸所需人工、材料、机械和试运转费用以及机械辅助设施的折旧、搭设、拆除等费用; 2.进出场费包括施工机械、设备整体或分体自停放地点运至施工现场或由一施工地点运至另一施工地点所发生的运输、装卸、辅助材料等费用

7)施工排水、降水

施工排水、降水工程量清单项目设置、项目特征描述的内容、计量单位及工程量计算规则,应按表7.24的规定执行。

表7.24　施工排水、降水(编码:041107)

项目编码	项目名称	项目特征	计量单位	工程量计算规则	工作内容
041107001	成井	1.成井方式; 2.地层情况; 3.成井直径; 4.井(滤)管类型、直径	m	按设计图示尺寸以钻孔深度计算	1.准备钻孔机械、埋设护筒、钻机就位;泥浆制作、固壁;成孔、出渣、清孔等; 2.对接上、下井管(滤管),焊接,安放,下滤料,洗井,连接试抽等
041107002	排水、降水	1.机械规格型号; 2.降排水管规格	昼夜	按排、降水日历天数计算	1.管道安装、拆除,场内搬运等; 2.抽水、值班、降水设备维修等

注:相应专项设计不具备时,可按暂估量计算。

8)处理、监测、监控

处理、监测、监控工程量清单项目设置、工作内容及包含范围,应按表7.25的规定执行。

表7.25　处理、监测、监控(编码:041108)

项目编码	项目名称	工作内容及包含范围
041108001	地下管线交叉处理	1.悬吊; 2.加固; 3.其他处理措施
041108002	施工监测、监控	1.对隧道洞内施工时可能存在的危害因素进行检测; 2.对明挖法、暗挖法、盾构法施工的区域等进行周边环境监测; 3.对明挖基坑围护结构体系进行监测; 4.对隧道的围岩和支护进行监测; 5.盾构法施工进行监控测量

注:地下管线交叉处理指施工过程中对现有施工场地范围内各种地下交叉管线进行加固及处理所发生的费用,但不包括地下管线或设施改、移发生的费用。

9）安全文明施工及其他措施项目

安全文明施工及其他措施项目工程量清单项目设置、工作内容及包含范围，应按表7.26的规定执行。

表7.26 安全文明施工及其他措施项目（编码：041109）

项目编码	项目名称	工作内容及包含范围
041109001	安全文明施工	1. 环境保护：施工现场为达到环保部门要求所需的各项措施，包括施工现场为保持工地清洁、控制扬尘、废弃物与材料运输的防护、保证排水设施通畅、设置密闭式垃圾站、实现施工垃圾与生活垃圾分类存放等环保措施，其他环境保护措施； 2. 文明施工：根据相关规定在施工现场设置企业标志、工程项目简介牌、工程项目责任人员姓名牌、安全六大纪律牌、安全生产计数牌、十项安全技术措施牌、防火须知牌、卫生须知牌及工地施工总平面布置图、安全警示标志牌，施工现场围挡以及为符合场容场貌、材料堆放、现场防火等要求采取的相应措施，其他文明施工措施； 3. 安全施工：根据相关规定设置安全防护设施、现场物料提升架与卸料平台的安全防护设施、垂直交叉作业与高空作业安全防护设施、现场设置安防监控系统设施、现场机械设备（包括电动工具）的安全保护与作业场所和临时安全疏散通道的安全照明与警示设施等，其他安全防护措施； 4. 临时设施：施工现场临时宿舍、文化福利及公用事业房屋与构筑物、仓库、办公室、加工厂、工地实验室以及规定范围内的道路、水、电、管线等临时设施和小型临时设施等的搭设、维修、拆除、周转；其他临时设施搭设、维修、拆除
041109002	夜间施工	1. 夜间固定照明灯具和临时可移动照明灯具的设置、拆除； 2. 夜间施工时，施工现场交通标志、安全标牌、警示灯等的设置、移动、拆除； 3. 夜间照明设备及照明用电、施工人员夜班补助、夜间施工劳动效率降低等
041109003	二次搬运	由于施工场地条件限制而发生的材料、成品、半成品一次运输不能到达堆积地点，必须进行的二次或多次搬运
041109004	冬雨季施工	1. 冬雨季施工时，增加的临时设施（防寒保温、防雨设施）的搭设、拆除； 2. 冬雨季施工时，对砌体、混凝土等采用的特殊加温、保温和养护措施； 3. 冬雨季施工时，施工现场的防滑处理、对影响施工的雨雪清除； 4. 冬雨季施工时，增加的临时设施、施工人员的劳动保护用品、冬雨季施工劳动效率降低等
041109005	行车、行人干扰	1. 由于施工受行车、行人干扰的影响，导致人工、机械效率降低而增加的措施； 2. 为保证行车、行人的安全，现场增设维护交通与疏导人员而增加的措施
041109006	地上、地下设施、建筑物的临时保护设施	在工程施工过程中，对已建成的地上、地下设施和建筑物进行的遮盖、封闭、隔离等必要保护措施所发生的人工和材料

续表

项目编码	项目名称	工作内容及包含范围
041109007	已完工程及设备保护	对已完工程及设备采取的覆盖、包裹、封闭、隔离等必要保护措施所发生的人工和材料

注:本表所列项目应根据工程实际情况计算措施项目费用,需分摊的应合理计算摊销费用。

7.3　通用工程案例分析

【案例7.1】　某市开发区新建一条道路,设计红线宽45 m。起点桩号为K1+000,终点桩号为K1+200,道路断面形式为3块板,其中,快车道15 m,慢车道2.5 m×2,快慢车道绿化分隔带2 m×2,人行道3 m×2,标准横断面图如图7.14所示。绿化带种植土换填由绿化承包商负责,换填深度0.8 m。采用反铲挖掘机挖土,自卸汽车运土,填方土全部来自场内平衡。道路纵断面标高见表 7.27,外弃土挖方中心至外弃土点中心距离6 km。

试计算:

(1)本段道路土方工程量;

(2)本段道路承包商土方工程分部分项工程费(不考虑机械上下坡的便道土方量)。

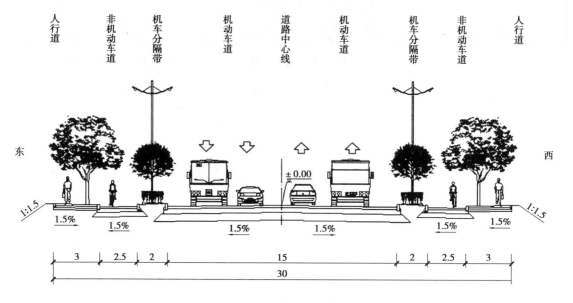

图7.14　标准横断面图

表7.27　道路纵断面标高数据表

桩号	原地面标高/m	路基设计标高/m	路面设计标高/m	挖(填)方断面积/m²
K1+000	86.42	87.75	88.47	34.75
K1+020	86.80	87.95	88.67	34.33
K1+040	86.62	88.15	88.87	62.32
K1+060	86.85	88.35	89.07	45.20

桩号	原地面标高/m	路基设计标高/m	路面设计标高/m	挖(填)方断面积/m²
K1+080	91.05	89.55	90.27	45.20
K1+100	91.22	89.75	90.47	62.42
K1+120	91.85	89.95	99.67	56.74
K1+140	92.66	90.15	90.87	69.44
K1+160	93.00	90.35	91.07	68.60
K1+180	93.46	90.55	91.27	85.63
K1+200	94.68	90.75	91.47	94.88

【解】　(1)道路土方工程工程量计算。

根据平均横截面法进行计算,计算过程见表7.28—表7.30。

表7.28　道路路基土方挖方工程量计算表

桩号	距离 L_{ij}/m	挖方		
		断面积/m²	平均断面积 $\frac{1}{2}(F_i + F_j)$/m²	体积 V_{ij}/m³
K1+070		0		
	10		22.6	226.00
K1+080		45.20		
	20		53.81	1 076.20
K1+100		62.42		
	20		59.58	1 191.60
K1+120		56.74		
	20		63.09	1 261.80
K1+140		69.44		
	20		69.02	1 380.40
K1+160		68.60		
	20		77.115	1 542.30
K1+180		85.63		
	20		90.255	1 805.10
K1+200		94.88		
合计				8 483.4

表 7.29　道路路基土方填方工程量计算表

桩号	距离 L_{ij}/m	填方		
		断面积/m²	平均断面积 $\frac{1}{2}(F_i+F_j)$/m²	体积 V_{ij}/m³
K1+000		34.75		
	20		34.54	690.80
K1+020		34.33		
	20		48.325	966.50
K1+040		62.32		
	20		53.76	1 075.20
K1+060		45.20		
	10		22.6	226.00
K1+070		0		
合计				2 958.5

表 7.30　道路路基土方工程量计算表

挖方	填方	场内平衡	弃方	
普通土	土方	土方	土方	平均运距
天然方/m³	压实方/m³	压实方/m³	天然方/m³	/km
8 483.4	2 958.5	2 958.5	5 082.83	6

$$弃方＝挖方-利用方＝8\ 483.4-\frac{2\ 958.5}{0.87}＝5\ 082.83(\text{m}^3)$$

即道路的挖方量为 8 483.4 m³，弃方量为 5 032.825 3(m³)。

(2)道路土方工程分部分项工程费计算见表 7.31。

表 7.31　拆除工程分部分项工程费计价表

序号	编码	项目名称	单位	数量	综合单价/元	综合合价/元
1	040101001001	挖一般土方	m³	5 082.83	7.73	39 290.28
	DA0003	机械挖一般土方 不装车	1 000 m³	4.676 2	3 574.32	16 714.24
	DA0001 换	人工挖土方 单价×1.5	100 m³	4.066 3	5 552.32	22 577.4
2	040103002001	余方弃置	m³	5 082.83	22.96	116 701.78
	DA0163	机装机械运土 运距 1 000 m 以内	1 000 m³	5.082 8	10 654.55	54 154.95
	DA0164 换	机装机械运土 每增加 1 000 m 单价×5	1 000 m³	5.082 8	12 308.45	62 561.39

续表

序号	编码	项目名称	单位	数量	综合单价/元	综合合价/元
3	040103001001	回填方	m³	2 958.5	17.81	52 690.89
	DA0156	碾压 平基 土方	1 000 m³	2.958 5	5 566.89	16 469.64
	DA0163	机装机械运土运距 1 000 m 以内	1 000 m³	3.400 6	10 654.55	36 231.86
4	合计					208 682.95

项目土石方工程的分部分项工程费为 208 682.95(元)。

【案例 7.2】　某旧路改造工程,其中 K0+000 ~ K0+600 段拆除旧路,采用机械拆除,K0+600 ~ K2+150 段处理方式为路面机械凿毛,整段道路人行道和侧石全部拆除,旧路宽 15 m,沥青路面面层厚 5 cm,基层为水泥稳定碎石层,宽 15.6 m,厚 18 cm;人行道 3 m×2,普通黏土砖平铺;道路两侧设混凝土侧石。

试计算:

(1)旧路的拆除工程量;

(2)本旧路拆除工程的分部分项工程费。

【解】　(1)拆除工程的工程量计算见表 7.32。

表 7.32　拆除工程量计算表

序号	项目名称	单位	工程量计算式	数量
1	拆除沥青混凝土路面	m²	600×15	9 000
2	拆除水泥稳定碎石基层	m²	600×15.6	9 360
3	路面机械凿毛	m²	1 550×15	23 250
4	拆除人行道黏土砖	m²	2 150×3×2	12 900
5	拆除混凝土侧石	m	2 150×2	4 300

(2)本旧路拆除工程的分部分项工程费计算见表 7.33。

表 7.33　拆除工程的分部分项工程费计价表

序号	编码	项目名称	项目特征	单位	数量	综合单价/元	综合合价/元
1	041001001001	拆除路面	1.材质:沥青路面; 2.厚度:5 cm; 3.拆除方式:机械	m²	9 000	8.01	72 090
	DG0003	拆除沥青类路面小型机械拆除(厚度)10 cm 以内		100 m²	90	801.04	72 093.6

续表

序号	编码	项目名称	项目特征	单位	数量	综合单价/元	综合合价/元
2	041001003001	拆除基层	1.材质:水泥稳定碎石层; 2.厚度:18 cm; 3.部位:路面基层; 4.拆除方式:机械	m²	9 360	12.82	119 995.2
	DG0031	拆除基层 小型机械拆除 水泥稳定层 (厚度)20 cm 内		100 m²	93.6	1 281.64	11 9961.5
3	041001004001	铣刨路面	1.材质:沥青路面; 2.结构形式:路面凿毛; 3.厚度:5 cm; 4.拆除方式:机械	m²	23 250	4.59	106 717.5
	DG0035	路面凿毛 沥青混凝土 小型机械		100 m²	232.5	458.71	106 650.08
4	041001002001	拆除人行道	1.材质:普通黏土砖; 2.厚度:综合; 3.拆除方式:人工	m²	12 900	3.45	44 505
	DG0013	拆除人行道 人工拆除 透水砖		100 m²	129	345.14	44 523.06
5	041001005001	拆除侧石	材质:混凝土	m	4 300	4.56	19 608
	DG0046	拆除侧、平(缘) 石侧石混凝土		100 m	43	455.59	19 590.37
6	合计						362 915.7

本旧路拆除工程的分部分项工程费为 362 915.7 元。

【案例 7.3】 某桥梁有两个桥墩,每个桥墩上有 10 个现浇钢筋混凝土支座,支座钢筋的平面布置图和剖面图如图 7.15 所示(图中所示尺寸单位为 cm),支座高度为 25 cm,混凝土保护层厚度为 2.5 cm,3 号钢筋和 4 号钢筋锚入桥墩的长度为 30 cm,1—4 号钢筋均为三级钢,直径为 12 mm。

试计算:

(1)支座钢筋工程量;

(2)支座钢筋分部分项工程费。

【解】 (1)支座钢筋工程量见表 7.34。

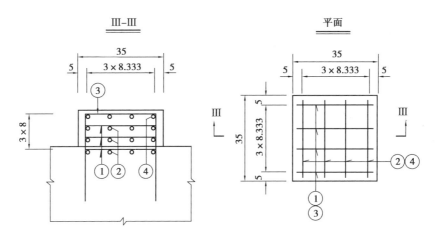

图 7.15　支座钢筋平面布置图、剖面图

表 7.34　支座钢筋工程量计算表

编号	直径/mm	每根长度/cm	根数/根	总长/m	总重/kg
1	12	35−2.5×2＝30	4×3×10×2＝240	0.3×240＝72.0	
2	12	35−2.5×2＝30	4×3×10×2＝240	0.3×240＝72.0	0.006 17×12×12× (72＋72＋108＋108) ＝319.85
3	12	(35−2.5×2)＋ (25−2.5＋30)×2＝135	4×10×2＝80	1.35×80＝108	
4	12	(35−2.5×2)＋ (25−2.5＋30)×2＝135	4×10×2＝80	1.35×80＝108	

（2）支座钢筋分部分项工程费计算见表 7.35。

表 7.35　拆除工程的分部分项工程费计价表

序号	编码	项目名称	项目特征	单位	数量	综合单价/元	综合合价/元
1	040901001001	现浇构件钢筋	1. 钢筋种类:三级钢 2. 钢筋规格:12	t	0.32	4 831.25	1 546
	DF0001	现浇钢筋		t	0.32	4 831.25	1 546

支座钢筋分部分项工程费为 1 546 元。

【**案例 7.4**】　某桥梁长 26 m,桥台为重力式桥台,结构外围周长为 25.6 m,台高为 2.6 m,桥台左右两端各有一段砌体挡土墙,长度均为 5 m,高度分别为 1 m 和 2 m。

（1）脚手架的工程量;

（2）该项目脚手架的分部分项工程费。

【**解**】　（1）重力桥台采用双排脚手架,双排脚手架工程量＝25.6×2.6×2＝133.12（m²）。

非独立砌筑结构高度在 3.6 m 以下,采用简易脚手架,高度不足 1.2 m 的不计算脚手架,交易脚手架工程量＝2×5＝10.00（m²）。

（2）该项目脚手架工程的分部分项工程费计算见表7.36。

表7.36　拆除工程的分部分项工程费计价表

序号	编码	项目名称	项目特征	单位	数量	综合单价/元	综合合价/元
1	041101006001	外脚手架	1. 类型：双排脚手架； 2. 高度：2.6 m	m²	133.12	14.32	1 906.28
	DH0004	钢管脚手架 双排4 m		100 m²	1.331 2	1 431.58	1 905.72
2	041101006002	外脚手架	1. 类型：简易脚手架； 2. 高度：2 m	m²	10	4.8	48.8
	DH0001	简易脚手架		100 m²	0.10	487.76	48.78
3	合计						1 955.08

项目脚手架工程的分部分项工程费为1 955.8元。

思考题

1. 什么是沟槽？什么是基坑？

2. 基坑的挖土深度指什么？因工作面和放坡增加的工程量，如何处理？

3. 同样质量的土方，由于其状态不同，所呈现的体积也会有所不同。如何计算不同状态下土方工程量？

4. 常见的措施项目有哪些？

5. 先张法与后张法有哪些区别？

第8章 道路工程工程量清单组价

8.1 道路工程预算定额说明

《重庆市市政工程计价定额》(CQSZDE—2018)中的道路工程计价定额包括地基处理、道路基层、道路面层、人行道及其他、道路交通管理设施。本章内容较多,受篇幅所限,此处不能全面介绍只能选取重点介绍主要内容和工程量计算规则。为了系统而全面地理解道路工程章节的定额,建议与《重庆市市政工程计价定额》(CQSEDE—2018)结合学习,尤其应注意该章和节后续章节的联系,以更好地掌握知识点。

8.1.1 道路工程一般说明

本章"交通管理设施"章节适用于道路、桥梁、隧道、广场及停车场(库)的交通管理设施工程。

8.1.2 地基处理

(1)定额说明

①强夯加固地基是指在天然地基上或在填土时进行作业。本定额不包括强夯前的试夯工作费用,如设计要求试夯,另行计算。

②地基强夯需要用外来土(石)填坑,另按相应项目执行。

③"每一遍夯击次数"是指夯击机械在一个点位上不移位连续夯击的次数。当要求夯击面积范围内的所有点位夯击完成后,即完成一遍夯击;如需要再次夯击,则应再次根据一遍的夯击次数套用相应子目。

④本节地基强夯项目按专用强夯机械编制,如采用其他非专用机械进行强夯(图8.1),则应换为非专用机械,但机械消耗量不作调整。

⑤当地基处理掺石灰定额中的含量与设计不同时,允许调整,但定额人工和机械消耗不变。

⑥桩长应包括桩尖,空桩长度=孔深-桩长,孔深为自然地面至设计桩底的深度。

⑦振冲桩(填料)定额不包括泥浆排放处理的费用,需要时另行计算。

⑧高压旋喷桩(图8.2)定额中的浆液是按普通水泥浆编制的,当设计采用外加剂或水泥用量与定额不同时,可按设计要求进行换算。

⑨当地基注浆的水泥浆水灰比、双液浆和水泥砂浆配合比与设计规定不同时,可以换算。

⑩分层注浆加固的扩散半径为80 cm,压密注浆加固半径为75 cm。当设计与定额取定的水泥用量不同时,可以换算。

图 8.1　机械强夯示意图

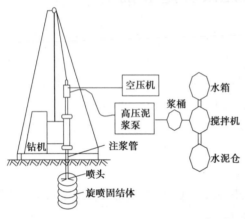

图 8.2　高压旋喷桩施工图

⑪现浇混凝土沟的墙和盖板定额中不包括支架,发生时按"桥涵工程"章节的相关定额执行。

（2）地基处理计算规则

①强夯分满夯、点夯,区分不同夯击能量,按设计图示尺寸的夯击范围以"m²"计算。设计无规定时,按每边超过基础外缘宽度 3 m 计算。

②地基处理的掺石灰按设计图示尺寸以"m²"计算。

③抛石挤淤按设计图示尺寸以"m²"计算。

④振冲桩及砂石桩按设计桩截面乘以桩长(包括桩尖)以"m²"计算。高压旋喷桩工程量,钻孔按原地面至设计桩底的距离以"m"计算,喷浆按设计加固桩截面面积乘以设计桩长以"m²"计算。

⑤地基注浆加固以孔为单位的项目,按全区域加固编制,当加固深度与定额不同时可内插计算;当采取局部区域加固时,则人工和钻机台班不变,材料(注浆阀管除外)和其他机械台班按加固深度与定额深度同比调减。注浆加固是以体积为单位的项目,已按各种深度综合取定,工程量按加固土体以"m²"计算。

⑥褥垫层以"m²"计量时按设计图示尺寸以铺设面积计算;以"m³"计量时按设计图示尺寸以铺设体积计算。

⑦土工合成材料按设计图示尺寸以"m²"计算。

⑧排水沟、截水沟按设计图示尺寸以"m²"计算;盲沟按设计图示尺寸以"延长米"计算。

8.1.3　道路基层

（1）定额说明

①路床（槽）碾压整形定额包括：平均厚度 10 cm 以内的人工挖高、填低，平整路床，使之形成设计要求的纵、横坡度，并经压路机碾压密实（图 8.3）。

图 8.3　路床整形施工图

②当多渣基层定额中配合比与设计不同时，允许调整，但定额人工和机械消耗不变。

③土边沟成型项目是按不同土壤类别综合编制的，实际土壤类别不同时不作调整。

已综合了边沟土不同土壤类别，考虑边沟两侧边坡培整面积所需的挖土、培土、修整边坡及余土抛出沟外的全过程所需人工。边坡所出余土应弃运路基 50 m 以外。

④沥青下贯式路面的压实度指下贯的贯入压实度。定额中仅包括沥青下贯式路面的下贯部分消耗量。

（2）计算规则

①道路路床（槽）工程量按设计图示尺寸以"m²"计算，如设计未作规定时，按道路路面设计宽度每侧加宽 30 cm 计算。不扣除各类井所占的面积。

【例 8.1】　某水泥混凝土道路两侧人行道宽 2 m，中间车行道宽 14 m，道路长 200 m，试计算车行道路床整形工程量。

【解】　车行道路床整形工程量＝（14+2×2+0.3×2）×200＝3 720（m²）

【例 8.2】　某道路横断面如图 8.4 所示，挖方路基，道路长 100 m，车行道采用沥青混凝土路面，试计算路床整形工程量。

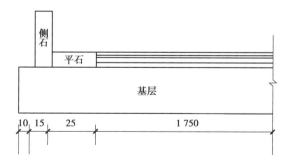

图 8.4　某道路半横断面图（单位：cm）

【解】　道路底层宽度＝车行道基层底宽＝（17.5+0.5）×2＝36（m）

碾压宽度＝36+0.3×2＝36.6（m）

车行道路床碾压工程量＝36.6×100＝3 660（m²）

②土边沟成形按设计图示以体积计算。

③道路基层工程量按设计图示尺寸以"m²"计算，道路基层的加宽，如设计未作规定时，各类基层（手摆片石基层除外），均按道路路面设计宽度每侧加宽15 cm计算。道路基层设计截面若为梯形时，则按其截面平均宽度计算面积。

【例8.3】　某道路横断面如图8.4所示，挖方路基，道路长100 m，道路基层采用水泥稳定碎石基层（图8.5）（水泥含量4%），厚度25 cm，试计算路基定额工程量及定额人工费用。

【解】　道路底层宽度＝（17.5+0.5）×2＝36（m），本题道路基层尺寸明确，不需考虑加宽。

道路基层工程量＝36×100＝3 600（m²）

结合题目给出基层特征，查找《重庆市市政工程计价定额》（CQSZDE—2018）定额目录，找到对应定额DB016和DB0167两项定额，因DB0167为增减定额子目，结合基础定额确定增减量＝（25-20）÷1＝5，接下来计算该基层定额人工费：

基层定额人工费＝3 600÷1 000×406.76+3 600÷1 000×18.52×5＝1 822.10（元）

B.2.15　水泥稳定碎石（编码：040202024）

B.2.15.1　水泥稳定碎石

工作内容：放线、上料、运料、拌和、摊铺、灌砂、压实、养护等。　　　　　　　　　　　　　　　计量单位：100m²

定　　额　　编　　号				DB0164	DB0165	DB0166	DB0167	DB0168	DB0169
项　　目　　名　　称				水泥含量3%		水泥含量4%		水泥含量6%	
				厚度					
				20cm	每增减1cm	20cm	每增减1cm	20cm	每增减1cm
综　合　单　价　（元）				4742.11	233.59	4842.74	238.16	5135.33	248.49
费用	其中	人　　工　　费（元）		406.76	18.52	406.76	18.52	406.76	15.76
		材　　料　　费（元）		3487.98	174.47	3588.61	179.04	3881.20	194.10
		施工机具使用费（元）		325.71	16.01	325.71	16.01	325.71	16.01
		企　业　管　理　费（元）		330.93	15.60	330.93	15.60	330.93	14.35
		利　　　润　　　（元）		179.01	8.44	179.01	8.44	179.01	7.76
		一　般　风　险　费（元）		11.72	0.55	11.72	0.55	11.72	0.51
	编码	名　　　称	单位	单价（元）	消	耗		量	
人工	000700030	筑路综合工	工日	115.00	3.537	0.161	3.537	0.161	3.537	0.137
材料	040100120	普通硅酸盐水泥 P.O 32.5	kg	0.30	1 248.000	61.000	1 665.000	83.000	2 800.000	140.000
	040700460	石屑	t	73.00	19.950	0.998	19.950	0.998	19.950	0.998
	040500209	碎石 5～40	t	67.96	23.865	1.200	23.505	1.170	22.800	1.140
	341100100	水	m³	4.42	8.000	0.400	8.000	0.400	8.000	0.400
机械	990120020	钢轮内燃压路机 8t	台班	373.79	0.021	0.001	0.021	0.001	0.021	0.001
	990120040	钢轮内燃压路机 15t	台班	566.96	0.290	0.014	0.290	0.014	0.290	0.014
	990602020	双锥反转出料混凝土搅拌机 350L	台班	226.31	0.678	0.034	0.678	0.034	0.678	0.034

图8.5　水泥稳定碎石基层定额图

8.1.4　道路面层

（1）定额说明

①水泥混凝土路面模板按纵向平缝编制，如设计规定为企口缝时，模板乘以系数1.05。

②水泥混凝土路面定额已综合了有筋和无筋对工效的影响因素。

③水泥混凝土路面防滑槽定额适用于停车场、坡道等做特殊面层处理的工程。

④现场集中搅拌的路面混凝土采用钢纤维混凝土时,按相应水泥混凝土路面定额以设计规定的钢纤维掺量乘以材料价格进入定额。

⑤自拌沥青混凝土及水泥混凝土、基层拌合料均未包括半成品的运输距离,发生时按相应半成品运输定额执行。

⑥道路表面特殊处理定额中设计的材料品种与定额不同时,允许调整,但定额人工和材料消耗不变。

⑦排水沟、截水沟、盲沟土石方工程按"土石方工程"相应子目。

⑧水泥混凝土路面定额中未包括钢筋制作安装,如设计有钢筋、道路传力杆、纵缝拉杆等执行"钢筋工程"相应子目(图 8.6)。

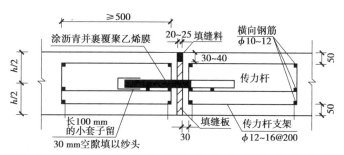

图 8.6 水泥混凝土道路钢筋、拉杆及传力杆

⑨路基的土工实验费及路基、道路基层、道路面层等道路弯沉实验费发生时按时计算。

(2)计算规则

①道路路面工程量(沥青路面混凝土、水泥混凝土及其他类型路面)按设计图示尺寸以"m²"计算,不扣除各种井所占面积,带平石、侧石、缘石的面层应扣除平石所占的面积(图 8.7)。当设计道路基层横断面是梯形时,应按其截面平均宽度计算面积。

图 8.7 沥青路面及混凝土路面

②伸缝嵌缝按设计缝长乘以设计缝深以"m²"计算。

③锯缝机切缩缝、填灌缝按设计图示以"m"计算。

④土工布贴缝按混凝土路面缝长乘以设计宽度以"m²"计算(纵横相交处面积不扣除)。

⑤水泥混凝土、沥青混凝土半成品的全程运输,应按下述规定计算运距:

a. 场外运距按搅拌站(搅拌厂)至施工现场的最近入口,按最短实际行驶路线计算。

b. 施工现场内的运距,按该工程里程的 1/2 计算。

c."1+2"即为该工程半成品的全程运距,并套用相应定额。半成品的运输量,一律按定额工程量计算。

⑥混凝土路面伸缩缝为缝的断面以"m²"计算,即设计长度乘以设计高度。

⑦在混凝土路面上开槽:人工开槽按人工凿沟槽较硬岩相应定额乘以系数1.8执行,机械开槽切割(坑)石方较硬岩定额按"土石方工程"相应子目执行。

【例8.4】 某道路结构示意图如图8.8所示,道路长100 m,道路上面层采用4 cm细粒式改性沥青混凝土AC-13C,底面层采用6 cm中粒式沥青混凝土AC-20C,下面层与基层之间设置0.8 cm沥青表处下封层(沥青用量1.2 kg/m)。试计算该工程道路工程面层工程量。

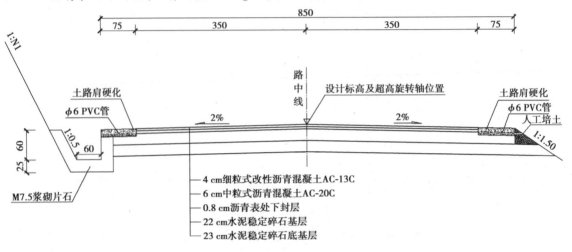

图8.8 某道路路面结构示意(单位:cm)

【解】 结合定额道路路面包含内容,本题路面工程包含3项内容,分别为下封层、底面层、上面层。

下封层工程量=35×2×100=7 000(m²)

底面层工程量=70×100=7 000(m²)

上面层工程量=70×100=7 000(m²)

8.1.5 人行道及其他

(1)定额说明

①人行道方块设计的材料品种与定额不同时,允许调整,但定额消耗不变。

②路肩及人行道整形碾压(图8.9)定额包括:平均厚度10 cm以内的人工挖高、填低,平整路床,使之形成设计要求的纵、横坡度,并经压路机碾压密实。

③隔音屏定额中隔音钢板设计的品种与定额不同时,允许调整,但定额消耗不变。

④临时输电输水管线定额,只适用于按批准的施工组织需要且实际架设的临时输电线路和输水管线的干道工程。

⑤检查井、窨井、雨水进水井升高均不包含井盖等工作内容。发生升高并更换井盖时,执行"更换铸铁盖"相应项目。

图 8.9　路肩及人行道整形碾压

（2）计算规则

①铺人行道方块的工程量按图示尺寸以"m²"计算,不扣除各种井所占面积,但应扣除侧石、树池所占面积。

②路缘石的垫层工程量按设计图示尺寸以"m²"计算。

③树池砌筑图示中心线长度以"m"计算。

④成品路缘石、路边石(图8.10)工程量按图示中心线长度以"m"计算,包括各转弯处的弧度长度。

图 8.10　路缘石及路边石

⑤检查井升降按设计图示数量以"座"计算。

⑥中间隔离墩按图纸尺寸以"m"计算。

⑦隔音屏按设计图示尺寸以"m²"计算,定额中已综合考虑了各种损耗,不另计算。

【例8.5】　某道路长度100 m,两侧人行道设计宽度2 m,人行道与车行道及道路边沿之间安装 150 mm×400 mm×25 mm 成品花岗岩路缘石,人行道采用 20 cm 商品混凝土做垫层,面层铺 300 mm×300 mm×6 mm 规格的透水砖,试计算该人行道的工程量。

【解】　人行道整形碾压 $=2×2×100=400(m^2)$

商品混凝土垫层 $=2×2×100×0.2=80(m^3)$

路缘石 $=2×2×100=400(m)$

透水砖 $=2×2×100=400(m^2)$

8.1.6　道路交通管理设施

1)定额说明

①电缆保护管敷设定额中已包括连接管数量,但未包括垫层的工作内容,发生时可按设计

要求执行相应定额。如设计采用的管材种类与定额不同时,允许调整,但定额人工和机械消耗不变。

②标杆安装定额中包括标杆上部直杆及悬臂杆安装、上法兰安装及上下法兰的连接等工作内容。柱式标杆安装定额中按单柱式编制。若安装双柱式标杆时,按相应定额乘以系数2.0。

③交通标志杆、门架杆及标志牌按成品考虑,其中标志牌成品不含反光膜。

④反光镜安装参照减速板安装定额执行,并对材料进行换算。

⑤线条的定额宽度:实线及分界虚线为15 cm,黄侧石线为20 cm。若实际宽度与定额宽度不同时,材料消耗量可按比例换算。

⑥线条的其他材料费中已包括了护线帽的摊销,箭头、字符标记的其他材料费中已包括了模具的摊销,均不另计算。

⑦文字标记的高度应根据计算行车速度确定:计算行车速度≤40 km/h时,字高为3 m;计算行车速度为40~80 km/h时,字高为6 m;计算行车速度≥80 km/h时,字高为9 m。

⑧温漆定额中未包括反光材料,发生时另行计算。

⑨标线中实线按设计长度计算;分界虚线按规格以线段长度乘以间隔长度表示,工程量按虚线总长度计算;横道线按实漆面积计算;停止线、黄格线、导流线、减让线参照横道线定额按实漆面积计算。减让线按横道线定额人工及机械耗量乘以系数1.05。

⑩信号灯电源线安装定额中未包括电源线进线管及夹箍,发生时另行计算。

⑪交通信号灯安装不分国产和进口、车行和人行,定额中已综合取定。

⑫安装信号灯所需的升降车台班已包括在信号灯架定额中,不另行计算。

⑬电子警察系统调试,指整个组成部分的协同调试,单体调试已含在各子目中,不另行计算。

⑭环形检测线安装定额适用于混凝土和沥青混凝土路面上的导线敷设。

⑮交通岗位设施值警亭安装定额中未包括基础工程和水电安装工作内容,发生时套用相应定额另行计算;值警亭按工厂制作、现场整体吊装考虑。

⑯车行道中心隔离护栏(活动式)底座数量按实计算;机动车、非机动车隔离护栏分隔离墩数量按实计算。

⑰塑质隔离筒(墩)内灌水(砂)费用,另行计算。

⑱立电杆项目按照路灯工程中的相关项目执行。

⑲值警亭按工厂制作、现场整体吊装考虑,值警亭安装定额中未包括基础工程和水电安装工作内容,发生时套用相应定额另行计算。如果值警亭实际采用砖砌等形式的,按照现行国家标准《房屋建筑与装饰工程工程量计算规范》(GB 50854)专业执行。

⑳与标杆相连,用于安装标志板的配件应计入标志板项目内。

2)计算规则

①电缆保护管铺设长度按设计长度以"m"计算。

②电子警察系统调试以"套"为单位计算,每套系统包括一台摄影仪和配套部分。

③标杆安装按规格以直径乘以长度表示,以"套"计算。

④圆形、三角形标志板安装按作方面积(成品)套用定额,以"块"计算。

⑤文字标记中按每个文字的外围整体最大高度计算。图形按外框尺寸面积计算。标志牌

反光膜按成形标志牌面积乘以1.8(不另计损耗)。其他表面警示用反光膜按实贴面积计算。

⑥环形检测线圈按设计图示数量以"个"计算。

⑦塑质隔离筒(墩)设计图数量以"个"计算。

⑧值警亭按设计图示数量以"座"计算。

⑨架空走线和地下走线按设计图示数量以"根"计算。

⑩信号灯按设计图示数量以"套"计算。

⑪机动车、非机动车隔离护栏的安装长度按整段护栏首尾两只分隔墩的外侧面之间的长度计算;人行道隔离护栏的安装长度按整段护栏首尾立杆之间的长度计算。

⑫电子警察设备系统按设计图示数量以"套"计算。

8.2 道路工程清单工程量计算规则

《市政工程工程量计算规范》(GB 50857—2013)附录B道路工程中设置了路基处理、道路基层、道路面层、人行道及其他、交通管理设施5个小节,本书针对5个小节中常用的清单展开清单项目讲解。

8.2.1 路基处理

路基处理工程量清单项目设置、项目特征描述的内容、计量单位及工程量计算规则,应按表8.1的规定执行。

表8.1 路基处理(编码:040201)

项目编码	项目名称	项目特征	计量单位	工程量计算规则	工作内容
040201001	预压地基	1. 排水竖井种类、断面尺寸、排列方式、间距、深度; 2. 预压方法; 3. 预压荷载、时间; 4. 砂垫层厚度	m²	按设计图示尺寸以加固面 积计算	1. 设置排水竖井、盲沟、滤水管; 2. 铺设砂垫层、密封膜; 3. 堆载、卸载或抽气设备安拆、抽真空; 4. 材料运输
040201002	强夯地基	1. 夯击能量; 2. 夯击遍数; 3. 地耐力要求; 4. 夯填材料种类			1. 铺设夯填材料; 2. 强夯; 3. 夯填材料运输
040201003	振冲密实(不填料)	1. 地层情况; 2. 振密深度; 3. 孔距; 4. 振冲器功率			1. 振冲加密; 2. 泥浆运输

续表

项目编码	项目名称	项目特征	计量单位	工程量计算规则	工作内容
040201004	掺石灰	含灰量	m³	按设计图示尺寸以体积计算	1. 掺石灰； 2. 夯实
040201005	掺干土	1. 密实度； 2. 掺土率			1. 掺干土； 2. 夯实
040201006	掺石	1. 材料品种、规格； 2. 掺石率			1. 掺石灰； 2. 夯实
040201007	抛石挤淤	材料品种、规格			1. 抛石挤淤； 2. 填塞垫平、压实
040201008	袋装砂井	1. 直径； 2. 填充料品种； 3. 深度	m	按设计图示尺寸以长度计算	1. 制作砂袋； 2. 定位沉管； 3. 下砂袋； 4. 拔管
040201009	塑料排水板	材料品种、规格			1. 安装排水板； 2. 沉管插板； 3. 拔管
040201020	褥垫层	1. 厚度； 2. 材料品种、规格及比例	1. m² 2. m³	1. 以平方米计量，按设计图示尺寸以铺设面积计算； 2. 以立方米计量，按设计图示尺寸以铺设体积计算	1. 材料拌和、运输； 2. 铺设； 3. 压实
040201021	土工合成材料	1. 材料品种、规格； 2. 搭接方式	m²	按设计图示尺寸以面积计算	1. 基层整平； 2. 铺设； 3. 固定
040201022	排水沟、截水沟	1. 断面尺寸； 2. 基础、垫层：材料品种、厚度； 3. 砌体材料； 4. 砂浆强度等级； 5. 伸缩缝填塞； 6. 盖板材质、规格	m	按设计图示以长度计算	1. 模板制作、安装、拆除； 2. 基础、垫层铺筑； 3. 混凝土拌和、运输、浇筑； 4. 侧墙浇捣或砌筑； 5. 勾缝、抹面； 6. 盖板安装
040201023	盲沟	1. 材料品种、规格； 2. 断面尺寸			铺筑

注:1. 地层情况按表 A.1-1 和表 A.2-1 的规定，并根据岩土工程勘察报告按单位工程各地层所占比例(包括范围值)进行描述。对无法准确描述的地层情况，可注明由投标人根据岩土工程勘察报告自行决定报价。

2. 项目特征中的桩长应包括桩尖，空桩长度=孔深-桩长，孔深为自然地面至设计桩底的深度。

3. 如采用碎石、粉煤灰、砂等作为路基处理的填方材料时，应按附录 A 土石方工程中"回填方"项目编码列项。

4. 排水沟、截水沟清单项目中，当侧墙为混凝土时，还应描述侧墙的混凝土强度等级。

8.2.2　道路基层

道路基层工程量清单项目设置、项目特征描述的内容、计量单位及工程量计算规则,应按表 8.2 的规定执行。

表 8.2　道路基层(编码:040202)

项目编码	项目名称	项目特征	计量单位	工程量计算规则	工作内容
040202001	路床(槽)整形	1. 部位; 2. 范围	m²	按设计道路底基层图示尺寸以面积计算,不扣除各类井所占面积	1. 放样; 2. 整修路拱; 3. 碾压成形
040202002	石灰稳定土	1. 含灰量; 2. 厚度		按设计图示尺寸以面积计算,不扣除各类井所占面积	1. 拌和; 2. 运输; 3. 铺筑; 4. 找平; 5. 碾压; 6. 养护
040202003	水泥稳定土	1. 水泥含量; 2. 厚度			
040202004	石灰、粉煤灰、土	1. 配合比; 2. 厚度			
040202005	石灰、碎石、土	1. 配合比; 2. 碎石规格; 3. 厚度			
040202006	石灰、粉煤灰、碎(砾)石	1. 配合比; 2. 碎(砾)石规格; 3. 厚度			
040202007	粉煤灰	厚度			
040202008	矿渣				
040202009	砂砾石	1. 石料规格; 2. 厚度			
040202010	卵石				
040202011	碎石				
040202012	块石				
040202013	山皮石				
040202014	粉煤灰三渣	1. 配合比; 2. 厚度			
040202015	水泥稳定碎(砾)石	1. 水泥含量; 2. 石料规格; 3. 厚度			
040202016	沥青稳定碎石	1. 沥青品种; 2. 石料规格; 3. 厚度			

8.2.3 道路面层

道路面层工程量清单项目设置、项目特征描述的内容、计量单位及工程量计算规则,应按表8.3 的规定执行。

表 8.3 道路面层(编码:040203)

项目编码	项目名称	项目特征	计量单位	工程量计算规则	工作内容
040203001	沥青表面处理	1. 沥青品种; 2. 层数	m²	按设计图示尺寸以面积计算,不扣除各种井所占面积,带平石的面层应扣除平石所占面积	1. 喷油、布料; 2. 碾压
040203002	沥青贯入式	1. 沥青品种; 2. 石料规格; 3. 厚度			1. 摊铺碎石; 2. 喷油、布料; 3. 碾压
040203003	透层、粘层	1. 材料品种; 2. 喷油量			1. 清理下承面; 2. 喷油、布料
040203004	封层	1. 材料品种; 2. 喷油量; 3. 厚度			1. 清理下承面; 2. 喷油、布料; 3. 压实
040203005	黑色碎石	1. 材料品种; 2. 石料规格; 3. 厚度			1. 清理下承面; 2. 拌和、运输; 3. 摊铺、整型; 4. 压实
040203006	沥青混凝土	1. 沥青品种; 2. 沥青混凝土种类; 3. 石料粒径; 4. 掺合料; 5. 厚度			
040203007	水泥混凝土	1. 混凝土强度等级; 2. 掺合料; 3. 厚度; 4. 嵌缝材料			1. 模板制作、安装、拆除; 2. 混凝土拌和、运输、浇筑; 3. 拉毛; 4. 压痕或刻防滑槽; 5. 伸缝; 6. 缩缝; 7. 锯缝、嵌缝; 8. 路面养护

项目编码	项目名称	项目特征	计量单位	工程量计算规则	工作内容
040203008	块料面层	1. 块料品种、规格； 2. 垫层：材料品种、厚度、强度等级	m²	按设计图示尺寸以面积计算，不扣除各种井所占面积，带平石的面层应扣除平石所占面积	1. 铺筑垫层； 2. 铺砌块料； 3. 嵌缝、勾缝
040203009	弹性面层	1. 材料品种； 2. 厚度			1. 配料； 2. 铺贴

注：水泥混凝土路面中传力杆和拉杆的制作、安装应按附录 J 钢筋工程中相关项目编码列项。

8.2.4　人行道及其他

人行道及其他工程量清单项目设置、项目特征描述的内容、计量单位及工程量计算规则，按表 8.4 的规定执行。

表 8.4　人行道及其他（编码：040204）

项目编码	项目名称	项目特征	计量单位	工程量计算规则	工作内容
040204001	人行道整形碾压	1. 部位； 2. 范围	m²	按设计人行道图示尺寸以面积计算，不扣除侧石、树池和各类井所占面积	1. 放样； 2. 碾压
040204002	人行道块料铺设	1. 块料品种、规格； 2. 基础、垫层：材料品种、厚度； 3. 图形		按设计图示尺寸以面积计算，不扣除各类井所占面积，但应扣除侧石、树池所占面积	1. 基础、垫层铺筑； 2. 块料铺设
040204003	现浇混凝土人行道及进口坡	1. 混凝土强度等级； 2. 厚度； 3. 基础、垫层：材料品种、厚度			1. 模板制作、安装、拆除； 2. 基础、垫层铺筑； 3. 混凝土拌和、运输、浇筑
040204004	安砌侧（平、缘）石	1. 材料品种、规格； 2. 基础、垫层：材料品种、厚度	m	按设计图示中心线长度计算	1. 开槽； 2. 基础、垫层铺筑； 3. 侧（平、缘）石安砌
040204005	现浇侧（平、缘）石	1. 材料品种； 2. 尺寸； 3. 形状； 4. 混凝土强度等级； 5. 基础、垫层：材料品种、厚度	m	按设计图示中心线长度计算	1. 模板制作、安装、拆除； 2. 开槽； 3. 基础、垫层铺筑； 4. 混凝土拌和、运输、浇筑

续表

项目编码	项目名称	项目特征	计量单位	工程量计算规则	工作内容
040204006	检查井升降	1. 材料品种； 2. 检查井规格； 3. 平均升(降)高度	座	按设计图示路面标高与原有的检查井发生正负高差的检查井的数量计算	1. 提升； 2. 降低
040204007	树池砌筑	1. 材料品种、规格； 2. 树池尺寸； 3. 树池盖面材料品种	个	按设计图示数量计算	1. 基础、垫层铺筑； 2. 树池砌筑； 3. 盖面材料运输、安装
040204008	预制电缆沟铺设	1. 材料品种； 2. 规格尺寸； 3. 基础、垫层：材料品种、厚度； 4. 盖板品种、规格	m	按设计图示中心线长度计算	1. 基础、垫层铺筑； 2. 预制电缆沟安装； 3. 盖板安装

8.2.5 交通管理设施

交通管理设施工程量清单项目设置、项目特征描述的内容、计量单位及工程量计算规则，应按表 8.5 的规定执行。

表 8.5　交通管理设施(编码:040205)

项目编码	项目名称	项目特征	计量单位	工程量计算规则	工作内容
040205001	人(手)孔井	1. 材料品种； 2. 规格尺寸； 3. 盖板材质、规格； 4. 基础、垫层：材料品种、厚度	座	按设计图示数量计算	1. 基础、垫层铺筑； 2. 井身砌筑； 3. 勾缝(抹面)； 4. 井盖安装
040205002	电缆保护管	1. 材料品种； 2. 规格	m	按设计图示以长度计算	敷设
040205003	标杆	1. 类型； 2. 材质； 3. 规格尺寸； 4. 基础、垫层：材料品种、厚度； 5. 油漆品种	根	按设计图示数量计算	1. 基础、垫层铺筑； 2. 制作； 3. 喷漆或镀锌； 4. 底盘、拉盘、卡盘及杆件安装
040205004	标志板	1. 类型； 2. 材质、规格尺寸； 3. 板面反光膜等级	块		制作、安装

续表

项目编码	项目名称	项目特征	计量单位	工程量计算规则	工作内容
040205005	视线诱导器	1. 类型； 2. 材料品种	只	按设计图示数量计算	安装

注:1. 本节清单项目如发生破除混凝土路面、土石方开挖、回填夯实等,应分别按附录 K 拆除工程及附录 A 土石方工程中相关项目编码列项。

2. 除清单项目特殊注明外,各类垫层应按本规范附录中相关项目编码列项。

3. 立电杆按附录 H 路灯工程中相关项目编码列项。

4. 值警亭按半成品现场安装考虑,实际采用砖砌等形式的,按现行国家标准《房屋建筑与装饰工程工程量计算规范》(GB 50854)中相关项目编码列项。

5. 与标杆相连的,用于安装标志板的配件应计入标志板清单项目内。

8.3 道路工程案例分析

【案例8.1】 某市区主干道全长 1 300 m,道路横断面为 3 块板形式,机动车道设计宽度为 12 m,5%水泥稳定砂砾厂拌基层宽 12.5 m,天然砂砾底层宽 13 m;非机动车道宽 3 m×2,5%水泥稳定砂砾厂拌基层宽 3.5 m×2,天然砂砾底层宽 4.0 m×2;人行道宽 2.5 m×2;快慢车道分隔带宽 2 m×2,侧石宽 15 cm,已知各道路工程做法如下:

(1)机动车道

①天然砂砾底层,人机配合铺装 15 cm。

②6%水泥稳定砂砾 20 cm,厂拌基层,机械摊铺,运距 6 km(洒水车洒水养生)。

③乳化沥青透层(0.7 kg/m²)。

④6 cm 中粒式碎石沥青混凝土(厂拌),机械摊铺,运距 6 km。

⑤乳化沥青粘层(0.3 kg/m²)。

⑥4 cm 细粒式碎石沥青混凝土(厂拌),机械摊铺,运距 6 km。

(2)非机动车道

①天然砂砾底层,人机配合铺装 15 cm。

②6%水泥稳定砂砾 10 m,厂拌基层,机械摊铺,运距 6 km(洒水车洒水养生)。

③乳化沥青透层(0.7 kg/m²)。

④3 cm 中粒式碎石沥青混凝土(厂拌),机械摊铺,远距 6 km。

⑤乳化沥青粘层(0.3 kg/m²)。

⑥2 cm 细粒式碎石沥青混凝土(厂拌),机械摊铺,运距 6 km。

(3)人行道

① 15 cm 砂垫层。

②1:3 水泥砂浆人工铺设透水砖(30 cm×60 cm×5.5 cm)。

(4)侧石

石质侧石安砌(35 cm×20 cm),1:3 水泥砂浆卧底 2 cm 厚。试计算:

①本段道路工程工程量;

②本段道路工程分部分项工程费。

【解】　(1)道路工程工程量计算,计算过程见表8.6。

表8.6　道路工程工程量计算表

序号	项目名称	单位	工程量计算式	数量
一、机动车道				
1	路床碾压	m²	13×1 300	16 900
2	天然砂砾底层	m²	13×1 300	16 900
3	厂拌6%水泥稳定砂砾基层	m²	12.5×1 300	16 250
4	基层料运输	m³	16 250×0.2	3 250
5	基层养生	m²	12.5×1 300	16 250
6	乳化沥青透层(0.7 kg/m²)	m²	12×1 300	15 600
7	6 cm中粒式碎石沥青混凝土面层	m²	12×1 300	15 600
8	乳化沥青粘层(0.3 kg/m²)	m²	12×1 300	15 600
9	4 cm细粒式碎石沥青混凝土面层	m²	12×1 300	15 600
10	汽车运沥青混凝土半成品	m³	(0.04+0.06)×15 600	1 560
二、非机动车道				
11	路床碾压	m²	4×1 300×2	10 400
12	天然砂砾底层	m²	4×1 300×2	10 400
13	厂拌6%水泥稳定砂砾基层	m²	3.5×1 300×2	9 100
14	基层料运输	m³	9 100×0.1	910
15	基层养生	m²	3.5×1 300×2	9 100
16	乳化沥青透层(0.7 kg/m²)	m²	3×1 300×2	7 800
17	3 cm中粒式沥青混凝土面层	m²	3×1 300×2	7 800
18	乳化沥青粘层(0.3 kg/m²)	m²	3×1 300×2	7 800
19	2 cm细粒式沥青混凝土面层	m²	3×1 300×2	7 800
20	汽车运沥青混凝土半成品	m³	(0.03+0.02)×7 800	390
三、人行道				
21	人行道整形碾压	m²	(2.50−0.15)×1 300×2	6 110
22	15 cm砂垫层	m³	(2.50−0.15)×1 300×2×0.15	916.5
23	1∶3水泥砂浆人行道砖铺装	m²	(2.50−0.15)×1 300×2	6 110
四、侧石				
24	侧石安砌	m	1 300×6	7 800

（2）道路工程分部分项工程费计算见表8.7。

表8.7　道路工程分部分项工程费计价表

序号	编码	项目名称	项目特征	单位	数量	综合单价/元	综合合价/元
一、机动车道							4 457 804
1	040202001001	路床(槽)整形	1.部位:路床碾压; 2.范围:详见设计	m²	16 900	4.54	76 726
	DB0111	路床碾压		100 m²	169	453.58	76 655.02
2	040202009001	天然砂砾石	1.石料规格:综合; 2.厚度:15 cm	m²	16 900	31.96	540 124
	DB0140	砂砾石　人工铺装(厚度)20 cm		100 m²	169	3 195.9	540 107.1
3	040202015001	水泥稳定碎(砾)石	1.水泥含量:6%; 2.石料规格:综合; 3.厚度:20 cm	m²	16 250	44.91	729 787.5
	DB0162	水泥稳定砂砾石水泥含量6% 厚度(cm)20		100 m²	162.5	4 491.2	729 820
4	040202026001	水泥稳定碎(砾)石层运输	运距:6 km	m³	3 250	44.84	145 730
	DB0181 换	路基拌合料运输 全程运输1 000 m 以外　运距1 000 m 以内 实际运距(m):6 000		10 m³	325	448.37	145 720.25
5	040202025001	基层养生	1.类型:基层养生; 2.方式:洒水车洒水	m²	16 250	2.45	39 812.5
	DB0175	多合土养生 洒水车洒水		100 m²	162.5	245.28	39 858
6	040203003001	透层	1.材料品种:乳化沥青透层; 2.喷油量:0.7 kg/m²	m²	15 600	2.55	39 780
	DB0200 换	透层油　沥青用量0.8 kg/m² 换为【乳化沥青】		100 m²	156	254.78	39 745.68

续表

序号	编码	项目名称	项目特征	单位	数量	综合单价/元	综合合价/元
7	040203006001	沥青混凝土下面层	1. 沥青混凝土种类:碎石沥青混凝土; 2. 石料粒径:中粒式; 3. 厚度:6 cm; 4. 拌和、摊铺方式:厂拌,机械摊铺; 5. 运距:6 km	m²	15 600	104.82	1 635 192
	DB0219	机械炒拌 碎石沥青混凝土中粒式 LH-20		m³	936	699.11	654 366.96
	DB0232 换	中粒式沥青混凝土路面机械摊铺（厚度）5 cm 实际厚度(cm):6		100 m²	156	6 257.45	976 162.2
	DB0258 换	热沥青混合物运输全程运距 1 000 m 以外运距 1 000 m 以内 实际运距(m):6 000		100 m³	9.36	504.36	4 720.81
8	040203003002	粘层	1. 材料品种:乳化沥青粘层; 2. 喷油量:0.3 kg/m²	m²	15 600	1.26	19 656
	DB0198 换	黏结油 沥青用量 0.4 kg/m² 换为【乳化沥青】		100 m²	156	125.71	19 610.76
9	040203006002	沥青混凝土上面层	1. 沥青混凝土种类:碎石沥青混凝土; 2. 石料粒径:细粒式; 3. 厚度:4 cm; 4. 拌和、摊铺方式:厂拌,机械摊铺; 5. 运距:6 km	m²	15 600	78.91	1 230 996
	DB0220	机械炒拌 碎石沥青混凝土细粒式 LH-10		m³	624	778.33	485 677.92

续表

序号	编码	项目名称	项目特征	单位	数量	综合单价/元	综合合价/元
	DB0236 换	细粒式沥青混凝土路面　机械摊铺（厚度）3 cm 实际厚度(cm):4		100 m²	156	4 758.32	742 297.92
	DB0258 换	热沥青混合物运输　全程运距1 000 m 以外运距1 000 m 以内 实际运距(m):6 000		100 m³	6.24	504.36	3 147.21
二、非机动车道							1 609 540.4
10	040202001002	路床(槽)整形	1.部位:路床碾压;2.范围:详见设计	m²	10 400	4.54	47 216
	DB0111	路床碾压		100 m²	104	453.58	47 172.32
11	040202009002	天然砂砾石	1.石料规格:综合;2.厚度:15 cm	m²	10 400	31.96	332 384
	DB0140	砂砾石　人工铺装(厚度)20 cm		100 m²	104	3 195.9	332 373.6
12	040202015002	水泥稳定碎(砾)石	1.水泥含量:6%;2.石料规格:综合;3.厚度:20 cm	m²	9 100	44.91	408 681
	DB0162	水泥稳定砂砾石 水泥含量6% 厚度(cm)20		100 m²	91	4 491.2	408 699.2
13	040202026002	水泥稳定碎(砾)石层运输	运距:6 km	m³	910	44.84	40 804.4
	DB0181 换	路基拌合料运输 全程运输1 000 m 以外　运距1 000 m 以内实际运距(m):6 000		10 m³	91	448.37	40 801.67
14	040202025002	基层养生	1.类型:基层养生;2.方式:洒水车洒水	m²	9 100	2.45	22 295
	DB0175	多合土养生 洒水车洒水		100 m²	91	245.28	22 320.48

续表

序号	编码	项目名称	项目特征	单位	数量	综合单价/元	综合合价/元
15	040203003003	透层	1.材料品种:乳化沥青透层; 2.喷油量:0.7 kg/m²	m²	7 800	2.55	19 890
	DB0200 换	透层油 沥青用量0.8 kg/m² 换为【乳化沥青】		100 m²	78	254.78	19 872.84
16	040203006003	沥青混凝土下面层	1.沥青混凝土种类:碎石沥青混凝土; 2.石料粒径:中粒式; 3.厚度:3 cm; 4.拌和、摊铺方式:厂拌,机械摊铺; 5.运距:6 km	m²	7 800	53.4	416 520
	DB0219	机械炒拌碎石沥青混凝土中粒式LH-20		m³	234	699.11	163 591.74
	DB0232 换	中粒式沥青混凝土路面 机械摊铺(厚度)5 cm 实际厚度(cm):3		100 m²	78	3 227.67	251 758.26
	DB0258 换	热沥青混合物运输 全程运距1 000 m 以外运距1 000 m 以内实际运距(m):6 000		100 m³	2.34	504.36	1 180.2
17	040203003004	粘层	1.材料品种:乳化沥青粘层; 2.喷油量:0.3 kg/m²	m²	7 800	1.26	9 828
	DB0198 换	黏结油 沥青用量0.4 kg/m² 换为【乳化沥青】		100 m²	78	125.71	9 805.38

续表

序号	编码	项目名称	项目特征	单位	数量	综合单价/元	综合合价/元
18	040203006004	沥青混凝土上面层	1. 沥青混凝土种类：碎石沥青混凝土； 2. 石料粒径：细粒式； 3. 厚度：2 cm； 4. 拌和、摊铺方式：厂拌，机械摊铺； 5. 运距：6 km	m²	7 800	39.99	311 922
	DB0220	机械炒拌 碎石沥青混凝土细粒式 LH-10		m³	156	778.33	121 419.48
	DB0236 换	细粒式沥青混凝土路面 机械摊铺（厚度）3 cm 实际厚度(cm)：2		100 m²	78	2 431.64	189 667.92
	DB0258 换	热沥青混合物运输 全程运距 1 000 m 以外 运距 1 000 m 以内实际运距(m)：6 000		100 m³	1.56	504.36	786.8
三、人行道							456 722.5
19	040204001001	人行道整形碾压	1. 部位：人行道整形碾压； 2. 范围：详见设计	m²	6 110	2.85	17 413.5
	DB0303	路肩及人行道整形碾压		100 m²	61.1	285.18	17 424.5
20	040204002001	人行道块料铺设	1. 块料品种、规格：透水砖，30 cm×60 cm×5.5 cm； 2. 基础、垫层：材料品种、厚度：15 cm 砂垫层，1：3 水泥砂浆粘贴	m²	6 110	71.9	439 309
	DB0304	砂垫层		10 m³	91.65	1 643.34	150 612.11

续表

序号	编码	项目名称	项目特征	单位	数量	综合单价/元	综合合价/元
	DB0314 换	人行道透水砖水泥砂浆粘贴换为【水泥砂浆(特细砂)1:3】		100 m²	61.1	4 725.44	288 724.38
四、侧石							823 368
21	040204004001	安砌侧石	1. 材料品种、规格:石质,35 cm×20 cm; 2. 基础、垫层:材料品种、厚度:详见设计	m	7 800	105.56	823 368
	DB0321	安砌侧(平、缘)石安砌(H ≤ 25 cm)石质		100 m	78	10 556.11	823 376.58
22	合计						7 347 434.9

道路工程分部分项工程费为 7 347 434.9 元。

【案例 8.2】 某旧路改造工程,其中 K0+000 ~ K0+600 段拆除旧路,采用机械拆除,K0+600 ~ K2+150 段处理方式为路面机械凿毛,整段道路人行道和侧石全部拆除,旧路宽 15 m,沥青路面面层厚 5 cm,基层为水泥稳定碎石层,宽 15.6 m,厚 18 cm;人行道 3 m×2,普通黏土砖平铺;道路两侧设混凝土侧石,试计算:

(1)旧路的拆除工程量;

(2)本旧路拆除工程的分部分项工程费。

【解】 (1)拆除工程的工程量计算见表 8.8。

表 8.8 拆除工程量计算表

序号	项目名称	单位	工程量计算公式	数量
1	拆除沥青混凝土路面	m²	600×15	9 000
2	拆除水泥稳定碎石基层	m²	600×15.6	9 360
3	路面机械凿毛	m²	1 550×15	23 250
4	拆除人行道黏土砖	m²	2 150×3×2	12 900
5	拆除混凝土侧石	m	2 150×2	4 300

(2)本旧路拆除工程分部分项工程项目计价表,见表 8.9。

表 8.9　拆除工程分部分项工程项目计价表

序号	编码	项目名称	项目特征	单位	数量	综合单价/元	综合合价/元
1	041001001001	拆除路面	1. 材质:沥青路面; 2. 厚度:5 cm; 3. 拆除方式:机械	m²	9 000	8.01	72 090
	DG0003	拆除沥青类路面　小型机械拆除(厚度)10 cm 以内		100 m²	90	801.04	72 093.6
2	041001003001	拆除基层	1. 材质:水泥稳定碎石层; 2. 厚度:18 cm; 3. 部位:路面基层; 4. 拆除方式:机械	m²	9 360	12.82	119 995.2
	DG0031	拆除基层小型机械拆除　水泥稳定层(厚度)20 cm 内		100 m²	93.6	1 281.64	119 961.5
3	041001004001	铣刨路面	1. 材质:沥青路面; 2. 结构形式:路面凿毛; 3. 厚度:5 cm; 4. 拆除方式:机械	m²	23 250	4.59	106 717.5
	DG0035	路面凿毛沥青混凝土小型机械		100 m²	232.5	458.71	106 650.08
4	041001002001	拆除人行道	1. 材质:普通黏土砖; 2. 厚度:综合; 3. 拆除方式:人工	m²	12 900	3.45	44 505
	DG0013	拆除人行道人工拆除透水砖		100 m²	129	345.14	44 523.06
5	041001005001	拆除侧石	材质:混凝土	m	4 300	4.56	19 608
	DG0046	拆除侧、平(缘)石　侧石混凝土		100 m	43	455.59	19 590.37
合计							362 915.7

本旧路拆除工程的分部分项工程费为 362 915.7 元。

【案例 8.3】　某道路工程,道路结构尺寸,如图 8.11、图 8.12 所示,水泥混凝土路面采用塑料膜养生,人行道砖为 25 cm×25 cm×6 cm 混凝土砖,侧石高度为 33 cm,三渣基层:石灰:粉煤灰:碎石=10:20:70。试计算:道路工程工程量及分部分项工程费。

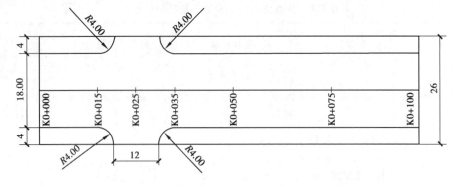

图 8.11　水泥混凝土道路工程平面图(单位:m)

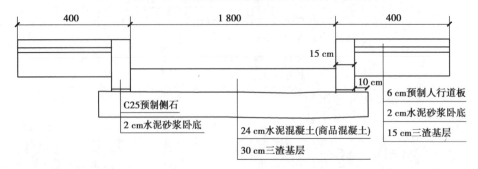

(a)路面结构图(单位:m)

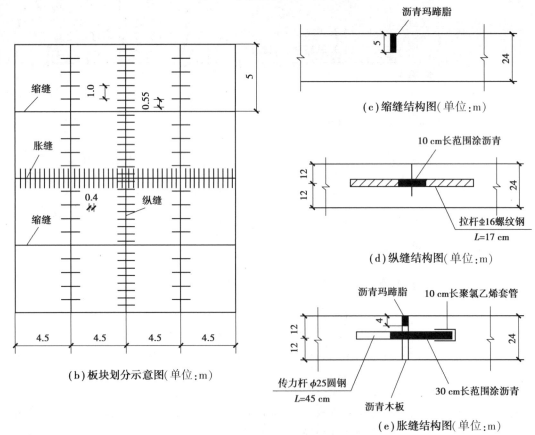

(b)板块划分示意图(单位:m)

(c)缩缝结构图(单位:m)

(d)纵缝结构图(单位:m)

(e)胀缝结构图(单位:m)

图 8.12　水泥混凝土道路工程图

【解】　(1)根据已知条件和设计图,计算道路工程量见表8.10。

表8.10　道路工程量计算表

序号	项目名称		单位	工程量计算公式	数量
一、车行道					
1	路床碾压		m²	$(18+0.25\times2)\times100+(12+0.25\times2)\times$ $(4-0.25)\times2+\left[(4-0.25)^2-\dfrac{\pi\times(4-0.25)^2}{4}\right]\times4$	1 955.82
2	30 cm 三渣基层		m²	$(18+0.25\times2)\times100+(12+0.25\times2)\times$ $(4-0.25)\times2+\left[(4-0.25)^2-\dfrac{\pi\times(4-0.25)^2}{4}\right]\times4$	1 955.82
3	24 cm 水泥混凝土路面、养生		m²	$18\times100+12\times4\times2+\left(4^2-\dfrac{\pi\times4^2}{4}\right)\times4$	1 909.73
4	缩缝锯缝		m	$\left(\dfrac{100}{5}-1-1\right)\times18$	324
5	缩缝填缝料沥青玛蹄脂		m	$\left(\dfrac{100}{5}-1-1\right)\times18\times0.05$	16.2
6	纵缝拉杆	个数	个	$\left(\dfrac{100}{0.55}-1\right)+\left(\dfrac{100}{1}-1\right)\times2$	379
		制安	t	$397\times0.17\times1.58\times0.001$	0.102
7	胀缝传力杆	个数	个	$\dfrac{18}{0.4}-1$	44
		制安	t	$44\times0.45\times3.85\times0.001$	0.076
8	胀缝填缝料沥青玛蹄脂		m²	0.04×18	0.72
9	胀缝沥青木板		m²	$(0.24-0.04)\times18$	3.6
二、人行道					
10	人行道整形碾压		m²	$(4-0.15)\times(100-12-4\times2)\times2+\pi\times(4-0.15)^2$	662.57
11	15 cm 三渣基层		m²	$(4-0.15)\times(100-12-4\times2)\times2+\pi\times(4-0.15)^2$	662.57
12	预制人行道板铺装		m²	$(4-0.15)\times(100-12-4\times2)\times2+\pi\times(4-0.15)^2$	662.57
三、侧石					

续表

序号	项目名称	单位	工程量计算公式	数量
13	侧石安砌	m	$[(100-12-4×2)+π×4]×2$	185.13

（2）本道路工程分部分项工程项目计价表见表8.11。

表8.11　道路工程分部分项工程项目计价表

序号	编码	项目名称	项目特征	单位	数量	综合单价/元	综合合价/元
1	040202001001	路床（槽）整形	1.部位:车行道路床碾压; 2.范围:详见设计	m²	1 955.82	4.54	8 879.42
	DB0111	路床碾压		100 m²	19.558 2	453.58	8 871.21
2	040202014001	粉煤灰三渣	1.配合比:石灰:粉煤灰:碎石=10:20:70; 2.厚度:30 cm	m²	1 955.82	110.44	216 000.76
	DB0130 换	拌和机拌和 石灰:粉煤灰:碎石=10:20:70（厚度）20 cm 实际厚度(cm):30		100 m²	19.558 2	11 044.26	216 005.85
	DB0177	路基拌合料运输全程运输200 m以内 运距50 m内		10 m³	58.674 6	337.89	19 825.56
3	040203007001	水泥混凝土	1.混凝土强度等级:商品混凝土; 2.厚度:24 cm; 3.嵌缝材料:沥青玛蹄脂; 4.纵缝:拉杆B16螺丝钢L=17 cm; 5.胀缝:传力杆φ25圆钢L=45 cm,沥青木板,沥青玛蹄脂填缝; 6.养生:塑料膜	m²	1 909.73	86.09	164 408.66
	DB0261 换	混凝土路面设计厚度20 cm商品混凝土 实际厚度(cm):24		100 m²	19.097 3	7 938.25	151 599.14

续表

序号	编码	项目名称	项目特征	单位	数量	综合单价 /元	综合合价 /元
	DB0264 换	混凝土路面设计厚度模板 20 cm 实际厚度(cm):24		100 m²	0.444 3	563.93	250.55
	DB0275	伸缩缝　锯缝机锯缝		10 m	32.4	139.04	4 504.9
	DB0270	人工切缝　缩缝沥青玛蹄脂		10 m²	1.62	939.12	1 521.37
	DF0033	拉杆直径(mm) ϕ20 以内		t	0.102	15 266.72	1 557.21
	DB0266	活动式圆钢胀缝传力杆　规格(mm)ϕ25×500		100 根	0.44	1 714.58	754.42
	DB0272	人工切缝　伸缝沥青玛蹄脂		10 m²	0.072	1 204.2	86.7
	DB0273	人工切缝　伸缝沥青木板		10 m²	0.36	1 420.43	511.35
	DB0278	水泥混凝土路面养生塑料膜		100 m²	19.097 3	189.58	3 620.47
4	040204001001	人行道整形碾压	1. 部位:人行道整形碾压; 2. 范围:详见设计	m²	662.57	2.85	1 888.32
	DB0303	路肩及人行道整形碾压		100 m²	6.625 7	285.18	1 889.52
5	040202014002	粉煤灰三渣	1. 配合比:石灰:粉煤灰:碎石=10:20:70; 2. 厚度:15 cm	m²	662.57	54.27	35 957.67
	DB0130 换	拌和机拌和　石灰:粉煤灰:碎石=10:20:70(厚度)20 cm 实际厚度(cm):15		100 m²	6.625 7	5 426.94	35 957.28

续表

序号	编码	项目名称	项目特征	单位	数量	综合单价/元	综合合价/元
6	040204002001	人行道块料铺设	1.块料品种、规格:25 cm×25 cm×6 cm混凝土砖C25; 2.基础、垫层:材料品种、厚度:2 cm水泥砂浆卧底	m²	662.57	76.05	50 388.45
	DB0312	人行道方块 水泥砂浆粘贴		100 m²	6.625 7	7 605.49	50 391.7
7	040204004001	安砌侧(平、缘)石	1.材料品种、规格:C25预制侧石; 2.基础、垫层:材料品种、厚度:2 cm水泥砂浆卧底	m	185.13	35.92	6 649.87
	DB0325	安砌侧(平、缘)石 安砌(H≥25 cm)混凝土		100 m	1.851 3	3 592.47	6 650.74
8	合计						504 005.17

道路工程的分部分项工程费为504 005.17元。

思考题

1.简述城市道路的构造层次。

2.常见的地基处理方法有哪些?

3.道路基层包含哪些内容,如何计算工程量?

4.透层、封层、粘层有何区别,如何计算工程量?

5.沥青混凝土需要描述的清单项目特征有哪些?

6.试套取【例8.5】相关项目的定额。

第9章 桥涵工程工程量清单组价

9.1 桥涵工程预算定额说明

《重庆市市政工程计价定额》(CQSZDE—2018)第三章桥涵工程计价定额包括桩基工程、基坑与边坡支护、现浇混凝土构件、预制混凝土构件、砌筑、立交箱涵、钢结构、装饰及其他。本章内容较多,受篇幅所限,此处不能全面介绍,只能选取重点介绍主要内容和工程量计算规则。为了系统而全面地理解桥涵工程章节的定额,建议与《重庆市市政工程计价定额》(CQSZDE—2018)结合学习,尤其注意该章节与第7章市政通用工程中的钢筋工程和措施项目结合起来学习,以更好地掌握知识点。

9.1.1 桥涵工程一般说明

①本章定额中混凝土均采用预拌混凝土,采用现场搅拌混凝土时,执行以下原则:

a. 混凝土搅拌:在预拌混凝土子目基础上人工增加0.80工日/m³;混凝土搅拌机(400 L)增加0.052台班/m³。

b. 水平运输:执行"道路工程"章节中相应定额。

c. 混凝土输送及泵管安拆:执行"措施项目"章节中相应定额。

②混凝土构件均按现场预制考虑,除小型构件(单件体积在0.05 m³以内的各类构件)安装定额包含150 m运输外,其他构件均未包括构件运输,发生时另行计算。

③原槽浇筑混凝土(含无护壁的挖孔桩)基础,不计算模板费用,按设计断面每边增加20 mm计算。

④本章现浇混凝土模板定额项目均未包括支架系统,支架系统应执行"措施项目"章节中相应定额。

⑤本章未包括各类操作脚手架项目,如需搭设,执行"脚手架工程"章节中相应定额。

⑥定额中均未包括预埋铁件,如设计要求预埋铁件时,执行"钢筋工程"章节中相应定额。

9.1.2 桩基工程

(1)定额说明

①人工挖孔桩的挖土石方项目无论采用何种施工方法,均不作调整。

②人工挖孔桩的挖土石方项目未考虑边排水边施工的工效损失,如遇边排水边施工时,抽水机台班和排水用工按实签证,挖孔人工按相应挖孔桩土方子目人工乘以系数1.3,石方子目人工乘以系数1.2。

③人工挖孔桩挖土方如遇流砂、淤泥,应根据双方签证的实际数量,按相应深度土方子目乘以系数1.5。

④人工挖孔桩当上层土方深度超过3 m时,下层石方按表9.1增加工日。

表9.1　人工挖孔桩工日增加调整参考表

单位:100 m³

土方深度(m以内)	10	12	16	20	24	28
增加工日	1.76	2.21	2.98	3.86	4.74	5.62

⑤钻孔灌注混凝土桩钻孔时,出现大体积的垮塌、流砂、钢筋混凝土块等无法成孔的施工情况采取的各项施工措施所发生的费用,另行计算。

⑥钻孔灌注混凝土桩项目中未包括泥浆池的工料,发生时另行计算。

⑦成孔定额按孔径、深度和土岩类别划分项目,超过定额使用范围时,另行计算。

a.按成孔方式分为回旋钻机钻孔、冲击钻机钻孔、卷扬机带冲击锥冲孔、旋挖桩等四种形式。

b.钻孔定额中将土岩类别分为土、砂砾石、软质岩和较硬岩。

c.成孔深度(孔深):

陆上:成孔深度=自然地面标高-设计桩底标高

水上:成孔深度=水平面标高-设计桩底标高-水深

⑧机械钻孔灌注桩混凝土是按导管倾注水下混凝土考虑,已综合考虑堵管混凝土损失及桩扩孔混凝土的充盈量。

⑨定额中未包括钻机进出场、废泥浆处理及外运费用。

⑩定额中未含桩基础的承载力检测、桩身完整性检测。

⑪钢护筒定额中,钢护筒按摊销量计算。若在深水作业,钢护筒无法拔出时,经签证后,按钢护筒实际用量(或参考表9.2质量)减去定额数量一次增列计算,但该部分不得计取除税金外的其他费用。

表9.2　钢护筒每米质量参考表

桩径/mm	800	1 000	1 200	1 500	2 000
每米护筒质量/kg	155.06	184.87	285.93	345.09	554.6

注意:渝建价发〔2019〕16号文"关于颁发2018年重庆市建设工程计价定额综合解释的通知"中提到:旋挖成孔灌注桩定额项目已经包含了定位、固定孔口的钢护筒埋设,钢护筒摊销费用已包含在其他材料费中。

【例9.1】　埋设钻孔灌注桩钢护筒,桩径1 000 m,水上作业(钢护筒不拔出),试计算钢护筒埋设定额单价为多少? (假设钢护筒单价为6 000元/t)

【解】　查定额表DH0017,每10 m钢护筒定额综合单价为2 354.76元,钢护筒消耗量为0.026 t,预算单价为3 794.87元/10 m,则水上埋设钢护筒定额单价为:

2 354.76+184.87×10÷1 000×6 000-0.026×3 794.87=13 348.29(元/10 m)

（2）工程量计算规则

①挖孔桩土石方按设计图示尺寸（含护壁）截面积乘以挖孔深度以"m³"计算。

②人工挖孔桩混凝土按桩芯混凝土体积以"m³"计算。原槽浇筑时桩芯混凝土按设计断面每边增加 20 mm 计算。

③钻孔灌注混凝土桩钻孔工程量按设计图示入土桩长（包括桩尖）以"m"计算。若同一钻孔内有土层和岩层时，应分别计算其长度。

④旋挖桩土石方按设计图示入土桩长乘以截面积以"m³"计算。

⑤旋挖钻孔桩混凝土按设计截面积乘以桩长另加 300 mm 以"m³"计算，其他机械钻孔桩混凝土按设计截面积乘以桩长另加 600 mm 以"m³"计算。

⑥钻孔灌注混凝土桩的泥浆运输工程量按实际体积以"m³"计算。

⑦声测管长度按设计桩长另加 900 mm 计算。

【例9.2】　某陆上钻孔灌注桩基础，回旋钻机钻孔。需打 ϕ1 500 mm 钻孔灌注桩 50 根，设计桩长 30 m（定额孔深亦按 30 m 考虑），钻孔经历土层为中风化砂质泥岩。护筒埋设深度按 2 m 考虑，护壁泥浆采用施工现场制备，废料运输至施工场地 3 km 外弃置处理，桩身采用 C25 导管法灌注水下混凝土。

问：完成以上钻孔灌注桩工程需要套用哪些定额？并计算定额工程量，必要时列出详细计算式或附必要的文字说明。

【解】　某陆上钻孔灌注桩定额见表9.3。

表 9.3　某陆上钻孔灌注桩定额列项表

序号	定额表号	定额子目名称	定额单位	定额工程量	定额调整情况
		陆上钻孔灌注桩基础			
1	DH0014	埋设钢护筒（陆上）ϕ≤1500	10 m	10	
2	DC0053	回旋钻机钻孔 ϕ≤1 500 mm H≤40 m 软质岩	10 m	150	
3	DC0151	泥浆制作	10 m³	529.9	
4	DC0152	泥浆运输　基本运距 1 km 以内	10 m³	264.9	
5	DC0153	泥浆运输　每增运 1 km	10 m³	264.9	定额×2
6	DC0157	钻孔桩混凝土回旋（旋挖）钻机成孔商品混凝土	10 m³	270.2	
7	DC0161	截桩头　凿除桩顶钢筋混凝土灌注桩	10 m³	5.3	

（1）埋设钢护筒：2×50＝100（m）。

（2）钻孔桩成孔：30×50＝1 500（m）。

（3）泥浆制作：工程量（为成孔体积的两倍）＝3.14×1.5²÷4×30×50×2＝5 299（m³）。

（4）泥浆运输：工程量（为成孔体积）＝3.14×1.5²÷4×30×50＝2 649（m³）。

（5）钻孔桩混凝土：需要考虑超灌，设计未明确时，超灌量按设计桩长加 600 mm 考虑＝3.14×1.5²÷4×（30+0.6）×50＝2 702（m³）。

（6）截桩头：凿除桩顶超灌部分＝3.14×1.5²÷4×0.6×50＝53（m³）。

9.1.3 基坑与边坡支护工程

（1）定额说明

①基坑与边坡支护工程未编制《市政工程工程量计算规范》（GB 50857—2013）中040302001 圆木桩、040302002 预制钢筋混凝土板桩、040302003 地下连续墙、040302004 咬合灌注桩、040302005 型钢水泥土搅拌墙对应的定额项目，如发生时，参照《市政工程消耗量定额》（ZYA1-31—2015）编制一次性补充定额。

②钻孔锚杆（索）土层项目中已考虑了土层塌孔采用水泥砂浆护壁的工料，不另行计算。

③钻孔锚杆（索）的单位工程量小于 500 m 时，其相应定额项目人工、机械乘以系数 1.1。

④钻孔锚杆（索）单孔深度大于 20 m 时，其人工、机械乘以系数 1.2；深度大于 30 m 时，其人工、机械乘以系数 1.3。

⑤钻孔锚杆（索）土层与岩层孔壁出现裂隙、空洞等严重漏浆情况，采取补救措施的费用按实计算。

⑥钻孔锚杆（索）的砂浆配合比设计规定与定额不同时，允许换算。

⑦预应力锚杆的锚具安装执行锚具安装定额项目时，应扣除定额中导向帽、承压板、压板的耗量。

⑧钻孔锚杆作抗拔实验的费用另行计算。

⑨喷射混凝土工程需要进行边坡修整时，按土石方工程中相应定额子目乘以系数 0.7。

⑩护坡砂浆土钉定额按钢筋 $\phi22$ mm 编制，设计与定额不同时，允许调整。

⑪当喷射混凝土的坡面与地面夹角大于 60°时，执行垂直面喷射混凝土定额；当喷射混凝土的坡面与地面夹角在 60°以内时，执行斜面喷射混凝土定额。

（2）工程量计算规则

①锚杆（索）钻孔根据设计要求按实际钻孔土层和岩层深度以"延长米"计算。

②当设计图示中已明确锚固长度时，锚索按设计图示长度以"t"计算；若设计图示中未明确锚固长度时，锚索按设计图示长度另加 1 000 mm 以"t"计算。

③非预应力锚杆根据设计要求按实际锚固长度（包括至护坡内的长度）以"t"计算。当设计图示中已明确预应力锚杆的锚固长度时，预应力锚杆按设计图示长度以"t"计算；若设计图示中未明确预应力锚杆的锚固长度时，预应力锚杆按设计图示长度另加 600 mm 以"t"计算。锚杆构造如图 9.1 所示。

④锚具安装按设计图示数量以"套"计算。

⑤锚孔注浆土层按设计图示孔径加 20 mm 充盈量以"m³"计算，岩层按设计图示孔径以"m³"计算。

⑥修整边坡按经批准的施工组织设计中明确的垂直投影面积以"m²"计算。

⑦土钉按设计图示尺寸以钻孔深度计算。

⑧喷射混凝土按设计图示尺寸以"m²"计算。

【例 9.3】 某市政边坡防护工程采用预应力锚杆支护，锚杆支护断面布置图和平面布置图如图 9.2 所示（图中单位为 cm）。假设整个边坡支护面积为 7 200 m²，其中边坡长边尺寸和短边尺寸分别为 90 m 和 80 m。每根锚杆直径为 20 mm，每根锚杆自由端、锚固段、外锚段总长为 15 m。请根据《重庆市市政工程计价定额》（CQSZDE—2018）有关规定计算该工程锚杆的定额工程量。

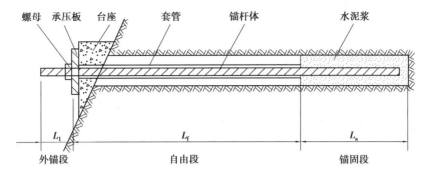

图 9.1 锚杆构造示意图

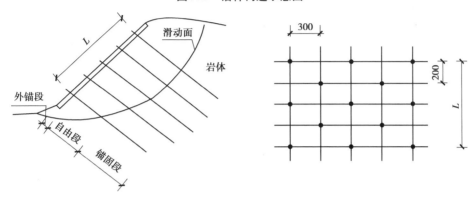

图 9.2 锚杆支护示意图

【解】 (1)奇数排锚杆根数=[90÷(3×2)+1](向下取整)×[80÷(2×2)+1](向下取整)=336(根)。

(2)偶数排锚杆根数=[(90-3)÷(3×2)+1)](五舍六入)×[(80-2)÷(2×2)+1](五舍六入)=336(根)。

(3)锚杆总根数=336+336=672(根)。

锚杆工程量=336×(15+0.6)×0.006 165×20×20=12 925.79(kg)=12.926(t)。

由以上例题知,可总结出梅花形布置锚杆根数计算式:

假设护坡面长、短边尺寸为 x,y,长边方向布置间距为 a,短边方向布置间距为 b,则锚杆布置根数=$(x÷a+1)$(向下取整)×$(y÷b+1)$(向下取整)+$[(x-0.5a)÷a+1]$(五舍六入)×$[(y-0.5b)÷b+1]$(五舍六入)。

9.1.4 现浇混凝土构件工程

(1)定额说明

①现浇混凝土构件工程未编制《市政工程工程量计算规范》(GB 50857—2013)中040302017 混凝土楼梯、040302023 混凝土连系梁对应的定额项目,如发生时,参照其他章节定额项目执行;如果其他章节无相应项目,则参照《市政工程消耗量定额》(ZYA1-31—2015)编制一次性补充定额。

②混凝土基础厚度在 300 mm 以内的执行垫层项目。

③混凝土基础厚度在 300 mm 以上按相应基础项目执行。

④混凝土墙帽与混凝土墙同时浇筑时,工程量合并在混凝土墙内计算。

⑤现浇弧形混凝土挡墙,按混凝土挡墙项目人工乘以系数1.2,模板乘以系数1.4。

⑥现浇混凝土挡墙定额子目适用于重力式挡墙(含仰斜式挡墙)、衡重式挡墙。

⑦桩板混凝土挡墙定额子目按以下原则执行:

a. 当桩板混凝土挡墙的桩全部埋于地下或部分埋于地下时,埋于地下部分的桩按桩基工程相应定额子目执行;外露于地面部分的桩、板按薄壁混凝土挡墙定额项目执行。

b. 当桩板混凝土挡墙的桩全部外露于地面时,桩、板按薄壁混凝土挡墙定额执行。桩板挡墙如图9.3所示。

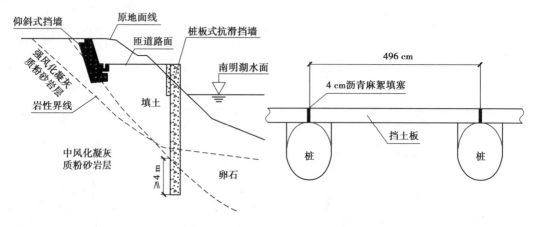

图9.3　桩板式挡土墙示意图

⑧上述挡墙类型主要指重力式挡墙(含仰斜式挡墙)、衡重式挡墙、悬壁式及扶臂式挡墙以外的其他类型的混凝土挡墙厚度在300 mm以内时,执行薄壁混凝土挡墙定额项目。

⑨大体积混凝土采用埋设冷却管降低混凝土水化热,冷却管按设计要求计算工程量;设计无要求时,按经批准的施工组织设计计算工程量。

⑩橡胶沥青混凝土仅适用于钢桥桥面铺装。

⑪墩台高度为基础顶、承台顶或系梁底到盖梁顶、墩台帽顶或0号块件底的高度。

⑫索塔高度为基础顶、承台顶或系梁底到索塔顶的高度。当塔墩固结时,工程量应为基础顶面或承台顶面以上至塔顶的全部数量;当塔墩分离时,工程量应为桥面顶部以上至塔顶的数量,桥面顶部以下部分的数量按墩台定额执行。

⑬定额中块(片)石混凝土中的块(片)石含量按15%计算,如设计不同可以进行换算,但人工、机械不作调整。

⑭定额中模板按复合木板考虑编制,实际采用定型钢模时,可套用定型钢模子目。

⑮钢纤维混凝土中的钢纤维含量,如设计含量不同时可以相应调整。

⑯定型钢模板数量包括配件在内,接缝的橡胶板费用已摊入定型钢模板单价中。

⑰定额中未包括提升模架费用,需要时,执行"措施项目"章节中相应定额。

(2)工程量计算规则

①混凝土垫层按设计图示尺寸以"m³"计算。

②混凝土基础:

a. 混凝土基础按设计图示尺寸以"m³"计算。

b. 原槽(坑)浇灌混凝土基础,混凝土工程量按设计周边(长、宽)尺寸每边增加20 mm计算。

③混凝土挡墙墙身：

a.混凝土挡墙墙身按设计图示尺寸以"m³"计算。

b.混凝土挡土墙、块(片)石混凝土挡土墙、薄壁混凝土挡墙单面支模时，其混凝土工程量按设计断面厚度增加50 mm充盈量计算。

④伸缩缝按设计图示长度以"延长米"计算。

⑤变形缝按设计图示面积以"m²"计算。

⑥混凝土挡墙压顶按设计图示尺寸以"m³"计算。

⑦现浇混凝土的工程量按设计尺寸实体积以"m³"计算(不包括空心板、梁的空心体积)，不扣除钢筋、铁丝、铁件、预留压浆孔道和螺栓所占体积。

⑧模板工程量按模板接触混凝土的面积计算。

⑨现浇混凝土墙、板等单孔面积在0.3 m²以内的孔洞体积不予扣除，洞侧壁模板面积亦不再计算；单孔面积在0.3 m²以上时应予扣除，洞侧壁模板面积并入墙、板模板工程量之内计算。不扣除构件内钢筋、螺栓、预埋铁件、张拉孔道所占体积，但应扣除型钢混凝土构件中型钢所占体积。

(3)计算实例

桥涵工程中现浇混凝土工程较多，有现浇混凝土垫层、基础、墩(台)帽、墩(台)身等，其中桥台的计算较为复杂。在这里，以桥台(U形桥台)混凝土工程量的计算为例进行讲解。

长方体体积：

$$V_1 = ABH \tag{9.1}$$

截头方锥体体积：

$$V_2 = \frac{H}{3}(a_1b_1 + a_2b_2 + \sqrt{a_1b_1a_2b_2})$$

或

$$V_2 = \frac{H}{6}[a_1b_1 + a_2b_2 + (a_1 + a_2)(b_1 + b_2)] \tag{9.2}$$

台帽处长方体体积：

$$V_3 = Ab_3h_1 \tag{9.3}$$

U形桥台体积：

$$V = V_1 - V_2 - V_3 \tag{9.4}$$

【例9.4】　某U形桥台，现场浇筑施工如图9.4所示，已知：$H=5$ m，$B=4$ m，$A=10$ m，$a_1=7$，$a_2=5$，$b_1=2$ m，$b_2=1$ m，$h_1=0.5$ m，$b_3=1$ m，求该桥台混凝土工程量。

【解】　(1)长方体体积：$V_1 = ABH = 10×4×5 = 200(\text{m}^3)$。

(2)截头方锥体体积：$V_2 = \dfrac{H}{3}(a_1b_1 + a_2b_2 + \sqrt{a_1b_1a_2b_2}) = \dfrac{4}{3}(7×2 + 5×1 + \sqrt{7×2×5×1}) = 36.49(\text{m}^3)$。

或

$$V_2 = \frac{H}{6}[a_1b_1 + a_2b_2 + (a_1 + a_2)×(b_1 + b_2)]$$

$$= \frac{4}{6}[7×2 + 5×1 + (7+5)×(2+1)] = 36.67(\text{m}^3)。$$

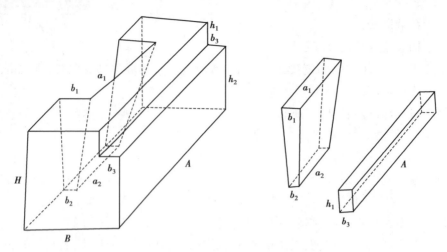

图 9.4　U 形桥台计算示意图

（3）台帽处长方体体积：$V_3 = Ab_3h_1 = 10 \times 1 \times 0.5 = 5.00(\mathrm{m}^3)$。

U 形桥台体积：$V = V_1 - V_2 - V_3 = 200 - 36.49(或 36.67) - 5.00 = 158.51(或 158.33)(\mathrm{m}^3)$。

由以上例题可以看出，截头方锥体积计算中，两种公式均可采用且二者误差甚小，读者可根据自身习惯或需要选择其一。

【例 9.5】　某钢筋混凝土 U 形桥台，基础长 13.6 m，宽 5.1 m，基础底板厚 0.3 m，如图 9.5 所示。计算该桥台混凝土、模板工程量。

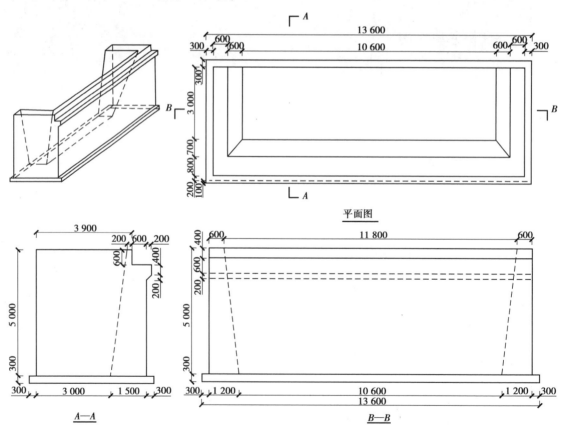

图 9.5　某钢筋混凝土 U 形桥台设计图纸

【解】

(1)基础工程量

①混凝土工程量:$5.1 \times 13.6 \times 0.3 = 20.81(\mathrm{m}^3)$。

②模板工程量:$(5.1+13.6) \times 2 \times 0.3 = 11.22(\mathrm{m}^3)$。

(2)桥台工程量

①混凝土工程量:

长方体体积:$V_1 = 13.6 \times 5.1 \times 5 = 346.80(\mathrm{m}^3)$。

截头方锥体积:$V_2 = \dfrac{5}{3} \times (3 \times 10.6 + 3.7 \times 11.8 + \sqrt{3 \times 10.6 \times 3.7 \times 11.8}) = 187.87(\mathrm{m}^3)$。

台帽处体积:$V_3 = 0.6 \times 0.6 \times 13 = 4.68(\mathrm{m}^3)$。

突出部分增加体积:$V_4 = (0.2 \times 0.4 + 0.2 \times 0.2 \div 2) \times 13 = 1.30(\mathrm{m}^3)$。

桥台混凝土工程量:$V = V_1 - V_2 - V_3 + V_4 = 346.80 - 187.87 - 4.68 + 1.30 = 155.55(\mathrm{m}^3)$。

②模板工程量:桥台模板工程量如图9.6所示,按照模板与混凝土接触面积计算。

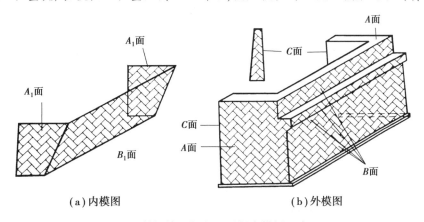

(a)内模图　　　　**(b)外模图**

图9.6　某钢筋混凝土 U 形桥台模板示意图

A 面:$(4.5 \times 5 - 0.6 \times 0.6 + 0.2 \times 0.4 + 0.2 \times 0.2 \div 2) \times 2 = 44.48(\mathrm{m}^2)$。

A_1 面:$[(3.7+3) \div 2 \times \sqrt{5^2+0.6^2}] \times 2 = 33.74(\mathrm{m}^2)$。

B 面:$(5 - 0.2 + \sqrt{0.2 + 0.2^2}) \times 13 = 66.08(\mathrm{m}^2)$。

B_1 面:$(10.6+11.8) \div 2 \times \sqrt{5^2+0.7^2} = 56.55(\mathrm{m}^2)$。

C 面:$(1.2+0.6) \div 2 \times 5 \times 2 = 9.00(\mathrm{m}^2)$。

桥台模板工程量:$S = A + A_1 + B + B_1 + C = 44.48 + 33.74 + 66.08 + 56.55 + 9.00 = 209.85(\mathrm{m}^2)$。

9.1.5　预制混凝土构件工程

(1)定额说明

①预制混凝土构件工程未编制《市政工程工程量计算规范》(GB 50857—2013)中040304004 预制混凝土挡墙墙身对应的定额项目,如发生时,参照其他章节定额项目执行;如果其他章节无相应项目,则参照《市政工程消耗量定额》(ZYA1-31—2015)编制一次性补充定额。

②预制混凝土构件安装按陆上安装考虑,水上安装需考虑船上吊装时,相应船只费用另行计算。

　　③安装金属支座的工程数量是指半成品钢板的质量(包括底板、齿板、垫板、辊轴等),但锚栓、梁上的钢筋网、铁件等均以材料数量综合在定额内。

　　④预应力桁架梁预制套用桁架拱拱片子目,构件安装执行板拱项目,人工、机械乘以系数1.2。

　　⑤构件运输:

　　a.混凝土小型构件是指单件体积在 0.04 m³ 以内的各类小型构件。构件运输是指预制加工场地中心至施工现场堆放使用中心距离超出 150 m 的运输。

　　b.机械运输构件已考虑了支架的摊销费,不另行计算。

　　c.机械运输构件按表9.4中的分类执行相应定额。

表9.4　预制构件分类

构件分类	构件名称
Ⅰ类	双曲拱构件、人行道板、栏杆等小型构件
Ⅱ类	9 m 以下的柱、梁、板梁、板拱、矩形板、空心板
Ⅲ类	9 m 以上的柱、梁、板梁、板拱、矩形板、空心板

　　(2)工程量计算规则

　　①混凝土工程量计算:

　　a.预制空心构件按设计图尺寸扣除空心体积,以"m³"计算。空心板梁的堵头板体积不计入工程量内,其消耗量已在定额中考虑。

　　b.预制空心板梁,凡采用橡胶囊做内模的,考虑其压缩变形因素,可增加混凝土量,当梁长在 16 m 以内时,可按设计计算体积增加7%;若梁长大于 16 m 时,则增加9%计算。若设计图已注明考虑橡胶囊变形时,不得再增加计算。

　　c.预应力混凝土构件的封锚混凝土数量并入构件混凝土工程数量计算。

　　②模板工程量计算:

　　模板工程量根据相应混凝土工程量按"m³"计算。

　　③安装工程量计算:

　　本节定额安装预制构件以"m³"为计量单位,均按构件混凝土实体积(不包含空心部分)计算。定额中已包含各种损耗,不应另计安装损耗量。

　　④构件运输均以构件制作实体积计算。

　　【例9.6】　某桥梁工程上部结构采用预制钢筋混凝土空心板梁,采用橡胶囊做内模,混凝土强度等级为C30,板厚48 cm,板长8.96 m,封锚混凝土强度等级为C25,锚头厚度为25 cm。横向采用8块板梁,中板梁和边板梁构造形式及细部尺寸如图9.7所示,求中板梁和边板梁的混凝土工程量。

　　【解】　(1)中板梁

　　中板梁工程量 $=[1.58×0.48-3.14×0.14^2×4-(0.24+0.32)÷2×0.04×2-(0.04+0.08)÷2×0.08×2]×8.96×6×(1+0.07)=27.62(m^3)$

　　中板梁封锚工程量 $=3.14×0.14^2×0.25×4×2×6=0.74(m^3)$

（2）边板梁（图 9.7）

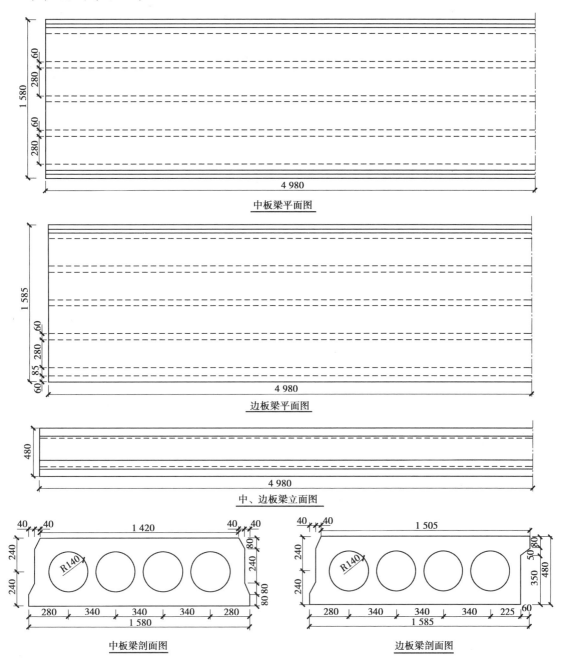

中板梁平面图

边板梁平面图

中、边板梁立面图

中板梁剖面图

边板梁剖面图

图 9.7　某预制钢筋混凝土板梁图（平面图和立面图均为桥梁的一半）

边板梁工程量 =［1.585×0.48−3.14×0.14^2×4−（0.24+0.32）÷2×0.04−（0.04+0.08）÷2× 0.08−（0.35+0.4）÷2×0.06］×8.96×2×（1+0.07）= 9.13（m^3）

边板梁封锚工程量 =3.14×0.14^2×0.25×4×2×2 =0.25（m^3）

9.1.6　砌筑工程

（1）定额说明

①石表面加工定额项目适用于设计规定石砌体露面部分的粗（细）加工。毛条石打平天地

座及照口扁钻缝的用工已包括在定额中,不另行计算。

②砌体定额项目已包括原浆勾缝的,如需加浆勾缝时,另按本章相应定额子目执行。

③砌筑拱圈项目不包括拱盔和支架,应执行"措施项目"章节相应定额项目。

④现浇弧形格构混凝土护坡,执行格构混凝土护坡定额项目,人工乘以系数1.2,模板乘以系数1.4,其余不变。

(2)工程量计算规则

①垫层按设计图示尺寸以"m³"计算。

②干砌块料按设计图示尺寸以"m³"计算。

③浆砌块料:

a.浆砌块料按设计图示尺寸以"m³"计算。

b.石踏步、石梯带砌体以"延长米"计算,石平台砌体以"m²"计算。踏步、梯带平台的隐蔽部分以"m³"计算,套用相关基础定额子目。石台阶构造如图9.8所示。

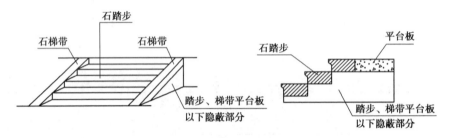

图9.8 石台阶及构造示意图

c.石台阶按设计图示尺寸以"m³"计算。

d.石表面加工按加工表面积以"m²"计算。

e.勾缝按设计图示面积以"m²"计算。

④砖砌体按设计图示尺寸以"m³"计算。

⑤护坡:

a.砂石滤沟、滤层按设计图示尺寸以"m³"计算,

b.砌筑块(片)石、预制块护坡、锥坡按设计图示尺寸以"m³"计算。

c.格构混凝土护坡按设计图示尺寸以"m³"计算。

9.1.7 立交箱涵工程

(1)定额说明

①立交箱涵工程未编制《市政工程工程量计算规范》(GB 50857—2013)中040306002滑板、040306006箱涵顶进对应的定额项目,如发生时,参照其他章节定额项目执行;如果其他章节无相应项目,则参照《市政工程消耗量定额》(ZYA1-31—2015)编制一次性补充定额。

②地通道工程执行本章定额时,模板人工消耗量乘以系数1.6。

③箱涵工程现浇混凝土模板按"m²"计算,预制混凝土模板按"m³"计算。

(2)工程量计算规则

箱涵混凝土工程量,不扣除单孔面积0.3 m²以下的预留孔洞体积。

【例9.7】　某市政工程现浇立交箱涵标准横断面如图9.9所示,该箱涵长度为98 m,试根据《重庆市市政工程计价定额》(CQSZDE—2018)相关说明计算该箱涵混凝土及模板工程量。

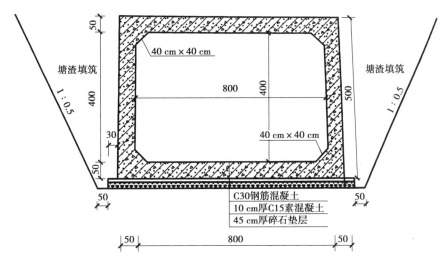

图9.9　立交箱涵标准横断面图(单位:cm)

【解】　(1)混凝土工程量

箱涵底板工程量:9×0.5×98=441.00(m³)

箱涵侧墙工程量:(4×0.5+0.4×0.4÷2×2)×2×98=423.36(m³)

箱涵顶板工程量:9×0.5×98=441.00(m³)

(2)模板工程量

底板下有素混凝土垫层,故底模板工程量为0。

外模板工程量:5×98×2=980.00(m²)

内模板工程量:$[(8-0.4\times2)\times2+(4-0.4\times2)\times2+\sqrt{0.4^2+0.4^2}\times4]\times98=2\,260.15$(m²)

端模板工程量:(9×0.5×2+4×0.5×2+0.4×0.4÷2×2×2)×98=1 305.36(m²)

9.1.8　其他工程

(1)定额说明

①其他工程未编制《市政工程工程量计算规范》(GB 50857—2013)中 040309002 石质栏杆、040309003 混凝土栏杆、040309008 隔声屏障对应的定额项目,如发生时,参照其他章节定额项目执行;如果其他章节无相应项目,则参照《市政工程消耗量定额》(ZYA1-31—2015)编制一次性补充定额。

②金属栏杆项目主材品种、规格与设计不符时,可以换算。

③与四氟板式橡胶支座配套的上下钢板、不锈钢板、锚固螺栓等费用摊入支座价格中计列。

④梳形钢板、钢板、橡胶板及毛勒伸缩缝均按成品考虑。

⑤安装排水管项目已包括集水斗安装工作内容,但集水斗的材料费需按实另行计算。

(2)工程量计算规则

①金属栏杆工程量按设计图纸的主材质量,以"t"为单位计算。

②橡胶支座按支座橡胶板(含四氟)尺寸以体积计算。

9.2 桥涵工程清单工程量计算规则

《市政工程工程量计算规范》(GB 50857—2013)附录 C 桥涵工程中设置了桩基、基坑与边坡支护、现浇混凝土构件、预制混凝土构件、砌筑、立交箱涵、钢结构、装饰以及其他共 9 个小节，本书针对常用的 6 个小节展开清单项目讲解。

9.2.1 桩基

桩基工程量清单项目设置、项目特征描述的内容、计量单位及工程量计算规则，应按表9.5、表9.6的规定执行。

（1）预制桩

表 9.5 桩基（预制桩）（编码：040301）

项目编码	项目名称	项目特征	计量单位	工程量计算规则	工作内容
040301001	预制钢筋混凝土方桩	1. 地层情况； 2. 送桩深度、桩长； 3. 桩截面； 4. 桩倾斜度； 5. 混凝土强度等级	1. m 2. m³ 3. 根	1. 以米计量，按设计图示尺寸以桩长（包括桩尖）计算； 2. 以立方米计量，按设计图示桩长（包括桩尖）乘以桩的断面积计算； 3. 以根计量，按设计图示数量计算	1. 工作平台搭拆； 2. 桩就位； 3. 桩机移位； 4. 沉桩； 5. 接桩； 6. 送桩
040301002	预制钢筋混凝土管桩	1. 地层情况； 2. 送桩深度、桩长； 3. 桩外径、壁厚； 4. 桩倾斜度； 5. 桩尖设置及类型； 6. 混凝土强度等级； 7. 填充材料种类			1. 工作平台搭拆； 2. 桩就位； 3. 桩机移位； 4. 沉桩； 5. 接桩； 6. 送桩； 7. 切割钢管、精割盖帽； 8. 管内取土、余土弃置； 9. 管内填芯、刷防护材料
040301003	钢管桩	1. 地层情况； 2. 送桩深度、桩长； 3. 材质； 4. 管径、壁厚； 5. 桩倾斜度； 6. 填充材料种类； 7. 防护材料种类	1. t 2. 根	1. 以吨计量，按设计图示尺寸以质量计算； 2. 以根计量，按设计图示数量计算	1. 工作平台搭拆； 2. 桩就位； 3. 桩机移位； 4. 沉桩； 5. 接桩； 6. 送桩； 7. 切割钢管、精割盖帽； 8. 管内取土、余土弃置； 9. 管内填芯、刷防护材料

①各类混凝土预制桩以成品桩考虑,应包括成品桩购置费,如果用现场预制,应包括现场预制桩的所有费用。

②打试验桩和打斜桩应按相应项目编码单独列项,并应在项目特征中注明试验桩或斜桩(斜率)。

③项目特征中的桩长应包括桩尖,空桩长度=孔深-桩长,孔深为自然地面至设计桩底的深度。

（2）钻孔灌注桩

表 9.6　桩基(钻孔灌注桩)(编码:040301)

项目编码	项目名称	项目特征	计量单位	工程量计算规则	工作内容
040301004	泥浆护壁成孔灌注桩	1.地层情况; 2.空桩长度、桩长; 3.桩径; 4.成孔方法; 5.混凝土种类、强度等级		1.以米计量,按设计图示尺寸以桩长(包括桩尖)计算; 2.以立方米计量,按不同截面在桩长范围内以体积计算; 3.以根计量,按设计图示数量计算	1.工作平台搭拆; 2.桩机移位; 3.护筒埋设; 4.成孔、固壁; 5.混凝土制作、运输、灌注、养护; 6.土方、废浆外运; 7.打桩场地硬化及泥浆池、泥浆沟
040301005	沉管灌注桩	1.地层情况; 2.空桩长度、桩长; 3.复打长度; 4.桩径; 5.沉管方法; 6.桩尖类型; 7.混凝土种类、强度等级	1. m 2. m³ 3. 根	1.以米计量,按设计图示尺寸以桩长(包括桩尖)计算; 2.以立方米计量,按设计图示桩长(包括桩尖)乘以桩的断面积计算; 3.以根计量,按设计图示数量计算	1.工作平台搭拆; 2.桩机移位; 3.打(沉)拔钢管; 4.桩尖安装; 5.混凝土制作、运输、灌注、养护
040301006	干作业成孔灌注桩	1.地层情况; 2.空桩长度、桩长; 3.桩径; 4.扩孔直径、高度; 5.成孔方法; 6.混凝土种类、强度等级			1.工作平台搭拆; 2.桩机移位; 3.成孔、扩孔; 4.混凝土制作、运输、灌注、振捣、养护
040301007	挖孔桩土(石)方	1.土(石)类别; 2.挖孔深度; 3.弃土(石)运距	m³	按设计图示尺寸(含护壁)截面积乘以挖孔深度以立方米计算	1.排地表水; 2.挖土、凿石; 3.基底钎探; 4.土(石)方外运

续表

项目编码	项目名称	项目特征	计量单位	工程量计算规则	工作内容
040301008	人工挖孔灌注桩	1. 桩芯长度； 2. 桩芯直径、扩底直径、扩底高度； 3. 护壁厚度、高度； 4. 护壁材料种类、强度等级； 5. 桩芯混凝土种类、强度等级	1. m^3 2. 根	1. 以立方米计量，按桩芯混凝土体积计算； 2. 以根计量，按设计图示数量计算	1. 护壁制作、安装； 2. 混凝土制作、运输、灌注、振捣、养护
040301009	钻孔压浆桩	1. 地层情况； 2. 桩长； 3. 钻孔直径； 4. 骨料品种、规格； 5. 水泥强度等级	1. m 2. 根	1. 以米计量，按设计图示尺寸以桩长计算； 2. 以根计量，按设计图示数量计算	1. 钻孔、下注浆管、投放骨料； 2. 浆液制作、运输、压浆
040301010	灌注桩后注浆	1. 注浆导管材料、规格； 2. 注浆导管长度； 3. 单孔注浆量； 4. 水泥强度等级	孔	按设计图示以注浆孔数计算	1. 注浆导管制作、安装； 2. 浆液制作、运输、压浆
040301011	截桩头	1. 桩类型； 2. 桩头截面、高度； 3. 混凝土强度等级； 4. 有无钢筋	1. m^3 2. 根	1. 以立方米计量，按设计桩截面乘以桩头长度以体积计算； 2. 以根计量，按设计图示数量计算	1. 截桩头； 2. 凿平； 3. 废料外运
040301012	声测管	1. 材质； 2. 规格型号	1. t 2. m	1. 按设计图示尺寸以质量计算； 2. 按设计图示尺寸以长度计算	1. 检测管截断、封头； 2. 套管制作、焊接； 3. 定位、固定

①地层情况按表《市政工程工程量计算规范》（GB 50857—2013）A.1-1和表A.2-1的规定（表9.7），并根据岩土工程勘察报告按单位工程各地层所占比例（包括范围值）进行描述。对无法准确描述的地层情况，可注明由投标人根据岩土工程勘察报告自行决定报价。

表9.7　岩石分类表

岩石分类	代表性岩石	开挖方法
极软岩	1. 全风化的各种岩石； 2. 各种半成岩	部分用手凿工具、部分用爆破法开挖

续表

岩石分类		代表性岩石	开挖方法
软质岩	软岩	1. 强风化的坚硬岩或较硬岩; 2. 中等风化—强风化的较软岩; 3. 未风化—微风化的页岩、泥岩、泥质砂岩等	用风镐和爆破法开挖
	较软岩	1. 中等风化—强风化的坚硬岩或较硬岩; 2. 未风化—微风化的凝灰岩、千枚岩、泥灰岩、砂质泥岩等	用爆破法开挖
硬质岩	较硬岩	1. 微风化的坚硬岩; 2. 未风化—微风化的大理岩、板岩、石灰岩、白云岩、钙质砂岩等	
	坚硬岩	未风化—微风化的花岗岩、闪长岩、辉绿岩、玄武岩、安山岩、片麻岩、石英岩、石英砂岩、硅质砾岩、硅质石灰岩等	

注:本表依据现行国家标准《工程岩体分级标准》(GB 50218—2014)和《岩土工程勘察规范(2009 年版)》(GB 50021—2009)(2009 年局部修订版)整理。

②泥浆护壁成孔灌注桩是指在泥浆护壁条件下成孔,采用水下灌注混凝土的桩。其成孔方法包括冲击钻成孔、冲抓锥成孔、回旋钻成孔、潜水钻成孔、泥浆护壁的旋挖成孔等。

③沉管灌注桩的沉管方法包括锤击沉管法、振动沉管法、振动冲击沉管法、内夯沉管法等。

④干作业成孔灌注桩是指不用泥浆护壁和套管护壁的情况下,用钻机成孔后,下钢筋笼,灌注混凝土的桩,适用于地下水位以上的土层使用。其成孔方法包括螺旋钻成孔、螺旋钻成孔扩底、干作业旋挖成孔等。

⑤混凝土灌注桩的钢筋笼制作、安装,按附录 J 钢筋工程中相关项目编码列项。

⑥本表工作内容未含桩基础的承载力检测、桩身完整性检测。

⑦桩基陆上工作平台搭拆工作内容包括在相应的清单项目中,若为水上工作平台搭拆,应按措施项目的相关项目单独编码列项。

9.2.2 基坑与边坡支护

基坑与边坡支护工程量清单项目设置、项目特征描述的内容、计量单位及工程量计算规则,应按表9.8 的规定执行。

表9.8 基坑与边坡支护(编码:040302)

项目编码	项目名称	项目特征	计量单位	工程量计算规则	工作内容
040302001	圆木桩	1. 地层情况; 2. 桩长; 3. 材质; 4. 尾径; 5. 桩倾斜度	1. m 2. 根	1. 以米计量,按设计图示尺寸以桩长(包括桩尖)计算; 2. 以根计量,按设计图示数量计算	1. 工作平台搭拆; 2. 桩机移位; 3. 桩制作、运输、就位; 4. 桩靴安装; 5. 沉桩

续表

项目编码	项目名称	项目特征	计量单位	工程量计算规则	工作内容
040302002	预制钢筋混凝土板桩	1. 地层情况； 2. 送桩深度、桩长； 3. 桩截面； 4. 混凝土强度等级	1. m³ 2. 根	1. 以立方米计量，按设计图示桩长（包括桩尖）乘以桩的断面积计算； 2. 以根计量，按设计图示数量计算	1. 工作平台搭拆； 2. 桩就位； 3. 桩机移位； 4. 沉桩； 5. 接桩； 6. 送桩
040302003	地下连续墙	1. 地层情况； 2. 导墙类型、截面； 3. 墙体厚度； 4. 成槽深度； 5. 混凝土种类、强度等级； 6. 接头形式	m³	按设计图示墙中心线长乘以厚度再乘以槽深，以体积计算	1. 导墙挖填、制作、安装、拆除； 2. 挖土成槽、固壁、清底置换； 3. 混凝土制作、运输、灌注、养护； 4. 接头处理； 5. 土方、废浆外运； 6. 打桩场地硬化及泥浆池、泥浆沟
040302004	咬合灌注桩	1. 地层情况； 2. 桩长； 3. 桩径； 4. 混凝土种类、强度等级； 5. 部位	1. m 2. 根	1. 以米计量，按设计图示尺寸以桩长计算； 2. 以根计量，按设计图示数量计算	1. 桩机移位； 2. 成孔、固壁； 3. 混凝土制作、运输、灌注、养护； 4. 套管压拔； 5. 土方、废浆外运； 6. 打桩场地硬化及泥浆池、泥浆沟
040302005	型钢水泥土搅拌墙	1. 深度； 2. 桩径； 3. 水泥掺量； 4. 型钢材质、规格； 5. 是否拔出	m³	按设计图示尺寸以体积计算	1. 钻机移位； 2. 钻井； 3. 浆液制作、运输、压浆； 4. 搅拌、成桩； 5. 型钢插拔； 6. 土方、废浆外运
040302006	锚杆（索）	1. 地层情况； 2. 锚杆（索）类型、部位； 3. 钻孔直径、深度； 4. 杆体材料品种、规格、数量； 5. 是否预应力； 6. 浆液种类、强度等级	1. m 2. 根	1. 以米计量，按设计图示尺寸以钻孔深度计算； 2. 以根计量，按设计图示数量计算	1. 钻孔、浆液制作、运输、压浆； 2. 锚杆（索）制作、安装； 3. 张拉锚固； 4. 锚杆（索）施工平台搭设、拆除

续表

项目编码	项目名称	项目特征	计量单位	工程量计算规则	工作内容
040302007	土钉	1. 地层情况； 2. 钻孔直径、深度； 3. 置入方法； 4. 杆体材料品种、规格、数量； 5. 浆液种类、强度等级	1. m 2. 根	1. 以米计量，按设计图示尺寸以钻孔深度计算； 2. 以根计量，按设计图示数量计算	1. 钻孔、浆液制作、运输、压浆； 2. 土钉制作、安装； 3. 土钉施工平台搭设、拆除
040302008	喷射混凝土	1. 部位； 2. 厚度； 3. 材料种类； 4. 混凝土类别、强度等级	m^2	按设计图示尺寸以面积计算	1. 修整边坡； 2. 混凝土制作、运输、喷射、养护； 3. 钻排水孔、安装排水管； 4. 喷射施工平台搭设、拆除

9.2.3　现浇混凝土构件

现浇混凝土构件工程量清单项目设置、项目特征描述的内容、计量单位及工程量计算规则，应按表9.9的规定执行。

表9.9　现浇混凝土构件（编码：040303）

项目编码	项目名称	项目特征	计量单位	工程量计算规则	工作内容
040303001	混凝土垫层	混凝土强度等级	m^3	按设计图示尺寸以体积计算	1. 模板制作、安装、拆除； 2. 混凝土拌和、运输、浇筑； 3. 养护
040303002	混凝土基础	1. 混凝土强度等级； 2. 嵌料（毛石）比例			
040303003	混凝土承台	混凝土强度等级			
040303004	混凝土墩（台）帽	1. 部位； 2. 混凝土强度等级			
040303005	混凝土墩（台）身				
040303006	混凝土支撑梁及横梁				
040303007	混凝土墩（台）盖梁				

续表

项目编码	项目名称	项目特征	计量单位	工程量计算规则	工作内容
040303008	混凝土拱桥拱座	混凝土强度等级	m³	按设计图示尺寸以体积计算	1.模板制作、安装、拆除; 2.混凝土拌和、运输、浇筑; 3.养护
040303009	混凝土拱桥拱肋				
040303010	混凝土拱上构件	1.部位; 2.混凝土强度等级			
040303011	混凝土箱梁				
040303012	混凝土连续板	1.部位; 2.结构形式; 3.混凝土强度等级			
040303013	混凝土板梁				
040303014	混凝土板拱	1.部位; 2.混凝土强度等级			
040303015	混凝土挡墙墙身	1.混凝土强度等级; 2.泄水孔材料品种、规格; 3.滤水层要求; 4.沉降缝要求	m³	按设计图示尺寸以体积计算	1.模板制作、安装、拆除; 2.混凝土拌和、运输、浇筑; 3.养护; 4.抹灰; 5.泄水孔制作、安装; 6.滤水层铺筑; 7.沉降缝
040303016	混凝土挡墙压顶	1.混凝土强度等级; 2.沉降缝要求			
040303017	混凝土楼梯	1.结构形式; 2.底板厚度; 3.混凝土强度等级	1. m² 2. m³	1.以平方米计量,按设计图示尺寸以水平投影面积计算; 2.以立方米计量,按设计图示尺寸以体积计算	1.模板制作、安装、拆除; 2.混凝土拌和、运输、浇筑; 3.养护
040303018	混凝土防撞护栏	1.断面; 2.混凝土强度等级	m	按设计图示尺寸以长度计算	
040303019	桥面铺装	1.混凝土强度等级; 2.沥青品种; 3.沥青混凝土种类; 4.厚度; 5.配合比	m²	按设计图示尺寸以面积计算	1.模板制作、安装、拆除; 2.混凝土拌和、运输、浇筑; 3.养护; 4.沥青混凝土铺装; 5.碾压

续表

项目编码	项目名称	项目特征	计量单位	工程量计算规则	工作内容
040303020	混凝土桥头搭板	混凝土强度等级	m³	按设计图示尺寸以体积计算	1.模板制作、安装、拆除; 2.混凝土拌和、运输、浇筑; 3.养护
040303021	混凝土搭板枕梁				
040303022	混凝土桥塔身	1.形状; 2.混凝土强度等级			
040303023	混凝土连系梁				
040303024	混凝土其他构件	1.名称、部位; 2.混凝土强度等级			
040303025	钢管拱混凝土	混凝土强度等级			混凝土拌和、运输、压注

9.2.4 预制混凝土构件

预制混凝土构件工程量清单项目设置、项目特征描述的内容、计量单位及工程量计算规则,应按表 9.10 的规定执行。

表 9.10 预制混凝土构件(编码:040304)

项目编码	项目名称	项目特征	计量单位	工程量计算规则	工作内容
040304001	预制混凝土梁	1.部位; 2.图集、图纸名称; 3.构件代号、名称; 4.混凝土强度等级; 5.砂浆强度等级	m³	按设计图示尺寸以体积计算	1.模板制作、安装、拆除; 2.混凝土拌和、运输、浇筑; 3.养护; 4.构件安装; 5.接头灌缝; 6.砂浆制作; 7.运输
040304002	预制混凝土柱				
040304003	预制混凝土板				
040304004	预制混凝土挡土墙墙身	1.图集、图纸名称; 2.构件代号、名称; 3.结构形式; 4.混凝土强度等级; 5.泄水孔材料种类、规格; 6.滤水层要求; 7.砂浆强度等级			1.模板制作、安装、拆除; 2.混凝土拌和、运输、浇筑; 3.养护; 4.构件安装; 5.接头灌缝; 6.泄水孔制作、安装; 7.滤水层铺设; 8.砂浆制作; 9.运输

续表

项目编码	项目名称	项目特征	计量单位	工程量计算规则	工作内容
040304005	预制混凝土其他构件	1. 部位； 2. 图集、图纸名称； 3. 构件代号、名称； 4. 混凝土强度等级； 5. 砂浆强度等级	m³	按设计图示尺寸以体积计算	1. 模板制作、安装、拆除； 2. 混凝土拌和、运输、浇筑； 3. 养护； 4. 构件安装； 5. 接头灌浆； 6. 砂浆制作； 7. 运输

9.2.5 砌筑

砌筑工程量清单项目设置、项目特征描述的内容、计量单位及工程量计算规则,应按表9.11 的规定执行。

表 9.11 砌筑(编码:040305)

项目编码	项目名称	项目特征	计量单位	工程量计算规则	工作内容
040305001	垫层	1. 材料品种、规格； 2. 厚度	m³	按设计图示尺寸以体积计算	垫层铺筑
040305002	干砌块料	1. 部位； 2. 材料品种、规格； 3. 泄水孔材料品种、规格； 4. 滤水层要求； 5. 沉降缝要求			1. 砌筑； 2. 砌体勾缝； 3. 砌体抹面； 4. 泄水孔制作、安装； 5. 滤层铺设； 6. 沉降缝
040305003	浆砌块料	1. 部位； 2. 材料品种、规格； 3. 砂浆强度等级； 4. 泄水孔材料品种、规格； 5. 滤水层要求； 6. 沉降缝要求			
040305004	砖砌体				
040305005	护坡	1. 材料品种； 2. 结构形式； 3. 厚度； 4. 砂浆强度等级	m²	按设计图示尺寸以面积计算	1. 修整边坡； 2. 砌筑； 3. 砌体勾缝； 4. 砌体抹面

①干砌块料、浆砌块料和砖砌体应根据工程部位不同,分别设置清单编码。

②本节清单项目中"垫层"指碎石、块石等非混凝土类垫层。

9.2.6 立交箱涵

立交箱涵工程量清单项目设置、项目特征描述的内容、计量单位及工程量计算规则,应按表9.12的规定执行。

表 9.12 立交箱涵(编码:040306)

项目编码	项目名称	项目特征	计量单位	工程量计算规则	工作内容
040306001	透水管	1. 材料品种、规格; 2. 管道基础形式	m	按设计图示尺寸以长度计算	1. 基础铺筑; 2. 管道铺设、安装
040306002	滑板	1. 混凝土强度等级; 2. 石蜡层要求; 3. 塑料薄膜品种、规格	m³	按设计图示尺寸以体积计算	1. 模板制作、安装、拆除; 2. 混凝土拌和、运输、浇筑; 3. 养护; 4. 涂石蜡层; 5. 铺塑料薄膜
040306003	箱涵底板	1. 混凝土强度等级; 2. 混凝土抗渗要求; 3. 防水层工艺要求			1. 模板制作、安装、拆除; 2. 混凝土拌和、运输、浇筑; 3. 养护; 4. 防水层铺涂
040306004	箱涵侧墙				1. 模板制作、安装、拆除; 2. 混凝土拌和、运输、浇筑; 3. 养护; 4. 防水砂浆; 5. 防水层铺涂
040306005	箱涵顶板				
040306006	箱涵顶进	1. 断面; 2. 长度; 3. 弃土运距	kt·m	按设计图示尺寸以被顶箱涵的质量,乘以箱涵的位移距离分节累计计算	1. 顶进设备安装、拆除; 2. 气垫安装、拆除; 3. 气垫使用; 4. 钢刃角制作、安装、拆除; 5. 挖土实顶; 6. 土方场内外运输; 7. 中继间安装、拆除
040306007	箱涵接缝	1. 材质; 2. 工艺要求	m	按设计图示止水带长度计算	接缝

9.2.7 其他

其他工程量清单项目设置、项目特征描述的内容、计量单位及工程量计算规则,应按表9.13的规定执行。

表9.13 其他(编码:040309)

项目编码	项目名称	项目特征	计量单位	工程量计算规则	工作内容
040309001	金属栏杆	材料品种、规格	1. t 2. m	1. 按设计图示尺寸以质量计算; 2. 按设计图示尺寸以延长米计算	1. 制作、运输、安装; 2. 除锈、刷油漆
040309002	石质栏杆	1. 混凝土强度等级; 2. 规格尺寸	m	按设计图示尺寸以长度计算	制作、运输、安装
040309003	混凝土栏杆	1. 材质; 2. 规格、型号; 3. 形式			
040309004	橡胶支座	1. 规格、型号; 2. 形式	个	按设计图示数量计算	支座安装
040309005	钢支座	1. 规格、型号; 2. 形式			
040309006	盆式支座	1. 材质; 2. 承载力			
040309007	桥梁伸缩装置	1. 材料品种; 2. 规格、型号; 3. 混凝土种类; 4. 混凝土强度等级	m	以米计量,按设计图示尺寸以延长米计算	1. 制作、安装; 2. 混凝土拌和、运输、浇筑
040309008	隔声屏障	1. 材料品种; 2. 结构形式; 3. 油漆品种、工艺要求	m²	按设计图示尺寸以面积计算	1. 制作、安装; 2. 除锈、刷油漆
040309009	桥面排(泄)水管	1. 材料品种; 2. 管径	m	按设计图示以长度计算	进水口、排(泄)水管制作、安装
040309010	防水层	1. 部位; 2. 材料品种、规格; 3. 工艺要求	m²	按设计图示尺寸以面积计算	防水层铺涂

支座垫石混凝土按混凝土基础项目编码列项。

9.3 道路工程案例分析

【案例9.1】 某单跨混凝土简支梁桥,桥宽22.5 m,桥台基础采用 $\phi 100$ 钻孔灌注桩基础(C30 商品混凝土),地质为砂黏土层,如图 9.10 所示。护筒的埋置深度为2.5 m,声测管为 $\phi 50 \times 1$ mm,桩基施工方案为围堰抽水施工法,旋挖钻机钻孔。假设承台与桥同宽,纵横向桩距相同,灌注桩16 根/台。竖拆桩架费用不计。

试计算:(1)该工程一个桥台钻孔灌注桩(不计钢筋、围堰、搭拆支架平台)的工程量;

(2)桥台钻孔灌注桩的分部分项工程费。

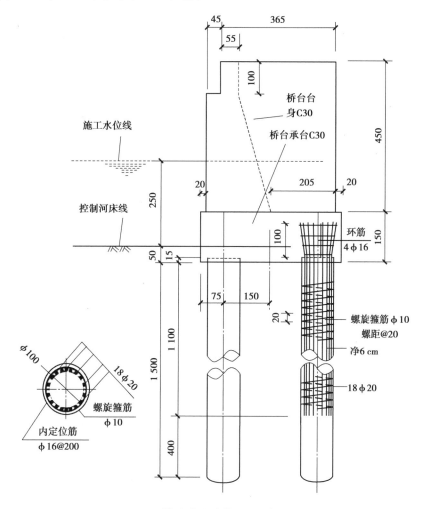

图9.10 钻孔灌注桩基础图(单位: cm)

【解】 (1)钻孔灌注桩的工程量计算见表9.14。

表9.14 钻孔灌注桩工程量计算表

序号	项目名称	单位	工程量计算公式	数量
1	埋设钢护筒	m	2.5×16	40.00
2	旋挖钻机钻孔	m	$(15+0.15) \times 16$	242.4
3	旋挖钻机钻孔土方	m³	$\pi \times \left(\dfrac{1}{2}\right)^2 \times 2.5 \times 16$	31.4
4	旋挖钻机钻孔石方	m³	$\pi \times \left(\dfrac{1}{2}\right)^2 \times (15+0.5-2.5) \times 16$	163.28
5	泥浆制作	m³	$\pi \times \left(\dfrac{1}{2}\right)^2 \times (15+0.5) \times 16$	194.68
6	灌注桩混凝土	m³	$\pi \times \left(\dfrac{1}{2}\right)^2 \times (15+0.15+1+0.3) \times 16$	211.01
7	截桩头	m³	$\pi \times \left(\dfrac{1}{2}\right)^2 \times 1 \times 16$	12.56
8	声测管 $\phi 50 \times 1$ mm	m	$(15+0.15+0.9) \times 16$	256.8

（2）桥台钻孔灌注桩的分部分项工程费计算见表9.15。

表9.15 钻孔灌注桩工程量计算表

序号	编码	项目名称	项目特征及主要工程内容	单位	数量	综合单价/元	综合合价/元
1	040301B04001	机械钻孔灌注桩混凝土	1.混凝土种类:商品混凝土； 2.混凝土强度等级:C30	m³	211.01	625.95	132 081.71
	DC0151	泥浆制作		10 m³	19.468	407.4	7 931.26
	DC0152	泥浆运输 基本运距1 km内		10 m³	19.468	856.11	16 666.75
	DC0157	回旋(旋挖)钻机成孔 商品混凝土		10 m³	21.101	4 255.36	89 792.35
	DH0011	埋设钢护筒(陆上)$\phi \leqslant 800$		10 m	4	4 422.53	17 690.12

序号	编码	项目名称	项目特征及主要工程内容	单位	数量	综合单价/元	综合合价/元
2	040301B03001	机械钻孔灌注桩土(石)方	1. 地层情况:详见设计; 2. 成孔方法:详见设计; 3. 桩深:15.5 m; 4. 桩径:φ100	m	242.4	668.64	162 078.34
	DC0127	钻孔灌注桩　旋挖桩 φ≤1 000 mm H≤20 m 土、砂砾石		10 m³	3.14	4 386.93	13 774.96
	DC0128	钻孔灌注桩　旋挖桩 φ≤1 000 mm H≤20 m 岩层		10 m³	16.328	9 082.72	148 302.65
3	040301011001	截桩头	1. 桩类型:旋挖机钻孔灌注桩; 2. 桩头截面、高度:φ100,1 m; 3. 混凝土强度等级:C30; 4. 有无钢筋:有	m³	12.56	253.02	3 177.93
	DC0161	凿除桩顶钢筋混凝土　灌注桩		10 m³	1.256	2 530.23	3 177.97
4	040301012001	声测管	规格型号:φ50×1 mm	m	256.8	5.29	1 358.47
	DC0162	声测管		t	0.303	4 479.57	1 357.31
5	合计						298 696.45

　　桥台钻孔灌注桩的分部分项工程费为 298 696.45 元。

　　【案例 9.2】　已知某 2~8 m 预制矩形正交简支板桥,路基边缘设计标高为 138.52 m,桥底中心设计标高为 135.28 m,小桥设计图如图 9.11—图 9.21 所示,其中每 2~3 m 设一根支撑梁,桥台、桥墩每 2~3 m 设一道沉降缝,桥底纵坡为 0,桥台基础与台帽、桥墩基础与墩帽、翼墙基础采用 C25 混凝土,台身、墩身、翼墙墙身为浆砌块石砌筑。试计算该矩形板桥的工程量、分部分项工程费、专业技术措施项目费。(不计土方工程量)

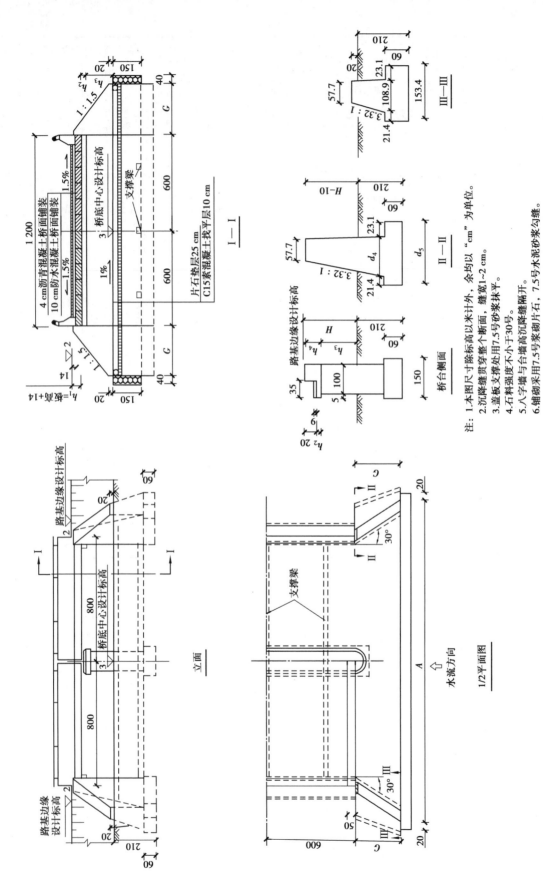

图 9.11 双孔正交钢筋混凝土板桥一般构造图

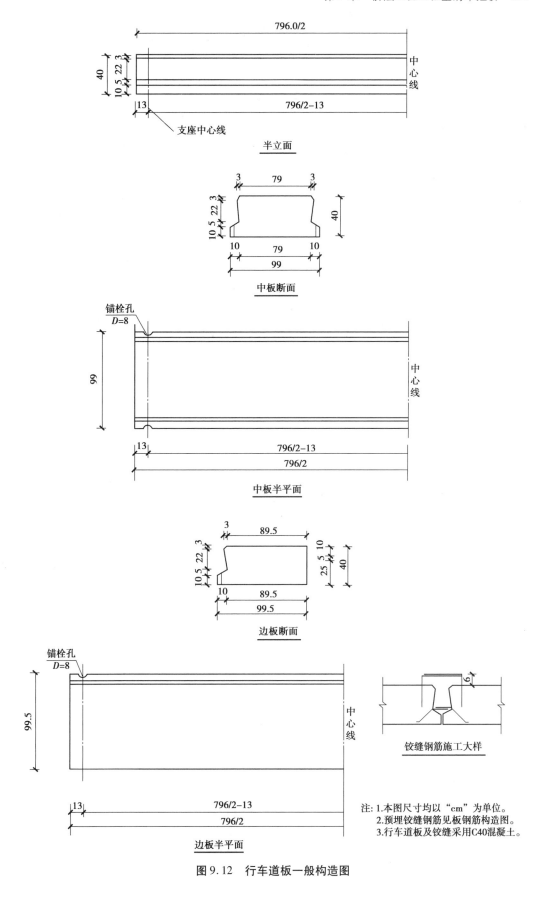

图 9.12　行车道板一般构造图

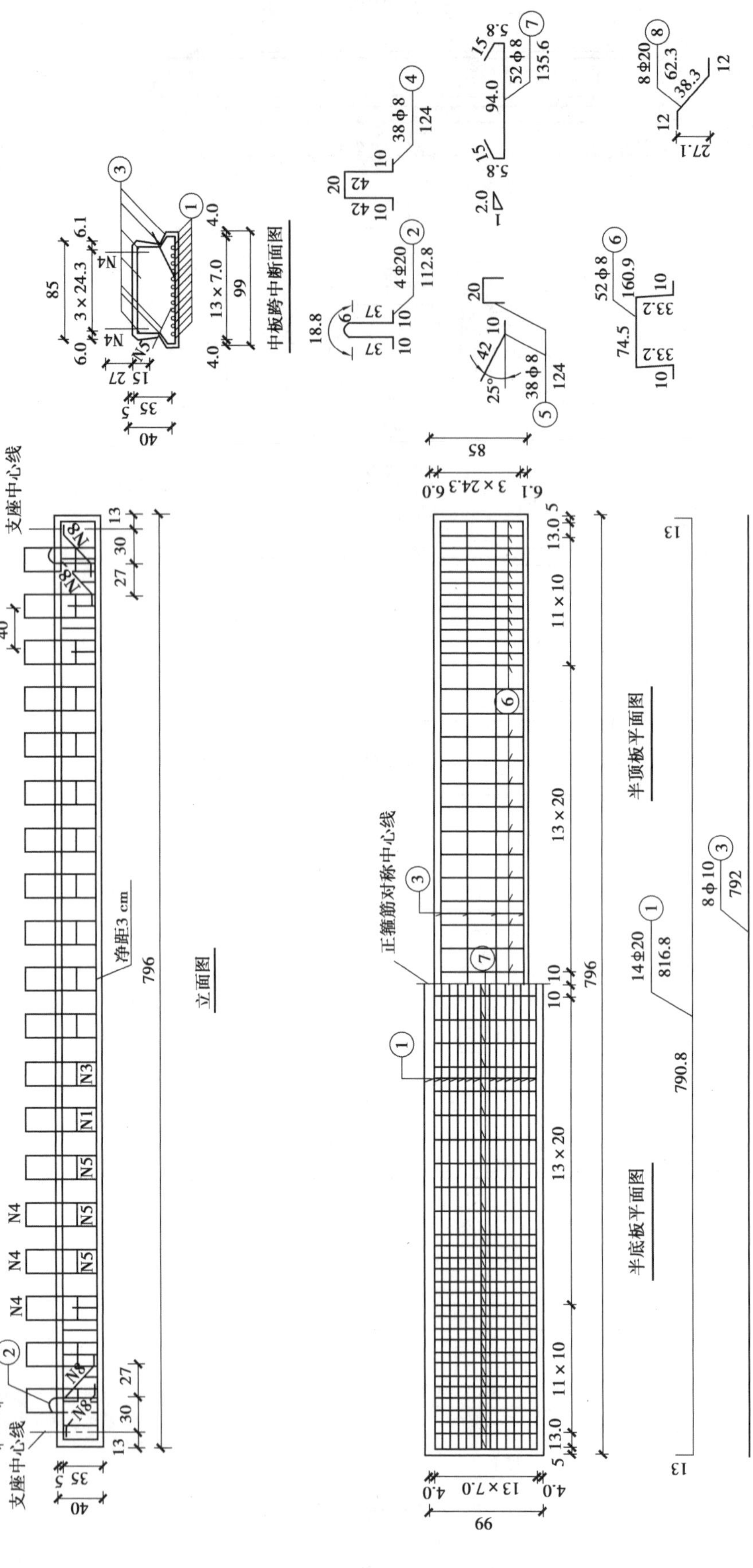

图 9.13 中板钢筋构造图

注：1.本图尺寸除钢筋直径以"mm"计外，余均以"cm"为单位。
2. N5钢筋与N1钢筋绑扎连接，在块件预制时紧贴侧模，脱模后板出。

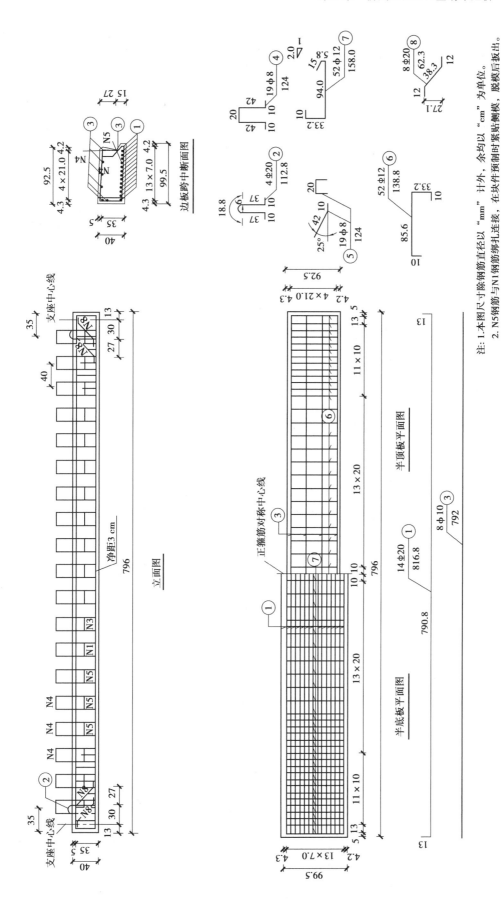

图 9.14　边板钢筋构造图

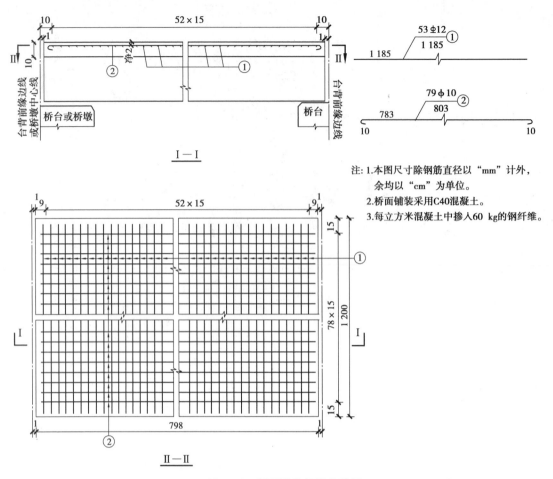

注：1.本图尺寸除钢筋直径以"mm"计外，
余均以"cm"为单位。
2.桥面铺装采用C40混凝土。
3.每立方米混凝土中掺入60 kg的钢纤维。

图 9.15　桥面铺装钢筋构造图

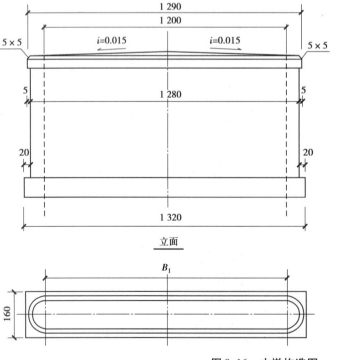

立面

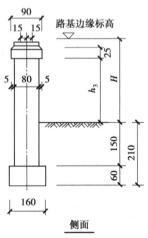

侧面

说明：
1.本图尺寸均以"cm"为单位。
2.本图比例示意。
3.桥面横坡度为双向坡时，桥面横坡度
由墩帽三角垫层调整，如桥面横坡度
为单向坡时桥面横坡度由桥墩身调整。

图 9.16　中墩构造图

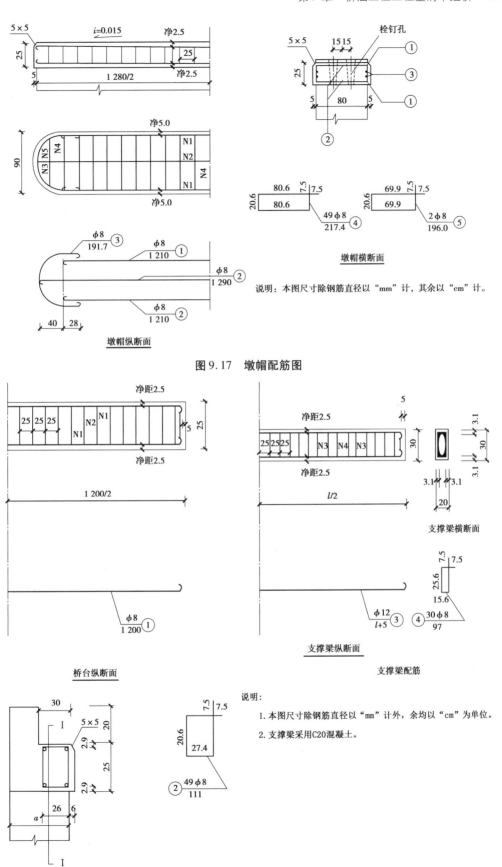

图 9.17　墩帽配筋图

说明:本图尺寸除钢筋直径以"mm"计,其余以"cm"计。

说明:

1. 本图尺寸除钢筋直径以"mm"计外,余均以"cm"为单位。
2. 支撑梁采用C20混凝土。

图 9.18　台帽、支撑梁配筋图

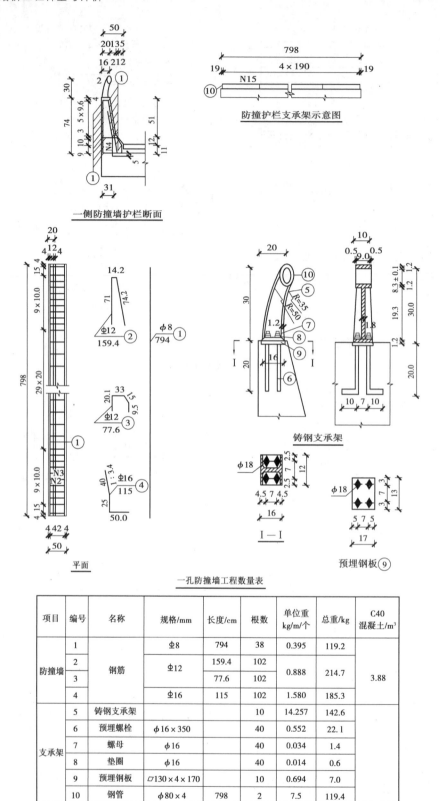

防撞护栏支承架示意图

一侧防撞墙护栏断面

铸钢支承架

预埋钢板 ⑨

平面

一孔防撞墙工程数量表

项目	编号	名称	规格/mm	长度/cm	根数	单位重 kg/m/个	总重/kg	C40 混凝土/m³
防撞墙	1	钢筋	Φ8	794	38	0.395	119.2	3.88
	2		Φ12	159.4	102	0.888	214.7	
	3			77.6	102			
	4		Φ16	115	102	1.580	185.3	
支承架	5	铸钢支承架			10	14.257	142.6	
	6	预埋螺栓	φ16×350		40	0.552	22.1	
	7	螺母	φ16		40	0.034	1.4	
	8	垫圈	φ16		40	0.014	0.6	
	9	预埋钢板	▭130×4×170		10	0.694	7.0	
	10	钢管	φ80×4	798	2	7.5	119.4	

说明：

1.本图尺寸除钢筋直径以"mm"计外，余均以"cm"为单位。

2.防撞墙在合背前缘需断开，其支承架、钢管，均涂红丹两道，再涂灰色防锈漆两道。

3.边梁预制时应预埋N4钢筋。

图9.19 防撞墙构造图

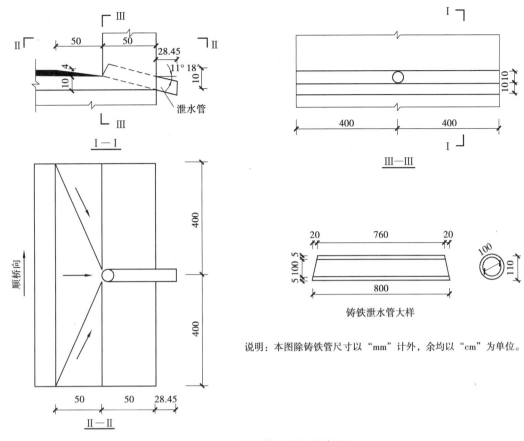

图 9.20　泄水管布置及构造图

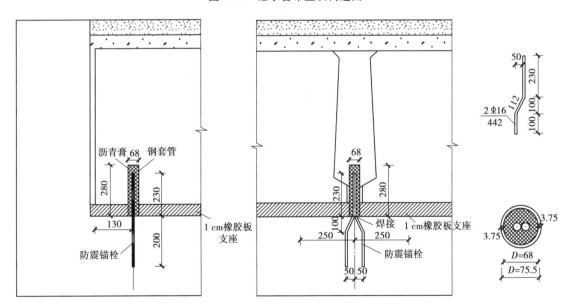

注：1. 本图尺寸除注明者外，均以"mm"为单位。

　　2. 支座采用满铺1 cm橡胶板支座。

　　3. 沥青膏由沥青掺入20%的废轮胎细粉制成。

图 9.21　支座及锚栓构造图

【解】 (1)根据已知条件和施工设计图,计算、填写桥梁尺寸,见表9.16。

表9.16 桥梁尺寸表

序号	项目名称		单位	尺寸
1		路基边缘设计标高	m	138.52
2		桥底设计标高	m	135.28
3		桥底设计纵坡坡度 i	%	0
4	行车道板	行车道板长度	m	7.96
5		行车道板高度	m	0.40
6	桥台	$H=$ 路基边缘设计标高－桥底设计标高	m	3.24
7		$h_1=$ 行车道板高度$+0.14$	m	0.54
8		h_2	m	0.25
9		$h_3=$ 路基边缘设计标高－桥底设计标高－支座厚$-h_1-h_2$	m	2.44
10		台身宽度 a	m	1.00
11		台身长度	m	12.00
12		桥台基础宽度	m	1.50
13		桥台基础高度	m	0.60
14		桥台基础长度	m	12.00
15		台帽高度	m	0.45
16	桥墩	$H=$ 路基边缘设计标高－桥底设计标高	m	3.24
17		$h_3=$ 路基边缘设计标高－桥底设计标高－支座厚$-h_1-h_2$	m	2.44
18		墩身宽度	m	0.80
19		墩帽宽度	m	0.90
20		墩帽高度	m	0.25
21		桥墩基础宽度	m	1.60
22		桥墩基础高度	m	0.60
23		B_1	m	12.00
24		墩身长度	m	12.80
25		墩帽长度	m	12.90
26		桥墩基础长度	m	13.20

序号	项目名称		单位	尺寸
27	翼墙	$G=(H-0.10-0.20)\times1.5$	m	4.41
28		n		3.32
29		m		1.5
30		C	m	0.577
31		e_1	m	0.214
32		e_2	m	0.231
33		$d_4=0.577+(H-0.10\div2.10-0.60)\div3.32$	m	1.97
34		$d_5=d_8+e_1+e_2$	m	2.42
35		翼墙基础高度	m	0.60
36		脚手架平均高度$=(H-0.10+2.10+2.10+0.20)\div2$	m	3.77
37	支撑梁	长度 $l=8.00-0.80/2-(0.35-0.05)$	m	7.30
38	铺砌	$A=[8.00-(0.35-0.05)+G\times\tan30°+0.577]\times2$	m	21.65

(2)计算桥梁工程量,见表9.17。

表9.17　桥梁工程量

序号	项目名称	单位	工程量计算公式	数量
一、行车道板				
1	C40 预制混凝土	m^3	11.92+55.48	67.40
1.1	边板块数	块	2×2	4
1.2	中板块数	块	(12-2×1)÷1×2	20
1.3	边板预制混凝土	m^3	$[0.995\times0.4-0.5\times0.05\times0.1-(0.07+0.1)\times$ $0.22\times0.5-(0.1+0.07)\times0.03\times0.5]\times7.96\times4$	11.92
1.4	中板预制混凝土	m^3	$0.99\times0.4\times20\times7.96-[0.5\times0.05\times0.1+(0.07+0.1)\times$ $0.22\times0.5+(0.1+0.07)\times0.03\times0.5]\times2\times7.96\times20$	55.48
2	C40 铰缝混凝土	m^3	12×7.96×0.4×2-11.92-55.48	9.02
3	混凝土模板	m^2	62.58+323.19	385.77
3.1	边板混凝土模板	m^2	$[0.995+0.4+0.1\pm(0.1^2\pm0.05^2)^{0.5}+(0.22^2+0.03^2)^{0.5}+$ $(0.03^2+0.03^2)^{0.5}]\times7.96\times4+[0.995\times0.4-0.1\times0.05\times$ $0.5-(0.07+0.1)\times0.22\times0.5-(0.07+0.1)\times0.03\times0.5]\times2\times4$	62.58
3.2	中板混凝土模板	m^2	$\{0.99+[0.1+(0.1^2+0.05^2)^{0.5}+(0.22^2+0.03^2)^{0.5}+$ $(0.03^2+0.03^2)^{0.5}]\times2\}\times7.96\times20+[0.99\times0.4-0.1\times0.05-$ $(0.07+0.1)\times0.22-(0.07+0.1)\times0.03]\times2\times20$	323.19
4	钢筋			
4.1	$\underline{\Phi}20$	t	8 168×14×2.468×(20+4)÷1 000	6.773

续表

序号	项目名称	单位	工程量计算公式	数量
4.2	⨎20（箍筋）	t	$(0.623×8+1\ 128×4)×2\ 468×(20+4)÷1\ 000$	0.562
4.3	φ12（箍筋）	t	$(1.388+1.58)×52×0.888×4÷1\ 000$	0.548
4.4	φ10	t	$7.92×8×0.617×24÷1\ 000$	0.938
4.5	φ8（箍筋）	t	$[(1.24+1.24)×38×20+(1.24+1.24)×19×4+$ $(1.609+1.356)×52×20]×0.395÷1\ 000$	2.037
二、桥面铺装				
5	C40 现浇防水混凝土	m³	$0.10×(12-0.5×2)×7.98×2$	17.556
6	细粒式沥青混凝土	m³	$0.04×(12-0.5×2)×8×2$	7.04
7	钢筋			
7.1	⨎12	t	$11.85×53×0.888×2÷1\ 000$	1.115
7.2	φ10	t	$8.03×79×0.617×2÷1\ 000$	0.783
三、防撞墙、支承架				
8	C40 现浇混凝土	m³	$3.88×2$	7.76
9	C40 现浇混凝土模板	m²	$[0.74+(0.12^2+0.12^2)^{0.5}+0.05+(0.51^2+0.13^2)^{0.5}]×2×$ $7.98×2+[0.11×0.5+(0.2+0.13+0.05+0.5)×0.12÷$ $2+(0.2+0.2+0.13)×0.51÷2]×2×4$	49.38
10	钢筋			
10.1	⨎16	t	$185.3×2÷1\ 000$	0.371
10.2	⨎12	t	$214.7×2÷1\ 000$	0.429
10.3	φ8	t	$119.2×2÷1\ 000$	0.238
11	钢管扶手	t	$0.285+0.239+0.014$	0.538
11.1	铸钢支承架	t	$142.6×2÷1\ 000$	0.285
11.2	钢管φ80	t	$119.4×2÷1\ 000$	0.239
11.3	预埋钢板	t	$7×2÷1\ 000$	0.014
12	预埋安装地脚螺栓	t	$0.044+0.003+0.001$	0.048
12.1	预埋螺栓φ16	t	$22.1×2÷1\ 000$	0.044
12.2	螺母φ16	t	$1.4×2÷1\ 000$	0.003
12.3	垫圈φ16	t	$0.6×2÷1\ 000$	0.001
四、支座				
13	板式橡胶支座	cm³	$(35×1\ 200×2+90×1\ 200)×1$	192 000
五、桥台				
14	桥台基础			
14.1	基础21.6现浇混凝土	m³	$1.5×0.6×12×2$	21.60

续表

序号	项目名称	单位	工程量计算公式	数量
14.2	基础混凝土模板	m²	0.6×(12+1.5)×2×2	32.40
15	台身			
15.1	台身浆砌块石	m³	(2.1−0.6+2.44)×1.0×12×2	94.56
15.2	脚手架	m²	12×(2.1+2.44)×2	108.96
16	台帽			
16.1	台帽 C25 混凝土	m³	[0.35×0.25+(1+0.05−0.35)×0.45]×12×2+0.35×(12÷2×1.5%)÷2×12×2	10.04
16.2	台帽混凝土模板	m²	0.45×2×12×2+0.05×12×2+(12÷2×1.5%)÷2×12×2+[0.35×0.25+(1+0.05−0.35)×0.45]×2	24.69
16.3	砂浆抹面、防水层	m²	0.35×12×2	8.40
16.4	φ8 钢筋	t	12×4×0.395×2÷1 000	0.038
16.5	φ8 钢筋(箍筋)	t	1.11×49×0.395×2÷1 000	0.043
六、桥墩				
17	桥墩基础			
17.1	基础 C25 混凝土	m³	1.6×0.6×13.2	12.67
17.2	基础混凝土模板	m²	0.6×(13.2+1.6)×2	17.76
18	墩身			
18.1	墩身浆砌块石	m³	(0.8×12+π×0.4²)×(1.5+2.44)	39.8
18.2	脚手架	m²	12.8×(2.1+2.44)	58.11
19	墩帽			
19.1	墩帽 C25 混凝土	m³	0.9×12×0.25+π×0.45²×0.25+0.90×(12÷2×1.5%)÷2×12	3.35
19.2	墩帽混凝土模板	m²	(12+π×0.45)×2×(0.25+0.05)+(12÷2×1.5%)÷2×12×2	9.13
19.3	砂浆抹面	m²	0.90×12	10.80
19.4	φ8 钢筋	t	(12.1×4+12.9×2+1.917×4)×0.395÷1 000	0.032
19.5	φ8 钢筋(箍筋)	t	(2.174×49+1.96×2)×0.395÷1 000	0.044
七、支撑梁				
20	根数		$\left(\dfrac{12}{3}-1\right)\times2$	6
21	支撑梁 C20 混凝土	m³	7.3×0.3×0.2×6	2.63
22	支撑梁混凝土模板	m²		35.04
23	钢筋			
23.1	Φ 12	t	7.35×4×0.888×6÷1 000	0.157
23.2	φ8	t	0.97×30×0.395×6÷1 000	0.069

续表

序号	项目名称	单位	工程量计算公式	数量
八、八字翼墙				
24	翼墙基础			
24.1	基础C25混凝土	m³	$\{1.5\times(0.577+0.214+0.231)\times$ $[(3.24-0.1+2.1-0.6)-(2.1-0.6+0.2)]\times0.6+1.5\div2\div3.32\times$ $[(3.24-0.1+2.1-0.6)^2-(2.1-0.6+1.2)^2]\times$ $0.6+[0.214+0.231+0.577+(2.1-0.6+0.2)\div3.32]\times0.6\}\times4$	24.60
24.2	基础混凝土模板	m²	$\{1.534+2.42+4.41\div\cos 30°+[(4.41\times\tan 30°-$ $2.42+1.534)^2+4.41^2]0.5\}\times0.6\times4$	33.01
25	翼墙墙身浆砌块石	m³	$\{0.5\times1.5\times[(3.24-0.1+2.1-0.6)^2-(2.1-0.6+0.2)^2]\times$ $0.577+1.5\div6\div3.32\times[(3.24-0.1+2.1-0.6)^3-$ $(2.1-0.6+0.2)3]\}\times4$	60.87
26	翼墙抹面	m²	$0.577\times(1+1.52)^{0.5}\times$ $[(3.24-0.1+2.1-0.6)-(2.1-0.6+0.2)]\times4$	12.23
27	脚手架		$3.77\times4.41\div\cos 30°\times4$	76.79
九、铺砌				
28	浆砌片石铺砌	m³	$43.80+39.57$	83.37
28.1	浆砌片石洞身	m³	$12\times(8-0.4-0.35+0.05)\times0.25\times2$	43.80
28.2	浆砌片石洞口	m³	$[(2\times8-0.35\times2+0.05\times2)+(4.41\times\tan 30°)]\times4.41\times0.25\times2$	39.57
29	M7.5水泥砂浆勾缝	m²	$(43.80+39.57)\div0.25$	333.48
30	C15素混凝土找平层	m³	$83.37\times0.1\div0.25$	33.35
31	浆砌片石隔水墙	m³	$(21.65+0.2\times2)\times0.4\times1.5\times2$	26.46
十、泄水管				
32	泄水铸铁管根数	根	2×2	4
33	泄水铸铁管长度	m	0.8×4	3.20

（3）矩形板桥的分部分项工程费见表9.18。

表9.18 矩形板桥的分部分项工程费计价表

序号	编码	项目名称	项目特征及主要工程内容	单位	数量	综合单价/元	综合合价/元
一、行车道板							
1	040304003001	预制混凝土板	1.部位:行车道板; 2.构件代号、名称:详见设计; 3.混凝土强度等级:C40预制混凝土; 4.砂浆强度等级:详见设计	m³	67.4	377.06	25 413.84

续表

序号	编码	项目名称	项目特征及主要工程内容	单位	数量	综合单价/元	综合合价/元
	DC0384	预制混凝土板 矩形板 商品混凝土		10 m³	6.74	3 770.62	25 413.98
2	040303024001	混凝土其他构件	1. 名称、部位:铰缝混凝土; 2. 混凝土强度等级:Φ40	m³	9.02	541.69	4 886.04
	DC0330	现浇混凝土构件 板梁间灌缝 商品混凝土		10 m³	0.902	5 416.89	4 886.03
3	040901002001	预制构件钢筋	钢筋种类:Φ20	t	7.335	4 619.76	33 885.94
	DF0004	预制钢筋		t	7.335	4 619.76	33 885.94
4	040901002002	预制构件钢筋	钢筋种类:φ8、φ10	t	2.975	4 619.76	13 743.79
	DF0004	预制钢筋		t	2.975	4 619.76	13 743.79
5	040901002003	预制构件钢筋	钢筋种类:φ12	t	0.548	4 619.76	2 531.63
	DF0004	预制钢筋		t	0.548	4 619.76	2 531.63
二、桥面铺装							
6	040303019001	桥面铺装	1. 混凝土强度等级:C40 现浇防水混凝土4 cm厚; 2. 沥青混凝土种类:细粒式沥青混凝土10 cm厚	m²	176	98.46	17 328.96
	DC0301	现浇混凝土构件 车行道铺装 防水混凝土 面层		10 m³	1.755 6	3 612.93	6 342.86
	DC0302	现浇混凝土构件 车行道铺装 橡胶沥青混凝土		10 m³	0.704	15 605.85	10 986.52
7	040901001001	现浇构件钢筋	钢筋种类:Φ12	t	1.115	4 831.25	5 386.84
	DF0001	现浇钢筋		t	1.115	4 831.25	5 386.84
8	040901001002	现浇构件钢筋	钢筋种类:φ10	t	0.783	4 831.25	3 782.87
	DF0001	现浇钢筋		t	0.783	4 831.25	3 782.87
三、防撞墙、支撑梁							
9	040303018001	混凝土防撞护栏	1. 断面:详见设计; 2. 混凝土强度等级:C40 现浇防水混凝土; 3. 基座类型:详见设计	m	32	51.05	1 633.6

续表

序号	编码	项目名称	项目特征及主要工程内容	单位	数量	综合单价/元	综合合价/元
	DC0295	现浇混凝土构件 混凝土防撞护栏 商品混凝土		10 m³	0.388	4 210.39	1 633.63
10	040901001003	现浇构件钢筋	钢筋种类：Φ16	t	0.371	4 831.25	1 792.39
	DF0001	现浇钢筋		t	0.371	4 831.25	1 792.39
11	040901001004	现浇构件钢筋	钢筋种类：Φ12	t	0.429	4 831.25	2 072.61
	DF0001	现浇钢筋		t	0.429	4 831.25	2 072.61
12	040901001005	现浇构件钢筋	钢筋种类：φ8	t	0.238	4 831.25	1 149.84
	DF0001	现浇钢筋		t	0.238	4 831.25	1 149.84
13	040309001001	金属栏杆	栏杆材质、规格：φ80 钢管，铸钢支承架，预埋钢板130 mm×4 mm×170 mm	t	0.528	7 881.05	4 161.19
	DC0681	钢管栏杆		t	0.528	7 881.05	4 161.19
14	080404007001	预埋铁件、螺栓		t	0.048	1 664.94	79.92
	DC0577 换	高强螺栓栓接钢桁梁 下承式		10 t	0.004 8	16 649.44	79.92
四、支座							
15	040309004001	橡胶支座	1.材质：板式橡胶支座；2.规格、型号：35 mm×1 200 mm×1 mm	套	2	1 656.9	3 313.8
	DC0684	板式橡胶支座		100 cm³	420	7.89	3 313.8
16	040309004002	橡胶支座	1.材质：板式橡胶支座；2.规格、型号：90 mm×1 200 mm×1 mm	套	1	8 521.2	8 521.2
	DC0684	板式橡胶支座		100 cm³	1 080	7.89	8 521.2
五、桥台							
17	040303002001	混凝土基础-桥台	混凝土强度等级：C25	m³	21.6	325.59	7 032.74
	DC0200	现浇混凝土构件 混凝土基础 商品混凝土		10 m³	2.16	3 255.85	7 032.64
18	040305003001	浆砌块料	1.部位：桥台台身；2.材料品种、规格：块石；3.砂浆强度等级：水泥砂浆 M5.0 商品砂浆	m³	94.56	457.24	43 236.61

续表

序号	编码	项目名称	项目特征及主要工程内容	单位	数量	综合单价/元	综合合价/元
	DC0465	墩、台、墙 块(片)石　水泥砂浆M5.0 商品砂浆		10 m³	9.456	4 572.41	43 236.71
19	040303004001	混凝土墩(台)帽	部位:台帽	m³	10.4	345.85	3 596.84
	DC0207	现浇混凝土构件台帽　商品混凝土		10 m³	1.04	3 458.54	3 596.88
20	040309010001	防水层	1. 部位:桥台; 2. 材料品种、规格:防水砂浆抹面	m²	8.4	16.73	140.53
	DC0707	防水层　防水砂浆 2 cm		100 m²	0.084	1 673.03	140.53
21	040901001006	现浇构件钢筋	钢筋种类:φ8	t	0.081	4 831.25	391.33
	DF0001	现浇钢筋		t	0.081	4 831.25	391.33
六、桥墩							
22	040303002002	混凝土基础－桥墩	混凝土强度等级:C25	m³	12.67	325.59	4 125.23
	DC0200	现浇混凝土构件混凝土基础商品混凝土		10 m³	1.267	3 255.85	4 125.16
23	040305003002	浆砌块料	1. 部位:桥墩墩身; 2. 材料品种、规格:块石; 3. 砂浆强度等级:水泥砂浆 M5.0 商品砂浆	m³	39.8	457.24	18 198.15
	DC0465	墩、台、墙 块(片)石　水泥砂浆M5.0 商品砂浆		10 m³	3.98	4 572.41	18 198.19
24	040303004002	混凝土墩(台)帽	部位:墩帽	m³	3.35	347.57	1 164.36
	DC0205	现浇混凝土构件墩帽　商品混凝土		10 m³	0.335	3 475.73	1 164.37
25	040308001002	水泥砂浆抹面	1. 砂浆配合比:详见设计,现拌砂浆; 2. 部位:桥墩砂浆抹面; 3. 厚度:详见设计	m²	10.8	34.7	374.76

续表

序号	编码	项目名称	项目特征及主要工程内容	单位	数量	综合单价/元	综合合价/元
	DC0660	混凝土柱、梁面现拌		100 m²	0.108	3 469.75	374.73
		砂浆					
26	040901001007	现浇构件钢筋	钢筋种类:φ8	t	0.076	4 831.25	367.18
	DF0001	现浇钢筋		t	0.076	4 831.25	367.18
七、支撑梁							
27	040303006001	混凝土支撑梁及横梁	1.部位:支撑梁; 2.混凝土强度等级:C20	m³	2.63	349.17	918.32
	DC0242	现浇混凝土构件 支撑梁 商品混凝土		10 m³	0.263	3 491.7	918.32
28	040901001008	现浇构件钢筋	钢筋种类:Φ12	t	0.157	4 831.25	758.51
	DF0001	现浇钢筋		t	0.157	4 831.25	758.51
29	040901001009	现浇构件钢筋	钢筋种类:φ10	t	0.069	4 831.25	333.36
	DF0001	现浇钢筋		t	0.069	4 831.25	333.36
八、八字翼墙							
30	040303002003	混凝土基础-翼墙	混凝土强度等级:C25	m³	24.6	325.59	8 009.51
	DC0200	现浇混凝土构件 混凝土基础 商品混凝土		10 m³	2.46	3 255.85	8 009.39
31	040305003003	浆砌块料	1.部位:翼墙墙身; 2.材料品种、规格:块石; 3.砂浆强度等级:水泥砂浆 M5.0 商品砂浆	m³	60.87	457.24	27 832.2
	DC0465	墩、台、墙块(片)石 水泥砂浆 M5.0 商品砂浆		10 m³	6.087	4 572.41	27 832.26
32	040308001003	水泥砂浆抹面	1.砂浆配合比:详见设计,现拌砂浆; 2.部位:翼墙抹面; 3.厚度:详见设计	m²	12.23	26.11	319.33
	DC0651	墙面 砖墙现拌砂浆		100 m²	0.122 3	2 610.81	319.3
九、铺砌							

序号	编码	项目名称	项目特征及主要工程内容	单位	数量	综合单价/元	综合合价/元
33	040305003004	浆砌块料	1. 部位:洞身、洞口; 2. 材料品种、规格:浆砌片石; 3. 砂浆强度等级:水泥砂浆 M5.0 商品砂浆	m³	83.37	374.7	31 238.74
	DC0459	基础、护底块(片)石　水泥砂浆 M5.0 商品砂浆		10 m³	8.337	3 747	31 238.74
34	040308001004	水泥砂浆抹面	1. 砂浆配合比:M7.5 水泥砂浆; 2. 部位:勾缝	m²	333.48	12.19	4 065.12
	DC0509 换	勾平缝、凹缝块石　商品砂浆换为【干混商品砌筑砂浆 M7.5】		100 m²	3.334 8	1 218.92	4 064.85
35	040303001001	混凝土垫层	混凝土强度等级:C15 素混凝土	m³	33.35	315.91	10 535.6
	DC0198 换	现浇混凝土构件混凝土垫层　商品混凝土　换为【商品混凝土C15】		10 m³	3.335	3 159.12	10 535.67
36	040305003005	浆砌块料	1. 部位:隔水墙; 2. 材料品种、规格:浆砌片石; 3. 砂浆强度等级:水泥砂浆 M5.0 商品砂浆	m³	26.46	457.24	12 098.57
	DC0465	墩、台、墙块(片)石　水泥砂浆 M5.0 商品砂浆		10 m³	2.646	4 572.41	12 098.6
十、泄水管							
37	040309009001	桥面排(泄)水管	1. 材料品种:铸铁; 2. 管径:外径 110 mm	m	3.2	107.62	344.38
	DC0702	泄水孔 铸铁管		10 m	0.32	1 076.21	344.39
38	合计						80 461.24

该矩形板桥的分部分项工程费为 80 461.24 元。

（4）该矩形板桥的技术措施费见表 9.19。

表 9.19　矩形板桥的技术措施费计价表

序号	项目编码	项目名称	项目特征	计量单位	工程量	金额/元	
						综合单价	综合合价
一			施工技术措施项目				26 146.79
1	041101006001	外脚手架	桥台双排脚手架	m²	108.96	14.32	1 560.31
2	041101006002	外脚手架	桥墩双排脚手架	m²	58.11	14.32	832.14
3	041101006003	外脚手架	翼墙双排脚手架	m²	76.69	14.32	1 098.2
4	041102014001	板模板		m²	385.77	16.58	6 396.07
5	041102019001	防撞护栏模板		m²	49.38	120.68	5 959.18
6	041102004001	墩（台）帽模板		m²	33.82	94.99	3 212.56
7	041102002001	基础模板		m²	83.17	45.38	3 774.25
8	041102006001	支撑梁及横梁模板		m²	35.04	94.58	3 314.08
9	合计						26 146.79

该矩形板桥的技术措施费为 26 146.79 元。

思考题

1. 根据《重庆市市政工程计价定额》（CQSZDE—2018）简要说明在现浇混凝土构件和预制混凝土构件中，混凝土工程量、模板工程量的计算规则分别是怎样的？二者的主要区别在哪里？

2. 根据《重庆市市政工程计价定额》（CQSZDE—2018）的规定，旋挖钻孔灌注桩混凝土超灌工程量是如何考虑的？关于扩孔充盈量和堵管损失量定额中又是怎样规定的？

3.《市政工程工程量计算规范》（GB 50857—2013）中关于"泥浆护壁成孔灌注桩"清单工程量计算规则是怎样的？工作内容包括哪些？

4. 桥梁支座有哪些类型？清单工程量计算规则是怎样的？

5. 某市政桥梁工程，基础采用钻孔灌注桩，旋挖钻机成孔，桩径 2 200 mm，共 8 根，设计总桩长 160 m，钻孔经历黏土层厚 70 m，微风化砂岩层厚 120 m。护筒埋设深度按 2 m 考虑，护壁泥浆采用施工现场制备，废料运输至施工场地 5 km 外弃置处理，桩身采用 C25 导管法灌注水下混凝土。问：完成以上钻孔灌注桩工程需要套用哪些定额？并计算定额工程量，必要时列出详细计算式或附必要的文字说明。

第 10 章　市政工程预算费用的组成和计算

10.1　概述

10.1.1　编制背景及定额结构

为合理确定和有效控制工程造价,提高工程投资效益,根据《建筑安装工程费用项目组成》(建标〔2013〕44 号)、《关于全面推开营业税改征 增值税试点的通知》(财税〔2016〕36 号)、《关于调整增值税税率的通知》(财税〔2018〕32 号)、《建设工程工程量清单计价规范》(GB 50500—2013)、《重庆市建设工程工程量清单计价规则》(CQJJGZ—2013)等规定,结合重庆市实际情况,重庆市城乡建设委员会和重庆市建设工程造价管理总站组织编写了《重庆市建设工程费用定额》(CQFYDE—2018)(以下简称"本定额"),于 2018 年 8 月 1 日正式实施。

该定额由前言、颁发通知、目录、第一章 总说明、第二章 建筑安装工程费用项目组成及内容、第三章 建筑安装工程费用标准、第四章 工程量清单计价程序和第五章 工程量清单计价表格组成。

①前言:前言主要介绍定额的编制背景、修改和补充流程、参编人员等。

②颁发通知:颁发通知主要就新版定额的适用条件及管理和解释权做相关说明。

③目录:介绍定额包含的主要内容。

④第一章 总说明:主要就定额的编制背景、编制依据、适用范围、使用方式和作用等进行阐述,详细内容见 5.2.3 节。

⑤第二章 建筑安装工程费用项目组成及内容:详细介绍市政工程总投资中建筑安装工程费的组成及内容,详细内容见 10.2.1 节和 10.2.2 节。

⑥第三章 建筑安装工程费用标准:详细介绍市政工程总投资中建筑安装工程费的取费标准和计算思路,详细内容见 10.3 节。

⑦第四章 工程量清单计价程序:就一般计税法和简易计税法分市政工程和市政安装工程分别介绍综合单价的计算程序和单位工程合价的计价程序,具体计算流程见 10.4 节。

⑧第五章 工程量清单计价表格:就计价表格的种类、使用规定及表格样式做说明,详见 6.2 节。

10.1.2　2018 费用定额使用范围及作用

本定额是重庆市行政区域内国有资金投资的建设工程编制和审核施工图预算、招标控制价（最高投标限价）、工程结算的依据，是编制投标报价的参考，也是编制概算定额和投资估算指标的基础。

编制投标报价时，除费用组成、费用内容、计价程序、有关说明以及工程费用中的规费、安全文明施工费、税金标准应执行本定额外，其他费用标准投标人可结合建设工程和施工企业实际情况自主确定。

非国有资金投资的建设工程可参照本定额的规定执行。

10.1.3　2018 费用定额使用方式

本定额与 2018 年《重庆市房屋建筑与装饰工程计价定额》（CQJZZSDE—2018）、《重庆市仿古建筑工程计价定额》（CQFGDE—2018）、《重庆市通用安装工程计价定额》（CQAZDE—2018）、《重庆市市政工程计价定额》（CQSZDE—2018）、《重庆市园林绿化工程计价定额》（CQYLLHDE—2018）、《重庆市构筑物工程计价定额》（CQGZWDE—2018）、《重庆市城市轨道交通工程计价定额》（CQGDDE—2018）、《重庆市爆破工程计价定额》（CQBPDE—2018）、《重庆市房屋修缮工程计价定额》（CQXSDE—2018）、《重庆市绿色建筑工程计价定额》（CQLSJZDE—2018）、《重庆市建设工程施工机械台班定额》（CQJXDE—2018）、《重庆市建设工程施工仪器仪表台班定额》（CQYQYBDE—2018）、《重庆市建设工程混凝土及砂浆配合比表》（CQPHBB—2018）配套执行。

10.2　建筑安装工程费用项目组成及内容

10.2.1　2018 建筑安装工程费用项目组成

建筑安装工程费用由分部分项工程费、措施项目费、其他项目费、规费、税金组成，见表10.1。

表 10.1　建筑安装工程费用项目组成表

	分部分项工程费		建筑安装工程的分部分项工程费
建筑安装工程费	措施项目费	施工技术措施项目费	特、大型机械设备进出场及安拆费
			脚手架费
			混凝土模板及支架费
			施工排水及降水费
			其他技术措施费

建筑安装工程费	分部分项工程费	建筑安装工程的分部分项工程费		
	措施项目费	施工组织措施项目费	组织措施费	夜间施工增加费
				二次搬运费
				冬雨季施工增加费
				已完工程及设备保护费
				工程定位复测费
			安全文明施工费	
			建设工程竣工档案编制费	
			住宅工程质量分户验收费	
	其他项目费	暂列金额		
		暂估价		
		计日工		
		总承包服务费		
	规费	社会保障费	养老保险费	
			工伤保险费	
			医疗保险费	
			生育保险费	
			失业保险费	
		住房公积金		
	税金	增值税		
		城市建设维护税		
		教育费附加		
		地方教育附加		
		环境保护税		

10.2.2 建筑安装工程费用项目内容

1)分部分项工程费

分部分项工程费是指建筑安装工程的分部分项工程发生的人工费、材料费、施工机具使用费、企业管理费、利润和一般风险费。

(1)人工费

人工费是指按工资总额构成规定,支付给从事建筑安装工程施工的生产工人和附属生产单位工人的各项费用。内容包括:

①计时工资或计件工资:是指按计时工资标准和工作时间或对已做工作按计件单价支付给个人的劳动报酬。

②奖金:是指对超额劳动和增收节支支付给个人的劳动报酬。

③津贴补贴:是指为了补偿职工特殊或额外的劳动消耗和因其他特殊原因支付给个人的津贴,以及为了保证职工工资水平不受物价影响而支付给个人的物价补贴。

④加班加点工资:是指按规定支付的在法定节假日工作的加班工资和在法定日工作时间外延时工作的加点工资。

⑤特殊情况下支付的工资:是指根据国家法律、法规和政策规定,因病、工伤、产假、计划生育假、婚丧假、事假、探亲假、定期休假、停工学习、执行国家或社会义务等原因按计时工资标准或计件工资标准的一定比例支付的工资。

(2)材料费

材料费是指施工过程中耗费的原材料、辅助材料、构配件、零件、半成品或成品、工程设备的费用。内容包括:

①材料原价:是指材料、工程设备的出厂价格或商家供应的价格。

②运杂费:是指材料、工程设备自来源地运至工地仓库或指定堆放地点所发生的全部费用。

③运输损耗费:是指材料在运输装卸过程中不可避免的损耗。

④采购及保管费:是指为组织采购、供应和保管材料、工程设备的过程中所需的各项费用。包括采购费、仓储费、工地保管费、仓储损耗。工程设备是指构成或计划构成永久工程一部分的机电设备、金属结构设备、仪器装置及其他类似的设备和装置。

(3)施工机具使用费

施工机具使用费是指施工作业所发生的施工机械、仪器仪表使用费。

①施工机械使用费:是指施工机械作业所发生的施工使用费以及机械安拆费和场外运输费。施工机械台班单价由下列七项费用组成:

a.折旧费:是指施工机械在规定的耐用总台班内,陆续收回其原值的费用。

b.检修费:是指施工机械在规定的耐用总台班内,按规定的检修间隔进行必要的检修,以恢复其正常功能所需的费用。

c.维护费:是指施工机械在规定的耐用总台班内,按规定的维护间隔进行各级维护和临时故障排除所需的费用。保障机械正常运转所需替换设备与随机配备工具附具的摊销费用、机械运转及日常维护所需润滑与擦拭的材料费用及机械停滞期间的维护费用等。

d.安拆费及场外运费:安拆费是指中、小型施工机械在现场进行安装与拆卸所需的人工、材料、机械和试运转费用以及机械辅助设施的折旧、搭设、拆除等费用;场外运费是指中、小型施工机械整体或分体自停放地点运至施工现场或由一施工地点运至另一施工地点的运输、装卸、辅助材料、回程等费用。

e.人工费:是指机上司机(司炉)和其他操作人员的人工费。

f.燃料动力费:是指施工机械在运转作业中所耗用的燃料及水、电等费用。

g.其他费:是指施工机械按照国家规定应缴纳的车船税、保险费及检测费等。

②仪器仪表使用费:是指工程施工所需使用的仪器仪表的摊销及维修费用。

(4)企业管理费

企业管理费是指建筑安装企业组织施工生产和经营管理所需的费用。内容包括:

①管理人员工资:是指按规定支付给管理人员的计时工资、奖金、津贴补贴、加班加点工资及特殊情况下支付的工资等。

②办公费:是指企业管理办公用的文具、纸张、账表、印刷、邮电、书报、办公软件、现场监控、会议、水电、烧水和集体取暖降温(包括现场临时宿舍取暖降温)等费用。

③差旅交通费:是指职工因公出差、调动工作的差旅费、住勤补助费,市内交通费和误餐补助费,职工探亲路费,劳动力招募费,职工退休、退职一次性路费,工伤人员就医路费,工地转移费以及管理部门使用的交通工具的油料、燃料等费用。

④固定资产使用费:是指管理和试验部门及附属生产单位使用的属于固定资产的房屋、设备、仪器等的折旧、大修、维修或租赁费。

⑤工具用具使用费:是指企业施工生产和管理使用的不属于固定资产的工具、器具、家具、交通工具和检验、试验、测绘、消防用具等的购置、维修和摊销费。

⑥劳动保险和职工福利:是指由企业支付的职工退职金、按规定支付给离休干部的经费,集体福利费、夏季防暑降温、冬季取暖补贴、上下班交通补贴等。

⑦劳动保护费:是企业按规定发放的劳动保护用品的支出。如工作服、手套、防暑降温饮料以及在有碍身体健康的环境中施工的保健费用等。

⑧工会经费:是指企业按《工会法》规定的全部职工工资总额比例计提的工会经费。

⑨职工教育经费:是指按职工工资总额的规定比例计提,企业为职工进行专业技术和职业技能培训,专业技术人员继续教育、职工职业技能鉴定、职业资格认定以及根据需要对职工进行各类文化教育所发生的费用。

⑩财产保险费:是指施工管理用财产、车辆等的保险费用。

⑪财务费:是指企业为施工生产筹集资金或提供预付款担保、履约担保、职工工资支付担保等所发生的各种费用。

⑫税金:是指企业按规定缴纳的房产税、车船使用税、土地使用税、印花税等。

⑬其他:包括技术转让费、技术开发费、投标费、业务招待费、广告费、公证费、法律顾问费、审计费、咨询费、保险费、建设工程综合(交易)服务费及配合工程质量检测取样送检或为送检单位在施工现场开展有关工作所发生的费用等。

(5)利润

利润是指施工企业完成所承包工程获得的盈利。

(6)风险费

风险费是指一般风险费和其他风险费。

①一般风险费:是指工程施工期间因停水、停电,材料设备供应,材料代用等不可预见的一般风险因素影响正常施工而又不便计算的损失费用。内容包括:一月内临时停水、停电在16 h以内的停工、窝工损失;建设单位供应材料设备不及时,造成的停工、窝工每月在8 h以内的损失;材料的理论质量与实际质量的差额;材料代用,但不包括建筑材料中钢材的代用。

②其他风险费:是指除一般风险费外,招标人根据《建设工程工程量清单计价规范》(GB 50500—2013)、《重庆市建设工程工程量清单计价规则》(CQJJGZ—2013)的有关规定,在招标文件中要求投标人承担的人工、材料、机械价格及工程量变化导致的风险费用。

2)措施项目费

措施项目费是指建筑安装工程施工前和施工过程中发生的技术、生活、安全、环境保护等费用,包括人工费、材料费、施工机具使用费、企业管理费、利润和一般风险。措施项目费分为施工技术措施项目费与施工组织措施项目费。

(1)施工技术措施项目费

①特、大型施工机械设备进出场及安拆费:进出场费是指特、大型施工机械整体或分体自停放地点运至施工现场或由一施工地点运至另一施工地点的运输、装卸、辅助材料、回程等费用;

安拆费是指特、大型施工机械在现场进行安装与拆卸所需的人工、材料、机械和试运转费用以及机械辅助设施的折旧、搭设、拆除等费用。

②脚手架费:是指施工需要的各种脚手架搭、拆、运输费用以及脚手架购置费的摊销或租赁费用。

③混凝土模板及支架费:是指混凝土施工过程中需要的各种模板和支架等的支、拆、运输费用以及模板、支架的摊销或租赁费用。

④施工排水及降水费:是指为确保工程在正常条件下施工,采取各种排水、降水措施所发生的各种费用。

⑤其他技术措施费:是指除上述措施项目外,各专业工程根据工程特征所采用的措施项目费用,市政工程中此部分费用主要指围堰、便道及便桥、洞内临时设施、构件运输。

(2)施工组织措施项目费

①组织措施费。

a.夜间施工增加费:是指因夜间施工所发生的夜班补助费、夜间施工降效、夜间施工照明设备摊销及照明用电等费用。

b.二次搬运费:是指因施工场地条件限制而发生的材料、构配件、半成品等一次运输不能到达堆放地点,必须进行二次或多次搬运所发生的费用。

c.冬雨季施工增加费:是指在冬季或雨季施工时需增加的临时设施、防滑、排除雨雪,人工及施工机械效率降低等费用。

d.已完工程及设备保护费:是指竣工验收前,对已完工程及设备采取的必要保护措施所发生的费用。

e.工程定位复测费:是指工程施工过程中进行全部施工测量放线和复测的费用。

②安全文明施工费。

a.环境保护费:是指施工现场为达到环保部门要求所需的各项费用。

b.文明施工费:是指施工现场文明施工所需的各项费用。

c.安全施工费:是指施工现场安全施工所需的各项费用。

d.临时设施费:是指施工企业为进行建设工程施工所必须搭设的生活和生产用的临时建筑物、构筑物和其他临时设施费用。包括临时设施的搭设、维修、拆除、清理和摊销费等。

③建设工程竣工档案编制费。

建设工程竣工档案编制费是指施工企业根据建设工程档案管理的有关规定,在建设工程施工过程中,收集、整理、制作、装订、归档具有保存价值的文字、图纸、图表、声像、电子文件等各种建设工程档案资料所发生的费用。

3)其他项目费

其他项目费是指由暂列金额、暂估价、计日工和总承包服务费组成的其他项目费用。包括人工费、材料费、施工机具使用费、企业管理费、利润和一般风险费。

(1)暂列金额

暂列金额是指招标人在工程量清单中暂定并包括在工程合同价款中的一笔款项。用于施工合同签订时尚未确定或者不可预见的所需材料、工程设备、服务的采购,施工中可能发生的工程变更、合同约定调整因素出现时的工程价款调整以及发生的索赔、现场签证确认等的费用。

(2)暂估价

暂估价是指招标人在工程量清单中提供的用于支付必然发生但暂时不能确定价格的材料、

工程设备的单价以及专业工程的金额。

（3）计日工

计日工是指在施工过程中，承包人完成发包人提出的施工图纸以外的零星项目或工作，按合同约定计算所需的费用。

（4）总承包服务费

总承包服务费是指总承包人为配合协调发包人进行的专业工程分包，同期施工时提供必要的简易架料、垂直吊运和水电接驳、竣工资料汇总整理等服务所需的费用。

4）规费

规费是指根据国家法律、法规的规定，由省级政府和省级有关权力部门规定必须缴纳或计取的费用。主要包括：

（1）社会保险费

①养老保险费：是指企业按照规定标准为职工缴纳的基本养老保险费。

②工伤保险费：是指企业按照规定标准为职工缴纳的工伤保险费。

③医疗保险费：是指企业按照规定标准为职工缴纳的基本医疗保险费。

④生育保险费：是指企业按照规定标准为职工缴纳的生育保险费。

⑤失业保险费：是指企业按照规定标准为职工缴纳的失业保险费。

（2）住房公积金

住房公积金是指企业按规定标准为职工缴纳的住房公积金。

5）税金

税金是指国家税法规定的应计入建筑安装工程造价的增值税、城市维护建设税、教育费附加、地方教育附加以及环境保护税。

10.3　市政工程费用标准

（1）企业管理费、组织措施费、利润、规费和风险费

市政工程以定额人工费和定额施工机具使用费之和为费用计算基础，费用标准见表 10.2。

表 10.2　市政工程企业管理费、组织措施费、利润、规费和风险费取费标准

专业工程		一般计税法			简易计税法			利润 /%	规费 /%
		企业管理费 /%	组织措施费 /%	一般风险费 /%	企业管理费 /%	组织措施费 /%	一般风险费 /%		
市政工程	道路工程	45.18	13.31	1.6	45.87	14.18	1.71	24.44	11.46
	桥梁工程	39.08	9.91	2.0	39.67	10.56	2.14	17.18	11.46
	隧道工程	31.86	8.72		32.34	9.29		12.71	11.46
	广（停车）场	20.6	5.53	1.5	20.91	5.89	1.6	10.83	11.46
	排水工程	44.85	11.20		45.53	11.93		19.93	11.46
	涵洞工程	33.72	8.54		34.23	9.10		20.20	11.46
	挡墙工程	18.46	5.39		18.74	5.74		7.70	11.46

注：除一般风险费外的其他风险费，按招标文件要求的风险内容及范围确定。

（2）安全文明施工费

安全文明施工费按现行建设工程安全文明施工费管理的有关规定执行,调整后的费用标准见表10.3。

表10.3 安全文明施工费的取费标准

专业工程		计算基础	一般计税法/%	简易计税法/%
市政工程	道路工程	工程造价1亿元以内	3.00	3.12
		工程造价1亿元以上	2.70	2.81
	桥梁工程	工程造价2亿元以内	3.02	3.14
		工程造价2亿元以上	2.73	2.84
	隧道工程	工程造价1亿元以内	2.79	2.91
		工程造价1亿元以上	2.53	2.64
	广(停车)场	工程造价	2.43	2.53
	排水工程		2.67	2.78
	涵洞工程		2.45	2.55
	挡墙工程		2.70	2.81

（3）建设工程竣工档案编制费

市政工程竣工档案编制费按现行建设工程竣工档案编制费的有关规定执行,以定额人工费与定额施工机具使用费之和为费用计算基础,调整后的费用标准见表10.4。

表10.4 建设工程竣工档案编制费取费标准

专业工程		一般计税法/%	简易计税法/%
市政工程	道路工程	0.59	0.62
	桥梁工程	0.38	0.40
	隧道工程	0.31	0.32
	运动场、广场、停车场	0.27	0.28
	排水工程	0.48	0.50
	涵洞工程	0.43	0.45
	挡墙工程	0.31	0.32

（4）采购及保管费

采购及保管费=(材料原价+运杂费)×(1+运输损耗率)×采购及保管费率

承包人采购材料、设备的采购及保管费率:材料2%,设备0.8%,预拌商品混凝土及商品湿拌砂浆、水稳层、沥青混凝土等半成品0.6%,苗木0.5%。

发包人提供的预拌商品混凝土及商品湿拌砂浆、水稳层、沥青混凝土等半成品不计取采购及保管费;发包人提供的其他材料到承包人指定地点,承包人计取采购及保管费的2/3。

（5）计日工

①计日工中的人工、材料、机械单价按建设项目实施阶段市场价格确定;计费基价人工执行表10.5的标准,材料、机械执行各专业计价定额单价;市场价格与计费基价之间的价差单调。

表 10.5　计日工计费计价人工单价

序号	工种	人工单价/(元·工日$^{-1}$)
1	市政综合工	115

②综合单价按相应专业工程费用标准及计算程序计算,但不再计取一般风险费。

(6)停、窝工费用

①承包人进入现场后,如因设计变更或由于发包人的责任造成的停工、窝工费用,由承包人提出资料,经发包人、监理方确认后由发包人承担。施工现场如有调剂工程,经发、承包人协商可以安排时,停、窝工费用应根据实际情况不收或少收。

②现场机械停置台班数量按停置期日历天数计算,台班费及管理费按机械台班费的50%计算,不再计取其他有关费用,但应计算税金。

③生产工人停工、窝工按相应专业综合工单价计算,综合费用按10%计算,除税金外不再计取其他费用;人工费市场价差单调。

④周转材料停置费按实计算。

(7)现场生产和生活用水、电价差调整

①安装水、电表时,水、电用量按表计量。水、电费由发包人交款,承包人按合同约定水、电单价退还发包人;水、电费由承包人交款,承包人按合同约定水、电费调价方法和单价调整价差。

②未安装水、电表并由发包人交款时,水、电费按表10.6计算退还发包人。

表 10.6　水、电费执行标准

专业工程	计算基础	一般计税法		简易计税法	
		水费/%	电费%	水费%	电费%
市政、城市轨道交通工程	定额人工费+定额施工机具使用费	1.11	1.27	1.25	1.49

(8)税金

增值税、城市维护建设税、教育费附加、地方教育附加和环境保护税,按照国家和重庆市相关规定执行,税费标准见表10.7。

表 10.7　税费标准

税目		计算基础	工程在市区/%	工程在县、城镇/%	不在市区及县、城镇/%
增值税	一般计税方法	税前造价	10		
	简易计税方法		3		
附加税	城市维护建设税	增值税税额	7	5	1
	教育费附加		3	3	3
	地方教育附加		2	2	2
环境保护税		按实计算			

注:1.当采用增值税一般计税方法时,税前造价不含增值税进项税额;

　　2.当采用增值税简易计税方法时,税前造价应包含增值税进项税额。

10.4　工程量清单计价程序

(1)综合单价计算程序

根据《重庆市建设工程费用定额》(CQFYDE—2018)第四章的规定,综合单价是指完成一个规定清单项目所需的人工费、材料费、施工机具使用费和企业管理费、利润以及一定范围内的风险费用。

①市政工程综合单价计算程序见表 10.8 和表 10.9。

表 10.8　综合单价计算程序表(一)

序号	费用名称	一般计税法计算式
1	定额综合单价	1.1+…+1.6
1.1	定额人工费	
1.2	定额材料费	
1.3	定额施工机具使用费	
1.4	企业管理费	(1.1+1.3)×费率
1.5	利润	(1.1+1.3)×费率
1.6	一般风险费	(1.1+1.3)×费率
2	人材机价差	2.1+2.2+2.3
2.1	人工费价差	合同价(信息价、市场价)-定额人工费
2.2	材料费价差	不含税合同价(信息价、市场价)-定额材料费
2.3	施工机具使用费价差	2.3.1+2.3.2
2.3.1	机上人工费价差	合同价(信息价、市场价)-定额机上人工费
2.3.2	燃料动力费价差	不含税合同价(信息价、市场价)-定额燃料动力费
3	其他风险费	
4	综合单价	1+2+3

表 10.9　综合单价计算程序表(二)

序号	费用名称	简易计税法计算式
1	定额综合单价	1.1+…+1.6
1.1	定额人工费	
1.2	定额材料费	
1.2.1	其中:定额其他材料费	
1.3	定额施工机具使用费	
1.4	企业管理费	(1.1+1.3)×费率
1.5	利润	(1.1+1.3)×费率
1.6	一般风险费	(1.1+1.3)×费率

序号	费用名称	简易计税法计算式
2	人材机价差	2.1+2.2+2.3
2.1	人工费价差	合同价(信息价、市场价)-定额人工费
2.2	材料费价差	2.2.1+2.2.2
2.2.1	计价材料价差	含税合同价(信息价、市场价)-定额材料费
2.2.2	定额其他材料费进项税	1.2.1×材料进项税税率16%
2.3	施工机具使用费价差	2.3.1+2.3.2+2.3.3
2.3.1	机上人工费价差	合同价(信息价、市场价)-定额机上人工费
2.3.2	燃料动力费价差	含税合同价(信息价、市场价)-定额燃料动力费
2.3.3	施工机具进项税	2.3.3.1+2.3.3.2
2.3.3.1	机械进项税	按施工机械台班定额进项税额计算
2.3.3.2	定额其他施工机具使用费进项税	定额其他施工机具使用费×施工机具进项税税率16%
3	其他风险费	
4	综合单价	1+2+3

②市政安装工程综合单价计算程序见表 10.10 和表 10.11。

表 10.10　综合单价计算程序表(三)

序号	费用名称	一般计税法计算式
1	定额综合单价	1.1+…+1.6
1.1	定额人工费	
1.2	定额材料费	
1.3	定额施工机具使用费	
1.4	企业管理费	1.1×费率
1.5	利润	1.1×费率
1.6	一般风险费	1.1×费率
2	未计价材料	不含税合同价(信息价、市场价)
3	人材机价差	3.1+3.2+3.3
3.1	人工费价差	合同价(信息价、市场价)-定额人工费
3.2	材料费价差	不含税合同价(信息价、市场价)-定额材料费
3.3	施工机具使用费价差	3.3.1+3.3.2
3.3.1	机上人工费价差	合同价(信息价、市场价)-定额机上人工费
3.3.2	燃料动力费价差	不含税合同价(信息价、市场价)-定额燃料动力费
4	其他风险费	
5	综合单价	1+2+3+4

表 10.11 综合单价计算程序表(四)

序号	费用名称	简易计税法计算式
1	定额综合单价	1.1+…+1.6
1.1	定额人工费	
1.2	定额材料费	
1.2.1	其中:定额其他材料费	
1.3	定额施工机具使用费	
1.4	企业管理费	1.1×费率
1.5	利润	1.1×费率
1.6	一般风险费	1.1×费率
2	未计价材料	含税合同价(信息价、市场价)
3	人材机价差	3.1+3.2+3.3
3.1	人工费价差	合同价(信息价、市场价)-定额人工费
3.2	材料费价差	3.2.1+3.2.2
3.2.1	计价材料价差	含税合同价(信息价、市场价)-定额材料费
3.2.2	定额其他材料费进项税	1.2.1×材料进项税税率16%
3.3	施工机具使用费价差	3.3.1+3.3.2+3.3.3
3.3.1	机上人工费价差	合同价(信息价、市场价)-定额机上人工费
3.3.2	燃料动力费价差	含税合同价(信息价、市场价)-定额燃料动力费
3.3.3	施工机具进项税	3.3.3.1+3.3.3.2+3.3.3.3
3.3.3.1	机械进项税	按施工机械台班定额进项税额计算
3.3.3.2	仪器仪表进项税	按仪器仪表台班定额进项税额计算
3.3.3.3	定额其他施工机具使用费进项税	定额其他施工机具使用费×施工机具进项税税率16%
4	其他风险费	
5	综合单价	1+2+3+4

【例 10.1】 现施工某桥梁工程商品混凝土墩盖梁,已知混凝土综合工市场价为 150 元/工日,商品混凝土市场价为 275 元/m³,水市场价为 5 元/m³,试根据《重庆市市政工程计价定额》(CQSZDE—2018)相关定额子目,计算一般计税法条件下该工作的清单综合单价。(暂不考虑其他风险费)

【解】 查阅定额知,本例适用定额子目为 DC0246。由定额表格内的相关数据知:

定额综合单价 = 3 553.13(元/10 m³)

定额人工费 = 489.67(元/10 m³)

定额材料费 = 2 778.18(元/10 m³)

定额施工机具使用费 = 0(元/10 m³)

企业管理费 = 191.36(元/10 m³)

利润＝84.13(元/10 m³)

一般风险费＝9.79(元/10 m³)

混凝土综合工定额单价＝115(元／工日)

商品混凝土定额单价＝266.99(元/m³)

水定额单价＝4.42(元/m³)

其中,企业管理费、一般风险费、利润还可通过查阅《重庆市建设工程费用定额》(CQFYDE—2018)计算。一般计税法下,企业管理费费率为 39.08%,一般风险费费率为 2.0%,利润率为 17.18%。

则企业管理费＝(489.67+0)×39.08%＝191.36(元/10 m³)

利润＝(489.67+0)×17.18%＝84.13(元/10 m³)

一般风险费＝(489.67+0)×2.0%＝9.79(元/10 m³)

人材机价差＝人工费价差+材料费价差+施工机具使用费价差＝(150−115)×4.258+(275−266.99)×10.15+(5−4.42)×3.297+0＝232.24(元/10 m³)

综合单价＝定额综合单价+人材机价差+其他风险费＝3 553.13+232.24+0＝3 785.37(元/10 m³)。

(2)单位工程计价程序

根据《重庆市建设工程费用定额》(CQFYDE—2018)第四章的规定,单位工程合价计算程序表见表 10.12。

表 10.12　单位工程计价程序表

序号	项目名称	计算式	金额/元
1	分部分项工程费		
2	措施项目费	2.1+2.2	
2.1	技术措施项目费		
2.2	组织措施项目费		
其中	安全文明施工费		
3	其他项目费	3.1+3.2+3.3+3.4+3.5	
3.1	暂列金额		
3.2	暂估价		
3.3	计日工		
3.4	总承包服务费		
3.5	索赔及现场签证		
4	规费		
5	税金	5.1+5.2+5.3	
5.1	增值税	(1+2+3+4−甲供材料费)×税率	
5.2	附加税	5.1×税率	
5.3	环境保护税	按实计算	
6	合价	1+2+3+4+5	

【**例**10.2】　某县隧道工程分部分项工程费 487 538 716 元,措施项目费 2 341 685 元,其中,定额人工费 195 015 486 元,定额施工机具使用费 146 261 614 元,其他项目费 345 842 元,甲供材料费 200 000 元,暂不考虑环境保护税,试根据《重庆市建设工程费用定额》(CQFYDE—2018)计算一般计税法下该工程合价。

【**解**】　规费=(定额人工费+定额施工机具使用费)×规费费率

　　　　　　=(195 015 486+146 261 614)×11.46%

　　　　　　=39 110 355.66(元)

增值税=(分部分项工程费+措施项目费+其他项目费+规费−甲供材料费)×税率

　　　　=(487 538 716+2 341 685+345 842+39 110 355.66−200 000)×9%

　　　　=47 622 293.88(元)

附加税=增值税×税率=47 622 293.88×10%=4 762 229.39(元)

环境保护税=0(元)

则税金=增值税+附加税+环境保护税=47 622 293.88+4 762 229.39+0

　　　　=52 384 523.27(元)

合计=分部分项工程费+措施项目费+其他项目费+规费+税金

　　　=487 538 716+2 341 685+345 842+39 110 355.66+52 384 523.27

　　　=581 721 121.93(元)

思考题

1.市政工程建设项目总投资由哪些费用构成?

2.简述市政工程的建筑安装工程费的组成。

3.简述市政工程措施费的组成及计算方法。

4.简述市政工程综合单价的组成及计算方法。

5.简述市政工程工程造价的计价程序。

6.简述市政工程预备费的组成及各自的用途。

第 11 章　市政工程实例及部分成果

本章主要介绍采用企业常用计价软件——广联达 GCCP 软件,处理第二篇市政工程实例组价问题,并在书中展示部分纸质版成果,在本章末二维码中展示完整电子版成果。故本章首先简单介绍广联达 GCCP 软件,包括广联达 G+平台下载与安装、广联达 GCCP 软件下载与安装、广联达新驱动下载与安装、广联达 GCCP 软件部分操作界面;再描述工程概述,展示实例施工图预算编制部分成果。

11.1　广联达 GCCP 软件简介

本节采用广联达 GCCP 软件进行市政工程组价,文中展示部分截图。

①广联达 G+平台下载与安装(图 11.1、图 11.2)。

图 11.1　下载界面

图 11.2　安装界面

②广联达 GCCP 软件下载与安装(图 11.3)。

图 11.3　下载与安装

③广联达新驱动下载与安装(图 11.4)。

图 11.4　新驱动与安装

④广联达 GCCP 软件分部分项界面(图 11.5)。

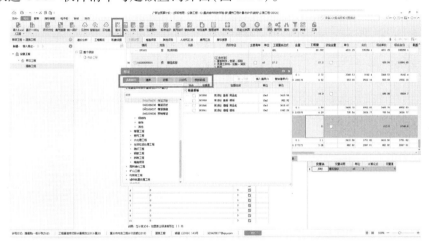

图 11.5　分部分项界面

⑤广联达 GCCP 软件清单与定额查询界面(图 11.6)。

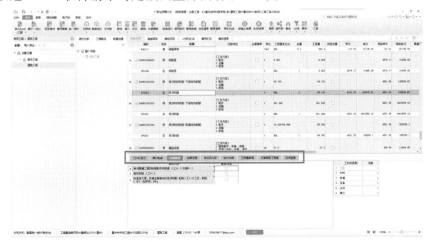

图 11.6　查询界面

⑥广联达 GCCP 软件清单与定额调整界面(图 11.7)。

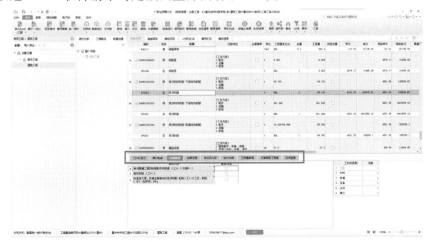

图 11.7　清单与定额调整界面

⑦广联达 GCCP 软件取费设置界面(图 11.8)。

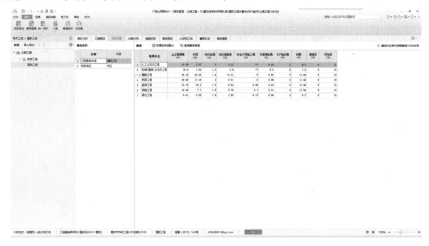

图 11.8　取费设置界面

⑧广联达 GCCP 软件造价分析界面(图 11.9)。

图 11.9　造价分析界面

⑨广联达 GCCP 软件措施项目界面(图 11.10)。

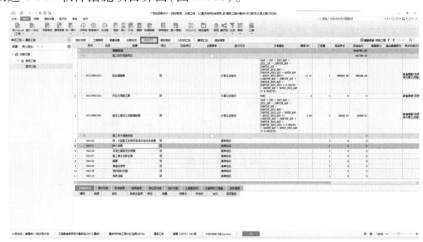

图 11.10　措施项目界面

⑩广联达 GCCP 软件其他项目界面(图 11.11)。

图 11.11　其他项目界面

⑪广联达 GCCP 软件人材机汇总界面(图 11.12)。

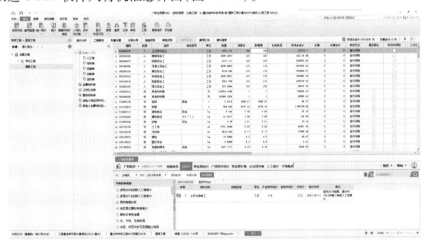

图 11.12　人材机汇总界面

⑫广联达 GCCP 软件费用汇总界面(图 11.13)。

图 11.13　费用汇总界面

⑬广联达 GCCP 软件指标信息界面(图 11.14)。

图 11.14 指标信息界面

11.2 市政工程预算文件的编制

11.2.1 工程概述

本书实例选自某公路工程、建设规模及主要建设内容:本项目共包含 2 条道路,东环线全长为 2 579.751 m,标准路幅宽为 8.5 m,双向 2 车道,行车道 4.0 m×2,硬路肩 0.25 m×2,其中 K1+388 至 K1+638 为桥梁段,长 250 m,桥梁宽 12 m。寨丁连接线全长为 505.798 m,标准路幅宽为 8.5 m,双向 2 车道,行车道 4.0 m×2,硬路肩 0.25 m×2,其中 K0+200 至 K0+483 为桥梁段,长 283 m,桥梁宽 9.4 m。主要建设内容包括路基工程、路面工程、排水工程、交通安全工程、照明工程、环境保护与景观工程、桥梁涵洞工程等配套工程。

本工程取费中,工程所在地为重庆,安全文明施工费按照"道路工程(工程造价 1 亿元以内)"3% 取费,其他取费因素过于复杂,暂不考虑调整。

本工程使用"广联达 GCCP 软件"完成概预算文件编制,并导出完整报表。

11.2.2 实例施工图预算编制完整成果

本书实例选自某市政工程,工程背景完整介绍、道路工程施工图、相关说明文件、工程量、工程组价等均完整罗列于电子资料库,请扫描二维码参考学习。

市政工程施工
图预算文件

第三篇　公路工程计量与计价
——道路、桥涵工程

　　本篇主要根据交通运输部的相关规定,介绍城市(道路交通网络)建设公路工程中的道路工程、桥涵工程。本篇共包含 7 章,前两章(即第 12、13 章)介绍公路工程预算定额的组成及说明、公路工程工程量清单的构成及规则,让读者从总体上把握公路工程计价的总则及规定;中间 3 章(即第 14—16 章)分别对路基工程、路面工程、桥涵工程等板块进行详细讲解,其中又以路基土石方工程和桥梁工程为重难点,围绕其预算定额说明、工程量计算规则说明、案例分析 3 个层面展开,进一步掌握清单及定额具体规定的同时,达到熟练运用清单及定额规则计算工程量、完整列项、正确套用定额完成计量组价的目的;最后两章(即第 17、18 章),从实战角度出发,立足运用,先介绍公路工程预算费用构成、计算方法及预算文件编制方法和步骤,再以某公路工程图纸为依托,借助纵横 Z+计价平台,围绕其展开施工图预算的编制,在进一步巩固理论知识的同时具备利用理论知识解决工程实际问题的能力。

第 12 章　公路工程预算定额

12.1　公路工程预算定额的组成

为合理确定和有效控制工程造价,提高工程投资效益,规范建设市场计价行为,推动建设行业持续健康发展,交通运输部于 2018 年 12 月 17 日发布了《公路工程预算定额》(JTG/T 3832—2018),并于 2019 年 5 月 1 日正式实施。

整本定额由如下 6 个部分组成:

1) 总说明

针对定额的一个总体情况说明,详细内容见 12.2 节。

2) 总目录

各章节目录。

3) 上、下册目录

按总目录中章节目录分上、下册目录细化的表格目录。

4) 章说明

定额各章节的使用说明和相关工程量计算规则。

5) 定额子目表

表示各分项工程一定工程内容下人材机消耗量、基价等信息,如图 12.1 所示。

1-1-4　挖土质台阶

工程内容:1)画线挖土,台阶宽不小于 1 m;2)将土抛到填方处。

单位:1 000 m³

顺序号	项　目	单位	代号	人工挖台阶			挖掘机挖台阶		
				松土	普通土	硬土	松土	普通土	硬土
				1	2	3	4	5	6
1	人工	工日	1001001	17.4	28.1	43.7	1.6	1.9	2.1
2	1.0 m³ 以内履带式液压单斗挖掘机	台班	8001027	—	—	—	1.12	1.3	1.49
3	基价	元	9999001	1 849	2 986	4 644	1 508	1 755	2 004

图 12.1　某定额子目图

(1)表号、表名

1-1-4 挖土质台阶。

（2）工作内容

①画线挖土，台阶宽不小于 1 m。

②将土抛到填方处。

（3）计量单位

1 000 m³。

（4）定额编号

1-1-4-1、1-1-4-2、……、1-1-4-5。

第一个阿拉伯数字表示章序号，1 表示第 1 章路基工程；第二个阿拉伯数字表示盖章下的节序号，1 表示第一节路基土石方工程；第三个阿拉伯数字表示节下分项工程顺序号，4 表示挖土质台阶；最后一个阿拉伯数字表示分项工程下的定额子目顺序码，1 表示人工挖松土台阶。

（5）项目名称

人工挖台阶（松土）、人工挖台阶（普通土）、……、挖掘机挖台阶（硬土）。

（6）人材机明细

计量单位、单价代号、人材机消耗量。

（7）基价

定额人工、材料、机械消耗量及对应的单价。

6）附录

附录包括以下 4 个部分：

附录一　路面材料计算基础数据

附录二　基本定额

附录三　材料的周转及摊销

附录四　定额基价人工、材料单位质量、单价表

12.2　公路工程定额的使用说明

12.2.1　总说明

根据《公路工程预算定额》（JTG/T 3832—2018）总说明，该定额在使用时需注意以下规定：

第一条：《公路工程预算定额》（JTG/T 3832—208）（以下简称"本定额"）是全国公路专业定额。它是编制施工图预算的依据，也是编制工程概算定额（指标）的基础，适用于公路基本建设新建、改扩建工程。

第二条：本定额是以人工、材料、机械台班消耗量表现的公路工程预算定额。编制预算时，其人工费、材料费、机械使用费，应按现行《公路工程建设项目概算预算编制办法》（JTG 3830—2018）的规定计算。

第三条：本定额包括路基工程、路面工程、隧道工程、桥涵工程、交通工程及沿线设施、绿化及环境保护工程、临时工程、材料采集及加工、材料运输共九章及附录。

第四条：本定额是按照合理的施工组织和一般正常的施工条件编制的。定额中所采用的施工方法和工程质量标准，是根据国家现行的公路工程施工技术及验收规范、质量评定标准及安

全操作规程取定的,除定额中规定允许换算者外,均不得因具体工程的施工组织、操作方法和材料消耗与定额的规定不同而调整定额。

第五条:本定额除潜水工作每工日 6 h,隧道工作每工日 7 h 外,其余均按每工日 8 h 计算。

第六条:本定额中的工程内容均包括定额项目的全部施工过程。定额内除扼要说明施工的主要操作工序外,均包括准备与结束、场内操作范围内的水平与垂直运输、材料工地小搬运、辅助和零星用工、工具及机械小修、场地清理等工程内容。

第七条:本定额中的材料消耗量是按现行材料标准的合格材料和标准规格材料计算的。定额内材料、成品、半成品均已包括场内运输及操作损耗,编制预算时,不得另行增加。其场外运输损耗、仓库保管损耗应在材料预算价格内考虑。

第八条:本定额中周转性的材料、模板、支撑、脚手杆、脚手板和挡土板等的数量,已考虑了材料的正常周转次数并计入定额内。其中,就地筑钢筋混凝土梁用的支架及拱圈用的拱盔、支架,如确因施工安排达不到规定的周转次数时,可根据具体情况进行换算并按规定计算回收,其余工程一般不予抽换。

第九条:定额中列有的混凝土、砂浆的强度等级和用量,其材料用量已按附录二中配合比表规定的数量列入定额,不得重算。如设计采用的混凝土、砂浆强度等级或水泥强度等级与定额所列强度等级不同时,可按配合比表进行换算。但实际施工配合比材料用量与定额配合比表用量不同时,除配合比说明中允许换算者外,均不得调整。

混凝土、砂浆配合比表的水泥用量,已综合考虑采用不同品种水泥的因素,实际施工中不论采用何种水泥,均不得调整定额用量。

第十条:本定额中各类混凝土均未考虑外掺剂的费用,当设计需要添加外掺剂时,可按设计要求另行计算外掺剂的费用并适当调整定额中的水泥用量。

第十一条:本定额中各类混凝土均按施工现场拌和进行编制;当采用商品混凝土时,可将相关定额中的水泥、中(粗)砂、碎石的消耗量扣除并按定额中所列的混凝土消耗量增加商品混凝土的消耗。

第十二条:水泥混凝土、钢筋、模板工程的一般规定列在桥梁工程说明中,该规定同样适用于其他各章。

第十三条:本定额中各项目的施工机械种类、规格是按一般合理的施工组织确定的,如施工中实际采用的机械种类、规格与定额规定的不同时一律不得换算。

第十四条:本定额中施工机械的台班消耗,已考虑了工地合理的停置、空转和必要的备用量等因素。编制预算的台班单价,应按《公路工程机械台班费用定额》(JTG/T 3833—2018)分析计算。

第十五条:本定额中只列工程所需的主要材料用量和主要机械台班数量。对于次要、零星材料和小型施工机具均未一一列出,应分别列入"其他材料费"及"小型机具使用费"内,以元表示,编制预算即按此计算。

第十六条:其他未包括的项目,各省级公路造价管理部门可编制补充定额在本地区执行;还缺少的项目,各设计单位可编制补充定额,随同预算文件一并送审。所有补充定额均应按照本定额的编制原则、方法进行编制,并将数据上传至"公路工程造价依据信息管理平台"。

第十七条:定额表中注明"某某数以内"或"某某数以下"者,均包括某某数本身;而注明"某某数以外"或"某某数以上"者,则不包括某某数本身。定额内数量带"( )"者,则表示基价中未包括其价值。

第十八条:本定额中凡定额名称带有"※"号者,均为参考定额,使用定额时,可根据情况进行调整。

第十九条:本定额的基价是人工费、材料费、机械使用费的合计价值。基价中的人工费、材料费按附录四计算,机械使用费按《公路工程机械台班费用定额》(JTG/T 3833—2018)计算。项目所在地海拔超过 3 000 m 以上,人工、材料、机械基价乘以系数 1.3。

第二十条:定额中的"工料机代号"系编制概预算采用电子计算机计算时作为对工、料、机械名称识别的符号,不应随意变动。编制补充定额时,遇有新增材料或机械时,编码采用 7 位,第 1、2 位取相近品种的材料或机械代号,第 3、4 位采用偶数编制,后 3 位采用顺序编制。

12.2.2 定额表格的识读

12.1 节已经就定额表格的结构做了简单介绍,接下来以图 12.2 中定额 2-3-1-4 挖掘机挖除整体路面子目为例对其数据的含义和计算过程做详细介绍。(不考虑价差等因素,仅针对表格内数据做分析)

2-3-1　全部挖除旧路面

工程内容:1)施工准备;2)人工挖撬或机械挖除,机械铣刨(装车);3)废料清除至路基外;4)场地清理、平整。

单位:10 m³

顺序号	项　目	单位	代号	人工挖清			机械挖清			
				整体路面	面层		挖掘机挖除整体路面	面层		
					沥青混凝土	水泥混凝土		风搞挖清沥青混凝土	风搞挖清水泥混凝土	破碎机挖清水泥混凝土
				1	2	3	4	5	6	7
1	人工	工日	1001001	4.9	8.9	16.6	0.1	3.8	6.9	2.6
2	2.0 m³ 以内履带式液压单斗挖掘机	台班	8001030	—			0.08			
3	机动破路机	台班	8003101							1.41
4	6 m³/min 以内机动空压机	台班	8017048					0.74	1.12	—
5	小型机具使用费	元	8099001	—	6.4	4.4	—	10	15.3	3.3
6	基价	元	9999001	521	952	1 769	131	807	1 344	579

图 12.2　全部挖除旧路面定额子目

(1)基础数据

除基价行基础数据外,其他数据均可通过第 2 章相关知识测算得到。

①人工行 0.1 表示采用挖掘机挖除整体路面,每完成 10 m³ 的包括施工准备、机械挖除、机械铣刨(装车)、废料清除至路基外、场地清理、平整在内的工作(工作内容)需消耗人工 0.1 个工日。

②2.0 m³ 以内履带式液压单斗挖掘机行 0.08 表示采用挖掘机挖除整体路面,每完成 10 m³ 的包括施工准备、机械挖除、机械铣刨(装车)、废料清除至路基外、场地清理、平整在内的工作(工作内容)需消耗 2.0 m³ 以内履带式液压单斗挖掘机 0.08 个台班。

（2）计算数据

公路工程与市政工程定额表格的区别在于，表格内无人、材、机单价信息，其单价信息需结合代号查阅定额附录四和《公路工程机械台班费用定额》（JTG/T 3833—2018）得到。

由附录四可知，代号为 1001001 的人工单价为 106.28 元/工日；由《公路工程机械台班费用定额》（JTG/T 3833—2018）可知，代号为 8001030 的机械不可变费用为 604.71 元/台班，可变费用为 896.52 元/台班，定额基价为 604.71+896.52＝1 501.23（元/台班）。

则基价行 131 表示采用挖掘机挖除整体路面，每完成 10 m^3 的包括施工准备、机械挖除、机械铣刨（装车）、废料清除至路基外，场地清理、平整在内的工作所需的人材机费用（基价）为 0.1×106.28+0.08×1 501.23＝131（元）。

思考题

1. 简单阐述定额编号各数字代表的意思。

2. 定额表中注明"某某数以内"或"某某数以下"者是否包括某某本身？

3. 定额名称中"※"号的含义是什么？

4. 编制补充定额时，新增材料或机械编码格式是什么？

5. 任意选择某条定额，简单说明其各项数据表达的含义及数据计算过程。

第 13 章　公路工程工程量清单计价

13.1　公路工程建设项目概算预算编制办法简介

为加强公路工程造价管理,合理确定和有效控制公路建设项目投资,根据交通运输部厅公路字〔2013〕169 号文《关于下达 2013 年度公路工程行业标准规范制修订项目计划的通知》的要求,由交通运输部路网监测与应急处置中心作为主编单位,在《公路工程基本建设项目概算预算编制办法》(JTG B06—2007) 基础上修订完成了《公路工程建设项目概算预算编制办法》(JTG 3830—2018),以下简称"该办法"。

该办法规定,施工图预算造价文件分多段编制时,应统一编制原则,将分段造价汇总成项目总造价。总造价与前一阶段总造价应做对比分析,以利于造价控制。需单独反映造价的联络线、支线以及规模较大的辅道、连接线工程,应单独编制造价文件,并汇总至项目总造价。

编制施工图预算时,应根据项目的设计文件,现行的《公路工程预算定额》(JTG/T 3832) 规定的人工、材料与设备、机械台班消耗量和该办法规定的预算编制时工程所在地的人工费工日单价、材料预算单价和施工机械台班单价,在全面了解工程所在地的建设条件,掌握各项资料的基础上进行。

13.2　施工图预算的编制

13.2.1　预算项目及编码规则

预算项目应按项目表的序列及内容编制。当实际出现的工程和费用项目与项目表的内容不完全相符时,第一——五部分和"项"的序号、内容应保留不变,项目表中的"项"以下的分项在引用时应保持序号,内容不变,缺少的分项内容可随需要就近增加,并按项目表的顺序以实际出现的级别依次排列,不保留缺少的"项"以下的项目序号。

概算、预算项目主要内容如下:

第一部分　建筑安装工程费

第一项　临时工程

第二项　路基工程

第三项　路面工程

第四项　桥梁涵洞工程

第五项　隧道工程

第六项　交叉工程

第七项　交通工程及沿线设施

第八项　绿化及环境保护工程

第九项　其他工程

第十项　专项费用

（1）施工场地建设费

（2）安全生产费

第二部分　土地使用及拆迁补偿费

第三部分　工程建设其他费

第四部分　预备费

第五部分　建设期贷款利息

分项编号采用部（1 位数）、项（2 位数）、目（2 位数）、节（2 位数）、细目（2 位数），以部、项、目、节、细目等依次逐层展开，预算分项编号和预算项目表的详细内容详见《公路工程建设项目概算预算编制办法》（JTG 3830—2018）附录 B。

13.2.2　施工图预算编制依据

根据《公路工程建设项目概算预算编制办法》（JTG 3830—2018）的相关说明，施工图预算编制依据应包括下列内容：

①国家发布的有关法律、法规等。

②本办法及配套定额。

③工程所在地省级交通运输主管部门发布的补充规定和定额等。

④批准的初步设计文件（或技术设计文件，若有）等有关资料。

⑤施工图设计图纸等设计文件、工程施工方案（含施工组织设计）。

⑥工程所在地的人工、材料与设备、施工机械价格等。

⑦有关合同、协议等。

⑧其他有关资料。

13.2.3　施工图预算文件的组成

根据《公路工程建设项目概算预算编制办法》（JTG 3830—2018）的相关说明，预算应按一个建设项目［如一条路线或一座独立大（中）桥、隧道］进行编制。当一个建设项目需要分段或分部编制时，应根据需要分别编制，但必须汇总编制"总概（预）算汇总表"。预算文件应由封面、扉页、目录、编制说明及全部计算表格组成，详细信息如下。

（1）封面和扉页

封面和扉页应按现行《公路工程基本建设项目设计文件编制办法》中的规定制作。扉页的次页如图 13.1 所示。

$$\boxed{\begin{array}{c} \\[1em] \times\times公路初步设计概算 \\[3em] （K\times\times+\times\times\times \sim K\times\times+\times\times\times） \\ 第\quad 册\quad 共\quad 册 \\[5em] \\ \\ 编制:（签字并盖章） \\ 复核:（签字并盖章） \\ 编制单位:（盖章） \\ 编制时间:\qquad 年\quad 月\quad 日 \\[1em] \end{array}}$$

图 13.1　扉页的次页格式

（2）目录

目录由甲组文件和乙组文件组成,甲组文件为各项费用计算表,乙组文件为建筑安装工程费各项基础数据计算表。甲、乙组文件应按现行《公路工程基本建设项目设计文件编制办法》中关于设计文件报送份数的要求,随设计文件一并报送,并同时提交可计算的造价电子数据文件和新工艺单价分析的详细资料。乙组文件中的"分项工程概（预）算表"可只提交电子版,或按需要提交纸质版。甲、乙组文件如图 13.2、图 13.3 所示。

甲组文件 $\begin{cases}\end{cases}$

编制说明

项目前后阶段费用对比表

建设项目属性及技术经济信息表(00 表)

总概（预）算汇总表(01-1 表)

总概（预）算人工、主要材料、施工机械台班数量汇总表(02-1 表)

总概（预）算表(01 表)

人工、主要材料、施工机械台班数量汇总表(02 表)

建筑安装工程费计算表(03 表)

综合费率计算表(04 表)

综合费计算表(04-1 表)

设备费计算表(05 表)

专项费用计算表(06 表)

土地使用及拆迁补偿费计算表(07 表)

工程建设其他费计算表(08 表)

人工、材料、施工机械台班单价汇总表(09 表)

图 13.2　甲组文件

$$
乙组文件
\begin{cases}
分项工程概(预)算计算数据表(21-1 表) \\
分项工程概(预)算表(21-2 表) \\
材料预算单价计算表(22 表) \\
自采材料料场价格计算表(23-1 表) \\
材料自办运输单位运费计算表(23-2 表) \\
施工机械台班单价计算表(24 表) \\
辅助生产人工、材料、施工机械台班单位数量表(25 表)
\end{cases}
$$

图 13.3　乙组文件

各种表格的计算顺序和相互关系如图 13.4 所示。

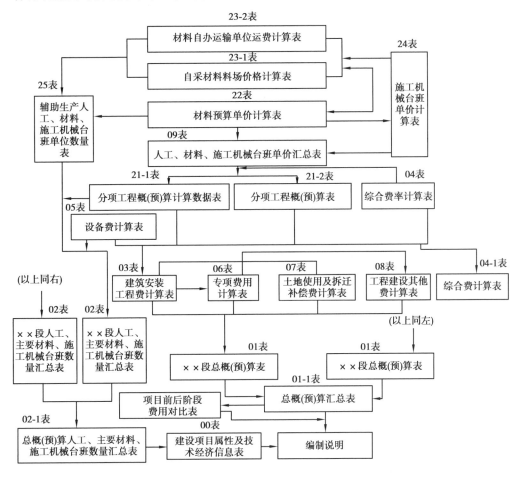

图 13.4　各种表格的计算顺序和相互关系

（3）编制说明

编制说明应包括下列内容：

①建设项目设计文件的依据。

②编制范围、工程概况等。

③采用的定额、费用标准、人工材料与设备、施工机械台班预算单价的依据或来源，新增工艺的单价分析等。

④有关协议书会议纪要的主要内容。

⑤概算、预算总金额，队工、钢材水泥沥青等的总量。

⑥各设计方案的经济比较。

⑦项目综合经济技术指标统计,对比分析本阶段与上阶段工程数量、造价的变化情况。

⑧其他有关费用计算项及计价依据的说明。

⑨采用的公路工程造价软件名称及版本号。

⑩其他需要说明的问题。

施工图预算文件相关计算表格

思考题

1. 施工图预算编制依据有哪些?

2. 预算文件由哪几部分组成?

3. 预算文件中,甲、乙组文件分别包括哪些文件?

4. 编制说明需包括哪些内容?

5. 建筑安装工程费中哪些费用以定额人工费和定额施工机械费作为计算基数?

第14章 路基工程工程量清单组价

14.1 路基工程预算定额说明

公路工程预算定额包括路基土、石方工程,特殊路基处理工程,排水工程和防护工程,内容较多,受篇幅所限,此处不能全面介绍,只能选取重点介绍主要内容和工程量计算规则。为了系统而全面地理解路基工程章节定额,建议与《公路工程预算定额》(JTG/T 3832—2018)结合学习,反复阅读并理解其内容。

定额一般说明:

土壤岩石类别划分,本章定额按开挖的难易程度将土壤、岩石分为六类。

土壤分为三类:松土、普通土、硬土。

岩石分为三类:软石、次坚石、坚石。

本章定额土、石分类与六级土、石分类和十六级土、石分类对照表见表14.1。

表 14.1　土石分类对照表

本章定额分类	松土	普通土	硬土	软石	次坚石	坚石
六级分类	I	II	III	IV	V	VI
十六级分类	I ~ II	III	IV	V ~ VI	VII ~ IX	X ~ XVI

14.1.1 路基土、石方工程

1)定额说明

①在"人工挖运土石方""人工开炸石方""机械打眼开炸石方""控制爆破石方""抛坍爆破石方""挖掘机带破碎锤破碎石方"等定额中,已包括开挖边沟消耗的人工、材料和机械台班数量。因此,开挖边沟的数量应合并在路基土、石方数量内计算,如图14.1和14.2所示。

②各种开炸石方定额中,均已包括清理边坡工作。

③机械施工土、石方,挖方部分机械达不到需由人工完成的工程量由施工组织设计确定。其中,人工操作部分,按相应定额乘以系数1.15。

④抛坍爆破石方定额按地面横坡坡度划分,地面横坡变化复杂,为简化计算,凡变化长度在20 m以内,以及零星变化长度累计不超过设计长度的10%时,可并入附近路段计算。

⑤自卸汽车运输路基土、石方定额项目和洒水汽车洒水定额项目,仅适用于平均运距在15 km以内的土、石方或水的运输。当运距超过第一个定额运单位时,其运距尾数不足一个增

运定额单位的半数时不计,等于或超过半数时按一个增运定额运距单位计算。当平均运距超过15 km时,应按市场运价计运输费用。

图14.1　土方挖运图

图14.2　破石机械图

⑥路基加宽填筑部分如需清除时,按刷坡定额中普通土子目计算;清除的土方如需远运,按土方运输定额计算。

⑦下列数量应由施工组织设计提出,并入路基填方数量内计算:

a.清除表土或零填方地段的基底压实、耕地填前夯(压)实后,回填至原地面高程所需的土、石方数量。

b.因路基沉陷需增加填筑的土、石方数量。

c.为保证路基边缘的压实度须加宽填筑时,所需的土、石方数量。

2)工程量计算规则

除定额中另有说明者外,土方挖方按天然密实体积计算,填方按压(夯)实后的体积计算;石方爆破按天然密实体积计算。若以填方压实体积为工程量,采用以天然密实方为计量单位的定额,当路基填方为利用方时,所采用的定额应乘以下列系数,当路基填方为借方时,则应在表14.2的系数基础上增加0.03的损耗。

表14.2　土方体积换算表

公路等级	土方			石方
	松土	普通土	硬土	
二级及二级以上公路	1.23	1.16	1.09	0.92
三、四级公路	1.11	1.05	1.00	0.84

注:土石方计算公式详见第7章。

天然密实方:未经任何人工、机械操作过的土方,不同土质都有其特有的天然密实度。

压实方:将天然密实方经人工或机械挖掘后,再经人工或机械夯实后的土方。

天然密实方转换成压实方,应除以相应系数。

压实方转换成天然密实方,则乘以相应系数。

一般来说,挖方、弃方以天然密实方计,填方、借方以压实方计。

关于土石方工程量计价方、借方、弃方间的关系与计算,详见下式:

$$设计断面方 = 挖方(天然密实方) + 填方(压实方) \tag{14.1}$$

$$计价方 = 挖方(天然密实方) + 填方(压实方) - 利用方(压实方)$$

$$= 挖方(天然密实方) + 借方(压实方) \tag{14.2}$$

$$借方 = 填方(压实方) - 利用方(压实方) \tag{14.3}$$

$$弃方 = 挖方(天然密实方) - 利用方(天然密实方) \tag{14.4}$$

注意：①挖方、填方应按图纸中路基横断面计算而得，借方、弃方应按上述公式计算而得；土、石方应分开核算，且需注意单位的统一。

②零填及挖方地段基底压实面积等于路槽底面的宽度和长度的乘积。

③抛坍爆破的工程量，按设计抛坍爆破石方体积计算。

④整修边坡的工程量，按公路路基长度计算。

【例14.1】　某标段高速公路路基土石方设计，无挖方，按断面计算的填方数量为201 000 m³，平均填土高度为5 m，边坡坡度为1∶1.5。本标段路线长度为6 km，路基宽度为26 m，地面以上范围内填方中40%从其他标段调用，平均运距为3 000 m，其他为借方，平均运距为2 000 m(均按普通土考虑)。为保证路基边缘的压实度须加宽铺筑，宽填0.5 m，完工后要刷坡但不远运。路基填前压实沉陷厚为0.15 m，试计算本工程土石方工程量。

【解】　路基填前压实沉陷增加数量：6 000×(26+5×1.5×2)×0.15 = 36 900(m³)

路基宽填增加数量：6 000×0.5×2×5 = 3 000(m³)

实际填方数量：201 000+30 000+36 900 = 267 900(m³)

利用方数量：201 000×40% = 80 400(m³)

自卸汽车装运土方(利用方)：80 400×1.16 = 93 264(m³)

借方数量：267 900−80 400 = 187 500(m³)

自卸汽车装运土方(借方)：187 500×1.16 = 217 500(m³)

填方前压实数量：6 000×(26+5×1.5×2) = 246 000(m³)

整修路拱数量：6 000×26 = 156 000(m³)

14.1.2　特殊地基处理工程

定额说明及工程量计算规则：

①袋装砂井及塑料排水板处理软土地基，工程量为设计深度，定额材料消耗中已包括砂袋或塑料排水板的预留长度。

②振冲碎石桩定额中不包括污泥排放处理的费用，需要时另行计算。

③挤密碎石桩、灰土桩、砂桩和石灰砂桩处理软土地基定额的工程量为设计桩断面积乘以设计桩长。

④水泥搅拌桩和高压旋喷桩处理软土地基定额的工程量为设计桩长。

⑤高压旋喷桩定额中的浆液是按普通水泥浆编制的；当设计采用添加剂或水泥用量与定额不同时，可按设计要求进行抽换。

⑥土工布的铺设面积为锚固沟外边缘所包围的面积(图14.3)，包括锚固沟的底面积和侧面积。定额中不包括排水内容，需要时应另行计算。

⑦强夯定额适用于处理松、软的碎石土、砂土、低饱和度的粉土与黏性土、湿陷性黄土、杂填土和素填土等地基。定额中已综合考虑夯坑的排水费用，使用定额时不得另行增加费用。每100 m² 夯击点数和击数按设计确定。

图 14.3　土工布在锚固沟布置图

14.1.3　排水工程

（1）定额说明

①边沟、排水沟、截水沟、盲沟的挖基费用按开挖沟槽定额计算，其他排水工程的挖基费用按第一节土、石方工程的相关定额计算（图 14.4）。

图 14.4　道路边沟图

②边沟、排水沟、截水沟（图 14.5）、急流槽定额均未包括垫层的费用，需要时按相关定额另行计算。

图 14.5　截水沟布置图

③雨水箅子的规格与定额不同时，可按设计用量抽换定额中铸铁箅子的消耗。

（2）工程量计算规则

①本章定额砌筑工程的工程量为砌体的实际体积，包括构成砌体的砂浆体积。

②本章定额预制混凝土构件的工程量为预制构件的实际体积，不包括预制构件中空心部分

的体积。

③挖截水沟、排水沟的工程量为设计水沟断面积乘以水沟长度与水沟坞工体积之和。

④路基盲沟、中央分隔带盲沟(纵向、横向)的工程量按设计的工程内容计算(图 14.6)。

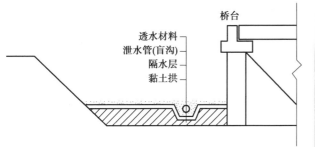

图 14.6　盲沟布置图

⑤轻型井点降水定额按 50 根井管为一套,不足 50 根的按一套计算。井点使用天数按日历天数计算,使用时间按施工组织设计确定。

【例 14.2】　已知某高速公路两侧边沟工程数量(表 14.3),土方开挖深度 1.2 m,采用人工开挖,运输采用 15 t 装载汽车外运,运距 1.5 km,边沟盖板采用现场预制,试确定该边沟所套定额子目。

表 14.3　边沟工程数量表

工程名称	长度	M7.5 浆砌片石基础	C30 预制混凝土盖板(圆形)	C20 现浇混凝土侧壁	土方开挖(普通土)	盖板钢筋 HPB300
	m	m³	m³	m³	m³	kg
蝶形边沟	1 000	540	93	158	690	5 300

【解】　定额工程量及定额子目见表 14.4。

表 14.4　定额工程量及定额子目

序号	定额表号	定额子目名称	定额单位	定额工程量	定额调整情况
		边沟			
1	1-3-1-1	人工开挖土方	1 000 m³	0.69	
2	1-1-11-9	15 t 以内自卸汽车运输	1 000 m³	0.69	定额×2
3	1-3-3-1	浆砌片石边沟	10 m³	54	
4	1-3-4-5	现浇混凝土	10 m³	15.8	
5	1-3-4-11	边沟盖板钢筋	1 t	5.3	2001001 量 1.025, 2001002 量 0
6	1-3-4-10	预制混凝土水沟盖板(矩形带孔)	10 m³	9.3	C20 换算 C30
7	1-3-4-12	水沟盖板安装	10 m³	9.3	

14.1.4 防护工程

（1）定额说明

防护工程主要包括坡面防护、冲刷防护两大类；其中，坡面防护分为植物防护、骨架植物防护、圬工防护、封面防护四类防护方式；冲刷防护分为直接防护和间接防护两类防护方式。

①本章定额中未列出的其他结构形式的砌石防护工程，需要时按"桥涵工程"项目的有关定额计算。

②本章定额中除注明者外，均不包括挖基、基础垫层的工程内容，需要时按"桥涵工程"项目的有关定额计算。

③本章定额中除注明者外，均已包括按设计要求需要设置的伸缩缝、沉降缝的费用。

④本章定额中除注明者外，均已包括水泥混凝土的拌和费用。

⑤植草护坡定额中均已综合考虑黏结剂、保水剂、营养土、肥料、覆盖薄膜等的费用，使用定额时不得另行计算。

⑥预应力锚索护坡定额中的脚手架是按钢管脚手架编制的，脚手架宽度按 2.5 m 考虑（图14.7）。

图 14.7　预应力锚索护坡图

（2）工程量计算规则

①铺草皮工程量按所铺边坡的坡面面积计算。

②护坡定额中以 100 m² 或 1 000 m² 为计量单位的子目工程量，按设计需要防护的边坡坡面面积计算。

③木笼、竹笼、铁丝笼填石护坡的工程量按填石体积计算。

④本章定额砌筑工程的工程量为砌体的实际体积，包括构成砌体的砂浆体积。

⑤本章定额预制混凝土构件的工程量为预制构件的实际体积，不包括预制构件中空心部分的体积。

⑥预应力锚索的工程量为锚索（钢绞线）长度与工作长度的质量之和。

⑦抗滑桩挖孔工程量按护壁外缘所包围的面积乘以设计孔深计算。

【例 14.3】　已知某高速公路两侧边坡为填方边坡，具体详见图14.8，为保护边坡稳定，护坡采用浆砌片石骨架+喷播植草拱式护坡，高度12 m，护坡长度1 800 m，衬砌拱内植草前须培10 cm 厚以上的耕植土，衬砌拱镶边石为混凝土材质。工程量详见表14.5，试确定该防护工程所套定额子目。

表 14.5　拱形护坡工程数量表

工程名称	长度/m	M7.5 浆砌片石骨架/m³	C25 预制混凝土席块/m³	喷播植草/m²
拱形护坡	1 800	2 250	256	10 250

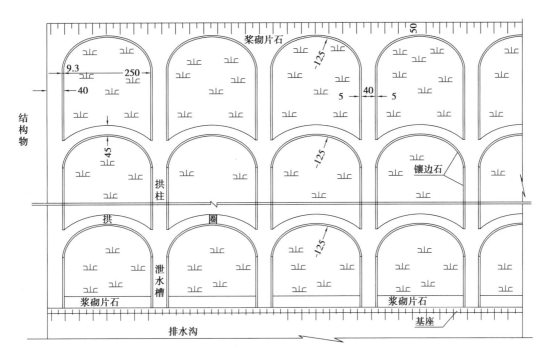

图 14.8　拱形骨架护坡图

【解】　定额工程量及定额子目见表 14.6。

表 14.6　工程量及定额子目

序号	定额表号	定额子目名称	定额单位	定额工程量	定额调整情况
		拱形骨架护坡			
1	1-4-2-7	机械液压喷播植草(填方边坡)	1 000 m²	10.25	
2	1-4-11-4	浆砌片石护坡(坡高 10 m 以上)	10 m³	225	本章不含基础
3	1-4-6-1	预制混凝土预制块,席块护坡	10 m³	25.6	
4	1-4-6-8	铺砌混凝土块、骨架格(坡高 10 m 以上)	10 m³	25.6	

14.2　路基工程清单工程量计算规则

在《公路工程标准施工招标文件》(2018 年版)第八章工程量清单计量规则中,第 200 章路基工程计量规则共包括 15 节的内容。

14.2.1　第 201 节　通则

本节包括材料标准、路基施工的一般要求。本节工作内容均不作计量,其所涉及的作业应包含在与其相关工程子目中。

14.2.2　第 202 节 场地清理

计量规则详见《公路工程标准施工招标文件》（2018 年版），此处不再赘述。

14.2.3　第 203 节 挖方路基

本节工程量清单项目分项计量规则应按表 203 挖方路基的规定执行，见表 14.7。由于内容较多，本节主要介绍路基挖土方及石方内容，其他计量规则详见《公路工程标准施工招标文件》（2018 年版）。

表 14.7　表 203 挖方路基

子目号	子目名称	单位	工程量计量	工程内容
203	挖方路基			
203-1	路基挖方			
-a	挖土方	m³	1. 依据图纸所示地面线、路基设计横断面图、路基土石比例，采用平均断面面积法计算，包括边沟、排水沟、截水沟的土方，按照天然密实体积以立方米为单位计量； 2. 路床顶面以下挖松深 300 mm，再压实作为挖土方的附属工作，不另行计量； 3. 取弃土场的绿化、防护工程、排水设施在相应章节内计量	1. 挖、装、运输、卸车； 2. 填料分理、弃土整型、压实； 3. 施工排水处理； 4. 边坡整修、路床顶面以下挖松深 300 mm 再压实、路床清理
-b	挖石方	m³	1. 依据图纸所示地面线、路基设计横断面图、路基土石比例，按平均断面面积法计算，包括边沟、排水沟、截水沟的石方，按照天然体积以立方米为单位计量； 2. 弃土场绿化、防护工程、排水设施在相应章节内计量	1. 石方爆破； 2. 挖、装、运输、卸车； 3. 填料分理、弃土整型、压实； 4. 施工排水处理； 5. 边坡整修、路床顶面凿平或填平压实、路床清理

14.2.4　第 204 节 填方路基

本节工程量清单项目分项计量规则应按表 204 填方路基的规定执行，见表 14.8。由于内容较多，本节主要介绍路基填筑内容，其他计量规则详见《公路工程标准施工招标文件》（2018 年版）。

表 14.8　表 204 填方路基

子目号	子目名称	单位	工程量计量	工程内容
204	填方路基			
204-1	路基填筑			
-a	利用土方	m³	1. 依据图纸所示地面线、路基设计横断面图,按平均断面面积法计算压实的体积,以立方米为单位计量; 2. 当填料中石料含量小于 30% 时,适用于本条; 3. 满足施工需要,预留路基宽度宽填的填方量作为路基填筑的附属工作,不另行计量; 4. 填前压实、地面下沉增加的填方量按填料来源参照本条计量	1. 基底翻松、压实、挖台阶; 2. 临时排水、翻晒; 3. 分层摊铺; 4. 洒水、压实、刷坡; 5. 整型
-b	利用石方	m³	1. 依据图纸所示地面线、路基设计横断面图,按平均断面面积法计算压实的体积,以立方米为单位计量; 2. 当填料中石料含量大于 70% 时,适用于本条; 3. 地面下沉增加的填方量按填料来源参照本条计量	1. 基底翻松、压实、挖台阶; 2. 临时排水、翻晒; 3. 边坡码砌; 4. 分层摊铺; 5. 小石块(或石屑)填缝、找补; 6. 洒水、压实; 7. 整型
-c	利用土石混填	m³	1. 依据图纸所示地面线、路基设计横断面图,按平均断面面积法计算压实的体积,以立方米为单位计量; 2. 当填料中石料含量大于 30%,小于 70% 时,适用于本条; 3. 满足施工需要,预留路基宽度宽填的填方量作为路基填筑的附属工作,不另行计量; 4. 地面下沉增加的填方量按填料来源参照本条计量	1. 基底翻松、压实、挖台阶; 2. 临时排水、翻晒; 3. 边坡码砌; 4. 分层摊铺; 5. 洒水、压实、刷坡; 6. 整型

续表

子目号	子目名称	单位	工程量计量	工程内容
-d	借土填方	m³	1.依据图纸所示地面线、路基设计横断面图,按平均断面面积法计算压实的体积,以立方米为单位计量; 2.借土场绿化、防护工程、排水设施、临时用地在相应章节内计量; 3.满足施工需要,预留路基宽度宽填的填方量作为路基填筑的附属工作,不另行计量; 4.地面下沉增加的填方量按填料来源参照本条计量	1.借土场场地清理、清除不适用材料; 2.简易便道、基底翻松、压实、挖台阶; 3.挖、装、运输、卸车; 4.分层摊铺; 5.洒水、压实、刷坡; 6.施工排水处理; 7.整型

14.2.5　第205节 特殊地区路基处理

本节工程量清单项目分项计量规则应按表205 特殊地区路基处理的规定执行,见表14.9。由于内容较多,本节主要介绍软土路基处理的相关内容,其他计量规则详见《公路工程标准施工招标文件》(2018 年版)。

表 14.9　表 205 特殊地区路基处理

子目号	子目名称	单位	工程量计量	工程内容
205	特殊地区路基处理			
205-1	软土路基处理			
-a	抛石挤淤	m³	依据图纸所示位置和范围,按照抛石体积的片石数量,以立方米为单位计量	1.临时排水; 2.抛填片石; 3.小石块、石屑填塞垫平; 4.重型压路机压实
-b	爆炸挤淤	m³	依据图纸所示位置和范围,按照设计的爆炸挤淤的淤泥体积,以立方米为单位计量	1.超高填石; 2.爆炸设计; 3.布置炸药; 4.爆破; 5.填石; 6.钻探(或物探)检查
-c	垫层			
-c-1	砂垫层	m³	1.依据图纸所示位置和断面尺寸,按图示砂垫层密实体积以立方米为单位计量; 2.因换填而挖除的非适用材料列入203-1 相关子目计量	1.基底清理; 2.临时排水; 3.分层铺筑; 4.分层碾压

续表

子目号	子目名称	单位	工程量计量	工程内容
-c-2	砂砾垫层	m^3	1.依据图纸所示位置和断面尺寸,按图示砂砾垫层密实体积以立方米为单位计量; 2.因换填而挖除的非适用材料列入203-1相关子目计量	1.基底清理; 2.临时排水; 3.分层铺筑; 4.分层碾压
-c-3	碎石垫层	m^3	1.依据图纸所示位置和断面尺寸,按图示碎石垫层密实体积以立方米为单位计量; 2.因换填而挖除的非适用材料列入203-1相关子目计量	1.基底清理; 2.临时排水; 3.分层铺筑; 4.路基边部片石砌护; 5.分层碾压
-c-4	碎石土垫层	m^3	1.依据图纸所示位置和断面尺寸,按图示碎石土垫层密实体积以立方米为单位计量; 2.因换填而挖除的非适用材料列入203-1相关子目计量	1.基底清理; 2.临时排水; 3.分层铺筑; 4.分层碾压
-c-5	灰土垫层	m^3	1.依据图纸所示位置和断面尺寸,按图示石灰土垫层密实体积以立方米为单位计量; 2.因换填而挖除的非适用材料列入203-1相关子目计量	1.基底清理; 2.临时排水; 3.石灰购置、运输、消解、拌和; 4.分层铺筑; 5.分层碾压
-d	土工合成材料			
-d-1	反滤土工布	m^2	1.依据图纸所示位置和规格,按土层中分层铺设反滤土工布的累计净面积以平方米为单位计量; 2.接缝的重叠面积和边缘的包裹面积不予计量	1.清理下承层; 2.铺设及固定; 3.接缝处理(搭接、缝接、粘接); 4.边缘处理
-d-2	防渗土工膜	m^2	1.依据图纸所示位置和规格,按土层中分层铺设防渗土工膜的累计净面积以平方米为单位计量; 2.接缝的重叠面积和边缘的包裹面积不予计量	1.清理下承层; 2.铺设及固定; 3.接缝处理(搭接、缝接、粘接); 4.边缘处理

续表

子目号	子目名称	单位	工程量计量	工程内容
-d-3	土工格栅	m²	1.依据图纸所示位置和规格、型号,按土层中分层铺设土工格栅的累计净面积以平方米为单位计量; 2.接缝的重叠面积和边缘的包裹面积不予计量	1.清理下承层; 2.铺设及固定; 3.接缝处理(搭接、缝接、粘接); 4.边缘处理
-d-4	土工格室	m²	1.依据图纸所示位置和规格、型号,按设置土工格室的累计净面积以平方米为单位计量; 2.接缝的重叠面积和边缘的包裹面积不予计量	1.清理下承层; 2.铺设及固定; 3.接缝处理(搭接、缝接、粘接); 4.边缘处理

14.2.6 第206节 路基整修

本节包括路堤整修和路堑边坡的修整,达到符合图纸所示的线性、纵坡、边坡、边沟和路基断面的作业。本节工作内容均不作计量。

14.2.7 第207节 坡面排水

本节工程量清单项目分项计量规则应按表207 坡面排水的规定执行,见表14.10。

表14.10 表207 坡面排水

子目号	子目名称	单位	工程量计量	工程内容
207	坡面排水			
207-1	边沟			
-a	浆砌片石	m³	依据图纸所示位置及断面尺寸,按浆砌片石的体积以立方米为单位计量	1.场地清理; 2.地基平整夯实,断面补挖; 3.铺设垫层; 4.砂浆拌制; 5.浆砌片石、勾缝、抹面、养护; 6.回填
-b	浆砌块石	m³	依据图纸所示位置及断面尺寸,按照不同强度等级浆砌块石的体积以立方米为单位计量	1.场地清理; 2.地基平整夯实,断面补挖; 3.铺设垫层; 4.砂浆拌制; 5.浆砌块石、勾缝、抹面、养护; 6.回填

子目号	子目名称	单位	工程量计量	工程内容
-c	现浇混凝土	m³	依据图纸所示位置及断面尺寸,按照不同强度等级混凝土浇筑的边沟体积以立方米为单位计量	1. 场地清理; 2. 地基平整夯实,断面补挖; 3. 铺设垫层; 4. 模板制作、安装、拆除; 5. 钢筋制作与安装; 6. 混凝土拌和、运输、浇筑、养护; 7. 回填
-d	预制安装混凝土	m³	依据图纸所示位置及断面尺寸,按照不同强度等级混凝土预制的边沟体积以立方米为单位计量	1. 场地清理; 2. 地基平整夯实,断面补挖; 3. 铺设垫层; 4. 模板制作、安装、拆除; 5. 预制件预制、运输、装卸; 6. 预制件安装; 7. 回填
-e	预制安装混凝土盖板	m³	依据图纸所示位置及断面尺寸,按照不同强度等级混凝土预制的盖板体积以立方米为单位计量	1. 场地清理; 2. 模板制作、安装、拆除; 3. 钢筋制作与安装; 4. 预制件预制、运输、装卸; 5. 预制件安装
207-2	排水沟			
-a	浆砌片石	m³	依据图纸所示位置及断面尺寸,按浆砌片石的体积以立方米为单位计量	1. 场地清理; 2. 地基平整夯实,断面补挖; 3. 铺设垫层; 4. 砂浆拌制; 5. 浆砌片石、勾缝、抹面、养护; 6. 回填
-b	浆砌块石	m³	依据图纸所示位置及断面尺寸,按照不同强度等级浆砌块石的体积以立方米为单位计量	1. 场地清理; 2. 地基平整夯实,断面补挖; 3. 铺设垫层; 4. 砂浆拌制; 5. 浆砌块石、勾缝、抹面、养护; 6. 回填

续表

子目号	子目名称	单位	工程量计量	工程内容
-c	现浇混凝土	m³	依据图纸所示位置及断面尺寸,按照不同强度等级混凝土浇筑的排水沟体积以立方米为单位计量	1.场地清理; 2.地基平整夯实,断面补挖; 3.铺设垫层; 4.模板制作、安装、拆除; 5.钢筋制作与安装; 6.混凝土拌和、运输、浇筑、养护; 7.回填
-d	预制安装混凝土	m³	依据图纸所示位置及断面尺寸,按照不同强度等级混凝土预制的排水沟体积以立方米为单位	1.场地清理; 2.地基平整夯实,断面补挖; 3.铺设垫层; 4.模板制作、安装、拆除; 5.预制件预制、运输、装卸; 6.预制件安装; 7.回填
-e	预制安装混凝土盖板	m³	依据图纸所示位置及断面尺寸,按不同强度等级混凝土预制的盖板体积以立方米为单位计量	1.场地清理; 2.模板制作、安装、拆除; 3.钢筋制作与安装; 4.预制件预制、运输、装卸; 5.预制件安装
-f	干砌片石	m³	依据图纸所示位置及断面尺寸,按干砌片石的体积以立方米为单位计量	1.场地清理; 2.地基平整夯实,断面补挖; 3.铺设垫层; 4.铺砌片石; 5.回填
207-3	截水沟			
-a	浆砌片石	m³	依据图纸所示位置及断面尺寸,按浆砌片石的体积以立方米为单位计量	1.场地清理; 2.地基平整夯实,断面补挖; 3.铺设垫层; 4.砂浆拌制; 5.浆砌片石、勾缝、抹面、养护; 6.回填
-b	浆砌块石	m³	依据图纸所示位置及断面尺寸,按不同强度等级浆砌块石的体积以立方米为单位计量	1.场地清理; 2.地基平整夯实,断面补挖; 3.铺设垫层; 4.砂浆拌制; 5.浆砌块石、勾缝、抹面、养护; 6.回填

续表

子目号	子目名称	单位	工程量计量	工程内容
-c	现浇混凝土	m³	依据图纸所示位置及断面尺寸,按照不同强度等级混凝土浇筑的截水沟的体积以立方米为单位计量	1. 场地清理; 2. 地基平整夯实,断面补挖; 3. 铺设垫层; 4. 模板制作、安装、拆除; 5. 混凝土拌和、运输、浇筑、养护
207-5	渗沟	m	依据图纸所示位置及断面尺寸,分不同类型及规格的渗沟,按长度以米为单位计量	1. 基础开挖; 2. 进出水口处理; 3. 铺设防渗材料; 4. 铺设透水管及泄水管; 5. 填料填筑及夯实; 6. 设置反滤层; 7. 设置封闭层; 8. 现场清理

14.2.8　第 208 节 护坡、护面墙

本节工程量清单项目分项计量规则应按表 208 护坡、护面墙的规定执行,见表 14.11。由于内容较多,本节主要介绍软土路基处理相关内容,其他计量规则详见《公路工程标准施工招标文件》(2018 年版)。

表 14.11　表 208 护坡、护面墙

子目号	子目名称	单位	工程量计量	工程内容
208	护坡、护面墙			
208-1	护坡垫层	m³	依据图纸所示位置和密实厚度,按照不同材料类别的垫层体积以立方米为单位计量	1. 坡面清理、修整; 2. 垫层材料铺筑; 3. 压实、捣固; 4. 弃渣处理
208-2	干砌片石护坡	m³	1. 依据图纸所示位置和铺砌厚度,扣除急流槽所占部分,以立方米为单位计量; 2. 含碎落台、护坡平台满铺干砌片石数量	1. 清理边坡,坡面夯实,基础开挖; 2. 铺砌片石; 3. 回填; 4. 清理现场
208-3	浆砌片石护坡			

续表

子目号	子目名称	单位	工程量计量	工程内容
-a	满铺浆砌片石护坡	m³	1.依据图纸所示位置和铺砌厚度、水泥砂浆强度,按照铺砌体积以立方米为单位计量; 2.含碎落台、护坡平台满铺浆砌片石数量; 3.扣除急流槽所占体积	1.清理边坡,坡面夯实,基础开挖; 2.浆砌片石; 3.勾缝、抹面、养护; 4.回填; 5.清理现场
-b	浆砌骨架护坡	m³	1.依据图纸所示位置和铺砌厚度、骨架形式、水泥砂浆强度,按照护坡体体积以立方米为单位计量; 2.含碎落台、护坡平台浆砌骨架数量; 3.扣除急流槽所占体积	1.清理边坡,坡面夯实,基础开挖; 2.浆砌片石; 3.勾缝、抹面、养护; 4.回填; 5.清理现场
-c	现浇混凝土	m³	依据图纸所示位置及断面尺寸,按照不同强度等级混凝土浇筑的现浇混凝土体积以立方米为单位计量	1.清理边坡,坡面夯实,基坑开挖; 2.模板制作、安装、拆除; 3.混凝土拌和、运输、浇筑、养护; 4.回填; 5.清理现场
208-4	混凝土护坡			
-a	现浇混凝土满铺护坡	m³	1.依据图纸所示位置及断面尺寸,按照不同强度等级混凝土浇筑的实体体积以立方米为单位计量; 2.含碎落台、护坡平台满铺混凝土数量; 3.扣除急流槽所占体积	1.清理边坡,坡面夯实,基坑开挖; 2.模板制作、安装、拆除; 3.混凝土拌和、运输、浇筑、养护; 4.回填; 5.清理现场
-b	混凝土预制件满铺护坡	m³	1.依据图纸所示位置和构造尺寸,按照不同强度等级混凝土预制件铺砌坡面的实体体积以立方米为单位计量; 2.含碎落台、护坡平台满铺混凝土数量; 3.扣除急流槽所占体积	1.清理边坡,坡面夯实,基坑开挖; 2.预制场建设; 3.预制件预制、运输、装卸; 4.预制件安装; 5.回填; 6.清理现场

续表

子目号	子目名称	单位	工程量计量	工程内容
-c	现浇混凝土骨架护坡	m³	依据图纸所示位置及断面尺寸,按照不同强度等级混凝土浇筑的骨架护坡体积以立方米为单位计量	1. 清理边坡,坡面夯实,基坑开挖; 2. 模板制作、安装、拆除; 3. 混凝土拌和、运输、浇筑、养护; 4. 回填; 5. 清理现场
-d	混凝土预制件骨架护坡	m³	依据图纸所示位置和构造尺寸,按照不同强度等级混凝土预制件骨架护坡的体积以立方米为单位计量	1. 清理边坡,坡面夯实,基坑开挖; 2. 预制场建设; 3. 预制件预制、运输、装卸; 4. 预制件安装; 5. 回填; 6. 清理现场
-e	浆砌片石	m³	依据图纸所示位置和铺砌厚度,按照不同强度等级水泥砂浆砌筑的浆砌片石护坡体积以立方米为单位计量	1. 清理边坡,坡面夯实,基础开挖; 2. 浆砌片石; 3. 勾缝、抹面、养护; 4. 回填; 5. 清理现场

14.3　路基工程案例分析

【案例 14.1】　高速公路某标段路基土石方设计中无挖方,按断面计算的填方数量为 255 000 m³,平均填土高度 4 m,边坡坡度 1:1.5。该标段路线长 8 km,路基宽 26 m,设计填方量的 30% 从其他标段调用,由其他标段装车,全部为普通土,平均运距 4 km;其他为借方,平均运距 3 km(按普通土考虑)。为保证路基边缘的压实度须加宽填筑,宽填宽度为 0.5 m,完工后需刷坡,但不需远运。填前压实沉陷厚度为 0.15 m,土的压实干密度为 1.6 t/m³,自然状态土的含水率比其最佳含水率少 2%,水的平均运距为 1 km。自卸车按 15 t 考虑。

问题:列出编制本标段土石方工程施工图预算所需的全部工程细目名称、单位、定额代号及数量等内容,并填入表 14.12 中,需要时应列式计算。

表 14.12

工程细目	定额代号	定额单位	定额数量	定额调整或系数

分析要点:本案例主要考核根据工程量套用定额,要求对土石方工程量的计算及土石方施工的相关工序较熟悉,确保不漏项。

【解】 (1)填前压实数量:88 000×(26+4×1.5×2) = 304 000(m²)。

(2)路基填前压实沉陷增加数量:304 000×0.15 = 45 600(m³)。

(3)路基宽填增加数量:8 000×0.5×2×4 = 32 000(m³)。

(4)实际填方数量:255 000+45 600+32 000 = 332 600(m³)。

(5)利用方数量:255 000×30% = 76 500(m³)。

(6)借方数量:332 600-76 500 = 256 100(m³)。

(7)洒水数量:332 600×1.6×2%÷1 = 10 643(m³)。

(8)整修路拱数量:8 000×26 = 208 000(m²)。

(9)刷坡数量:32 000(m³)。

(10)施工图预算计算数据见表14.13。

表14.13　施工图预算计算表

工程细目	定额代号	定额单位	定额数量	定额调整或系数
15 t自卸汽车运土方第一个1 km	1-1-11-9	1 000 m³	76.5	×1.16
15 t自卸汽车运土方,增运3 km	1-1-11-10	1 000 m³	76.5	×1.16×6
2 m³挖掘机挖装土(借土)	1-1-9-8	1 000 m³	256.1	×1.19
15 t自卸汽车运土方第一个1 km	1-1-11-9	1 000 m³	256.1	×1.19
15 t自卸汽车运土方,增运2 km	1-1-11-10	1 000 m³	256.1	×1.19×4
高速、一级公路15 t以内振动压路机碾压土方	1-1-18-4	1 000 m³	332.6	
10 000 L洒水汽车洒水第一个1 km	1-1-22-7	1 000 m³	10.643	
12~15 t光轮压路机填前夯(压)实	1-1-5-4	1 000 m²	304	
刷坡检底普通土	1-1-21-2	1 000 m³	32	
整修路拱	1-1-20-1	1 000 m²	208	

【案例14.2】 某二级公路路基宽12 m,长20 km,设计路基土石方数量见表14.14、表14.15。

表14.14　路基土石方数量表

挖方/m³				填方/m³
松土	普通土	硬土	次坚石	
50 000	150 000	65 000	45 000	420 000

表14.15　路基土石方数量表

本桩利用/m³,平均运距30m				远运利用/m³,平均运距1.35 km			
松土	普通土	硬土	次坚石	松土	普通土	硬土	次坚石
10 000	30 000	5 000	5 000	40 000	120 000	60 000	40 000

清表及填前压实工程量见表 14.16。

表 14.16　清表及填前压实工程量数量表

里程	长度/m	清表回填/m³		填前压实	
		挖除表土	回填土	面积/m²	沉降土方/m³
……					
合计		30 000	30 000	100 000	15 000

问题:

1. 假定挖方均可适用于路基填方,计算本项目路基断面方、挖方、利用方、借方、填土方总数量和弃方数量。

2. 假定借土运距 3.7 km,列出编制本项目土石方工程施工图预算所需的全部定额细目,并填入表格中,需要时应列式计算。弃方运距 2 km。(计算结果保留整数)

分析要点:本案例主要考核关于土石方数量的几个概念性问题以及相互之间的关系,天然密实方与压实方之间的关系;根据工程量套用定额,要求对土石方工程量的计算及土石方施工的相关工序较熟悉,确保不漏项。

$$设计断面方=挖方(天然密实方)+填方(压实方)$$
$$计价方=挖方(天然密实方)+填方(压实方)-利用方(压实方)$$
$$=挖方(天然密实方)+借方(压实方)$$
$$借方=填方(压实方)-利用方(压实方)$$
$$弃方=挖方(天然密实方)-利用方(天然密实方)$$

【解】　问题 1:

(1)断面方数量:50 000+150 000+65 000+45 000+420 000=730 000(m³)。

(2)挖方数量:50 000+150 000+65 000+45 000=310 000(m³)。

(3)利用方数量,根据背景条件计算得到挖方数量和利用方(天然密实方)数量相等,因此得到利用方数量:

土:50 000÷1.23+150 000÷1.16+65 000÷1.09=229 594(m³)

石:45 000÷0.92=48 913(m³)。

合计:229 594+48 913=278 507(m³)。

(4)借方数量:420 000+30 000+15 000-278 507=186 493(m³)。

(5)填土方总数量:229 594+186 493=416 087(m³)。

(6)弃方数量:由于挖方全部利用,故弃方数量为 0。

问题 2:

整修路拱数量:20 000×12=240 000(m²)。

施工图预算计算数据见表 14.17。

表 14.17　土石方工程施工图预算计算表

工程细目		定额代号	定额单位	定额数量	定额调整或系数
清除表土	135 kW 以内推土机清除表土	1-1-1-12	100 m³	300.0	
	12 t 以内自卸汽车运土第一个 1 km	1-1-11-7	1 000 m³	30.0	
	12 t 以内自卸汽车运土每增运 0.5 km（平均运距 5 km 以内）	1-1-11-8	1 000 m³	30.0	×2
填前压实	填前 12~15 t 光轮压路机压实	1-1-5-4	1 000 m²	100.0	
挖土（本桩利用）	165 kW 以内推土机推松土第一个 20 m	1-1-12-17	1 000 m³	10.0	
	165 kW 以内推土机推普通土第一个 20 m	1-1-12-18	1 000 m³	30.0	
	165 kW 以内推土机推硬土第一个 20 m	1-1-12-19	1 000 m³	5.0	
	165 kW 以内推土机推土每增运 10 m	1-1-12-20	1 000 m³	45.0	
挖土（远运利用）	2.0 m³ 以内挖掘机挖装松土	1-1-9-7	1 000 m³	40.0	
	2.0 m³ 以内挖掘机挖装普通土	1-1-9-8	1 000 m³	120.0	
	2.0 m³ 以内挖掘机挖装硬土	1-1-9-9	1 000 m³	60.0	
	12 t 以内自卸汽车运土第一个 1 km	1-1-11-7	1 000 m³	220.0	
	12 t 以内自卸汽车运土每增运 0.5 km（平均运距 5 km 以内）	1-1-11-8	1 000 m³	220.0	
挖石	机械打眼开炸次坚石	1-1-14-5	1 000 m³	45.0	
	165 kW 以内推土机推次坚石第一个 20 m	1-1-12-38	1 000 m³	5.0	
	165 kW 以内推土机推次坚石每增运 10 m	1-1-12-41	1 000 m³	5.0	
	2.0 m³ 以内装载机装次坚石	1-1-10-8	1 000 m³	40.0	
	12 t 以内自卸汽车运石第一个 1 km	1-1-11-21	1 000 m³	40.0	
	12 t 以内自卸汽车运石每增运 0.5 km	1-1-11-22	1 000 m³	40.0	
借方	2.0 m³ 以内挖掘机挖装普通土	1-1-9-8	1 000 m³	186.493	×1.19
	12 t 以内自卸汽车运土第一个 1 km	1-1-11-7	1 000 m³	186.493	×1.19
	12 t 以内自卸汽车运土每增运 0.5 km	1-1-11-8	1 000 m³	186.493	×1.19×5
压实	二级公路填方路基 15 t 以内振动压路机碾压土方	1-1-18-9	1 000 m³	416.087	
	二级公路填方路基 15 t 以内振动压路机碾压石方	1-1-18-16	1 000 m³	48.913	
路拱	机械整修路拱	1-1-20-1	1 000 m²	240.0	
边坡	整修二级及以上等级公路边坡	1-1-20-4	1 km	20.0	

注：推土机选用 90~240 kW、装载机选用 1~2 m³、挖掘机选用 0.6~2 m³、汽车选用 8~20 t 均可，但需注意机械匹配。

【案例 14.3】　某公路 A 标段边沟工程量如下：现浇 C15 混凝土 1 500 m³，预制 C30 混凝土矩形带孔盖板 230 m³，盖板钢筋（HRB400）54 050 kg。边沟挖基采用机械开挖，均为石方，边沟过水断面挖方已计入路基土石方。混凝土在预制场采用 250 L 以内强制式现场拌和，不考虑运输。预制构件运输采用 8 t 载货汽车，运距 3.2 km。弃方运输采用 15 t 自卸汽车，运距 2.3 km。

试完成本项目边沟施工图预算所涉及的定额细目。

分析要点：本案例主要考核排水工程计价。按预算定额第 2 项的说明，开挖边沟的数量应合并在路基土、石方数量内计算，此土、石方数量指过水断面的土、石方数量，未考虑边沟沟体坊工部分挖方，故沟体部分的扩挖应按开挖沟槽计价。预算定额第 71 页水沟盖板安装定额中，预制构件有 1% 的损耗，因此沟槽盖板预制、运输时应考虑损耗。

【解】　施工图预算计算数据见表 14.18。

表 14.18　施工图预算计算表

定额名称	定额代号	单位	数量	定额调整或系数
机械开挖沟槽石方	1-3-1-4	1 000 m³ 天然密实方	1.5	
装载质量 15 t 以内自卸汽车运石 2.3 km	1-1-11-23	1 000 m³ 天然密实方	1.5	+（1-1-11-24）×3
现浇混凝土边沟、排水沟	1-3-4-5	10 m³ 实体	150	C20 混凝土调整为 C15 混凝土
预制混凝土水沟盖板（矩形带孔）	1-3-4-10	10 m³	23.23	C20 混凝土调整为 C30 混凝土
水沟盖板预制钢筋	1-3-4-11	1t	54.591	钢筋调整为 HRB400
装载质量 8 t 以内载重汽车第一个 1 km（汽车式起重机装卸），运距 3.2 km	4-8-3-9	100 m³ 实体	2.323	+（4-8-3-13）×4.0
水沟盖板安装	1-3-4-12	10 m³	23	

思 考 题

1. 简述公路工程中土石方计算方法。
2. 特殊地基处理中用到的方法有哪些？
3. 排水沟、截水沟、渗沟有何区别？
4. 常见的边坡防护方式有哪些？
5. 清单中路基工程包括哪些内容？

第15章 路面工程工程量清单组价

15.1 路面工程预算定额说明

公路工程路面工程预算定额包含路面基层及垫层、路面面层及路面附属工程3个小节的内容。定额章节说明如下：

①本章定额包括各种类型路面以及路槽、路肩、垫层、基层等，除沥青混合料路面、厂拌基层稳定土混合料运输、自卸车运输碾压水泥混凝土以1 000 m³路面实体为计算单位外，其他均以1 000 m²为计算单位。

②路面项目中的厚度均为压实厚度，培路肩厚度为净培路肩的夯实厚度。

③本章定额中的水泥混凝土除摊铺机铺筑水泥混凝土路面及碾压混凝土路面外，均已包括其拌和的费用，使用定额时不得再另行计算。

④压路机台班按行驶速度：两轮光轮压路机为2.0 km/h、三轮光轮压路机为2.5 km/h、轮胎式压路机为5.0 km/h、振动压路机为3.0 km/h进行编制。当设计为单车道路面宽度时，两轮光轮压路机乘以系数1.14、三轮光轮压路机乘以系数1.33、轮胎式压路机和振动压路机乘以系数1.29。

⑤自卸汽车运输稳定土混合料、沥青混合料和水泥混凝土定额项目，仅适用于平均运距在15 km以内的混合料运输，当运距超过第一个定额运距单位时，其运距尾数不足一个增运定额单位的半数时不计算，等于或超过半数时按一个增运定额运距单位计算。当平均运距超过15 km时，应按市场运价计算其运输费用。

【例15.1】 某二级公路路面基层材料为厂拌水泥稳定碎石基层，拌和站距离路线中点5 km，混合料运输平均运距为10.28 km，采用30 t以内自卸汽车运输，试问如何套取自卸汽车增运定额？

【解】 查定额编号2-1-8-11为"30 t以内自卸车运1 km"，定额编号2-1-8-12为"30 t以内自卸车每增运0.5 km（15 km内）"。

由题意知，平均运距10.28 km，套用一个"30 t以内自卸车运1 km"定额后还剩9.28 km，再套用"30 t以内自卸车每增运0.5 km（15 km内）"定额18个，还剩0.28 km，未超过一个增运定额单位（0.5 km）的半数（0.25 km），因此不计，可得出增运定额套用18个即可。

其计算式为：(10.28−1)−0.5×18＝0.28＜0.5÷2＝0.25，故增运定额套用18个即可。

15.1.1　路面基层及垫层

（1）定额说明

①各类垫层、级配碎石、级配砾石基层的压实厚度在 15 cm 以内,填隙碎石一层的压实厚度在 12 cm 以内,各类稳定土基层、其他种类的基层和底基层压实厚度在 20 cm 以内,拖拉机、平地机、摊铺机和压路机的台班消耗按定额数量计算。当超过上述压实厚度进行分层拌和、摊铺、碾压时,拖拉机、平地机、摊铺机和压路机的台班消耗按定额数量加倍计算,每 1 000 m³ 增加 1.5 个工日。

②各类稳定土基层定额中的材料消耗是按一定配合比编制的,当设计配合比与定额标明的配合比不同时,有关材料可按下式进行换算:

$$C_i = [\, C_d + B_d \times (H - H_0)\,] \times \frac{L_i}{L_d} \tag{15.1}$$

式中　C_i——按设计配合比换算后的材料数量;

　　　C_d——定额中基本压实厚度的材料数量;

　　　B_d——定额中压实厚度每增减 1 cm 的材料数量;

　　　H_0——定额的基本压实厚度;

　　　H——设计的压实厚度;

　　　L_d——定额中标明的材料百分率;

　　　L_i——设计配合比的材料百分率。

【例 15.2】　某高速公路路面基层为厂拌水泥稳定碎石基层,压实厚度为 23 cm,厂拌水泥稳定碎石配合比为 4∶96(定额中配合比为 5∶95),请调整碎石、水泥消耗量。

【解】　查定额编号 2-1-7-5 为"厂拌厚 20 cm 碎石水泥(5%)",定额编号 2-1-7-6 为"厂拌每增减 1 cm 碎石水泥(5%)",定额表见表 15.1。

表 15.1　水泥稳定碎石基层定额参考表

编号	名称	单位	消耗量	
			2-1-7-5	2-1-7-6
1001001	人工	工日	2.500	0.100
1507004	水泥碎石	m³	202.000	10.100
3005004	水	m³	28.000	1.000
5505016	碎石	m³	296.730	14.840
5509001	32.5 级水泥	t	22.566	1.128
8001049	3.0 m³ 以内轮胎式装载机	台班	0.550	0.030
8003011	300 t/h 内稳定土厂拌设备	台班	0.250	0.010
9999001	基价	元	30 769.000	1 535.000

由式(15.1)可得:

水泥消耗量 $= [22.566 + 1.128 \times (23 - 20)] \times \dfrac{4}{5} = 20.760(\text{t})$

$$碎石消耗量=[296.730+14.840×(23-20)]×\frac{96}{95}=344.842(m^3)$$

③人工沿路翻拌和筛拌稳定土混合料定额中均已包括土的过筛工消耗,因此,土的预算价格中不应再计算过筛费用。

④本节定额中土的预算价格,按材料采集及加工和材料运输定额中的有关项目计算。

⑤各类稳定土基层定额中的碎石土、砂砾土是指天然碎石土和天然砂砾土。

⑥各类稳定土底基层采用稳定土基层定额时,每 1 000 m^2 路面减少 12 ~ 15 t 光轮压路机 0.18 台班。

(2)工程量计算规则

①路面垫层按设计需要铺设的路面垫层厚度、顶面面积以"m^2"计算工程量。

②厂拌基层稳定土混合料拌和、摊铺按设计需要铺设的路面基层(底基层)每层顶面面积以"m^2"计算,厂拌基层稳定土混合料运输按设计路面基层混合料的压实体积以"m^3"计算。拌和及运输定额已综合考虑了损耗系数。

【例15.3】 某高速公路,路面基层为厂拌水泥稳定碎石基层,路面长 70 km,宽 21.98 m,基层压实厚23 cm,请计算该路面基层混合料拌和、运输、铺筑定额工程量分别是多少?

【解】 查定额编号2-1-7-5为"厂拌厚 20 cm 碎石水泥(5%)",定额编号 2-1-7-6 为"厂拌每增减 1 cm 碎石水泥(5%)",定额表如下所示:

拌和工程量=21.98×70×1 000=1 538.6(1 000 m^2)

运输工程量=21.98×70×1 000×0.23=353.878(1 000 m^3)

铺筑工程量=21.98×70×1 000=1 538.6(1 000 m^2)

15.1.2 路面面层

①泥结碎石、级配碎石、级配砾石、天然砂砾、粒料改善土壤路面面层的压实厚度在 15 cm以内,拖拉机、平地机和压路机的台班消耗按定额数量计算。如超过上述压实厚度且需进行分层拌和、碾压时,拖拉机、平地机和压路机的台班消耗按定额数量加倍计算,每 1 000 m^3 增加 1.5 个工日。

②泥结碎石及级配碎石、级配砾石面层定额中,均未包括磨耗层和保护层,需要时应按磨耗层和保护层定额另行计算。

③沥青表面处治路面、沥青贯入式路面和沥青上拌下贯式路面的下贯层以及透层、黏层、封层定额中已计入热化、熬制沥青用的锅、灶等设备费用,使用定额时,不得另行计算。

④沥青碎石混合料、沥青混凝土和沥青碎石玛蹄脂混合料路面定额中,均已包括混合料拌和、运输、摊铺作业时的损耗因素,路面实体按路面设面积乘以压实厚度计算。

⑤沥青路面定额中均未包括透层、黏层和封层,需要时可按有关定额另行计算。

⑥沥青路面定额中的乳化沥青和改性沥青均按外购成品料进行编制。当在现场自行配制时,其配制费用计入材料预算价格中。

⑦当沥青玛蹄脂碎石混合料设计采用的纤维稳定剂的掺加比例与定额不同时,可按设计用量调整定额中纤维稳定剂的消耗。

⑧沥青路面定额中,均未考虑为保证石料与沥青的黏附性而采用的抗剥离措施的费用,需要时,应根据石料的性质,按设计提出的抗剥离措施计算其费用。

⑨在冬五区、冬六区采用层铺法施工沥青路面时,其沥青用量可按定额用量乘以下列系数:

沥青表面处治:1.05;沥青贯入式基层:1.02;面层:1.028;沥青上拌下贯式下贯部分:1.043。

⑩本章定额是按一定的油石比编制的。当设计采用的油石比与定额不同时,可按设计油石比调整定额中的沥青用量。换算公式如下:

$$S_i = S_d \times \frac{L_i}{L_d} \qquad (15.2)$$

式中　S_i——按设计油石比换算后的沥青数量;

　　　S_d——定额中的沥青数量;

　　　L_d——定额中标明的油石比;

　　　L_i——设计采用的油石比。

【例 15.4】　某公路路面采用厂拌沥青玛蹄脂碎石混合料,施工组织设计资料显示采用 240 t/h 拌和设备进行拌和,设计规定混合料油石比为 5.82,定额中已标明油石比为 6.21,请对沥青玛蹄脂碎石混合料拌和定额中的改性沥青用量进行调整。

【解】　查定额编号 2-2-12-3 为"240 t/h 以内拌和改性沥青玛蹄脂碎石混合料",定额见表 15.2(只截取部分定额信息)。

表 15.2　水泥稳定碎石基层定额参考表

编号	名称	单位	消耗量	
			2-2-12-3(调整前)	2-2-12-3(调整后)
1001001	人工	工日	27.900	
1505014	沥青玛蹄脂	m³	1 020.000	
3001002	改性沥青	t	145.276	136.152

改性沥青消耗量 = 145.276×5.82÷6.21 = 136.152(t)。

15.1.3　路面附属工程

①挖除旧路面,按设计提出的需要挖除的旧路面体积计算。

②硬路肩工程项目,根据不同设计层次结构,分别采用不同的路面定额项目进行计算。

③铺砌水泥混凝土预制块人行道、路缘石、沥青路面镶边和土硬路肩加固定额中,均已包括水泥混凝土预制块的预制,使用定额时不得另行计算。

15.1.4　路面材料平均运距的计算

路面各结构层的施工,主要工艺流程集中在混合料的拌和、运输、铺筑、碾压等,路面各结构层组价的核心内容大多围绕混合料的拌和、运输、铺筑等展开,其中,又以运输为重点和难点。以下主要针对混合料运输的平均运距的计算展开讲解。

材料运距的计算主要归纳为卸料地点问题、供料地点问题和材料预算平均运距问题三大类。

1）运料终点的确定

公路工程为线性带状构造物，卸料地点相对分散，材料运输终点对运距的确定影响较大，因此，对运料终点做出以下规定：

（1）点式卸料

点式卸料是指材料运输终点相对地卸于一个特定的代表地点，适用于集中型工程，如某大中桥桥址中心桩号、某大型隧道中心桩号、集中型工程范围中心桩号等。

（2）线式卸料

线式卸料又称为多点式卸料，运输终点是分散的，适用于路线工程各种项目所用各种材料运距的计算，其卸料地点原则上为用料地点的"重心"位置。

①需集中拌和路面混合料的各种原材料，运料终点为拌合站的堆料中心点。

②不需集中厂拌的路面材料，卸料终点为各用料路段的中心桩号。

③小桥涵或小型构造物，用料量比较均匀，可取路线的中心桩号，若分布不均匀，则应分段取路线的中心桩号。

2）材料供应地点及供应范围

公路工程材料按其供应来源分为外购材料和自采材料两大类。在确定运距时，除了明确卸料地点外，还需明确材料供应地点和供应范围。

（1）材料供应地点

①外购材料供应地点：为材料的起运地点，由调查资料确定。

②自采材料供应地点：为各供应路段的相应供料料场地点。

（2）料场经济供应范围的确定

当公路沿线有多个同种材料的供应料场时，应在两相邻料场间确定一个经济供应范围的分界点，经济分界点的确定遵循以下两个原则：

①从1、2号料场运到 L 路段的材料总费用（料场价格加运费）最小；

②单位材料从料场运至分界点 K 的费用相等。

以上两个原则是完全等价的。图 15.1 所示为某路段两相邻料场 1 号和 2 号的分布，有关参数见表 15.3。经济分界点 K 的桩号可按式（15.3）计算确定。

$$X = \frac{1}{f_1+f_2}\left[Lf_2+(c_2-c_1)+a_2f_2-a_1f_1 \right] \tag{15.3}$$

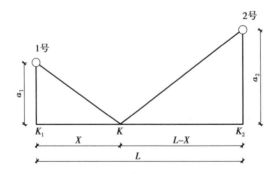

图 15.1　材料经济供应范围示意图

表 15.3　料场参数表

项目	单位	料场 1	料场 2
材料料场单价	元/m^3	c_1	c_2
上路距离	km	a_1	a_2
单位运价	元/($m^3 \cdot km$)	f_1	f_2
材料需要量	m^3	qX	$q(L-X)$

注:q 为单位里程长度的材料用量。

则 K 点的桩号 = K_1 的桩号 + X。

当假设 $c_1 = c_2, f_1 = f_2$ 时,经济分界点 K 的桩号可按式(15.4)计算确定。

$$X = \frac{1}{2} \left[L + (a_2 - a_1) \right] \tag{15.4}$$

3) 材料平均运距的计算

当一种材料有多个供应点时,必须先确定供应点的经济分界点,当一种材料有多个卸料点时必须先计算其平均运距。加权平均运距计算式如下:

$$L = \frac{\sum_{i=1}^{n} Q_i L_i}{\sum_{i=1}^{n} Q_i} \tag{15.5}$$

式中　L ——某种材料全路线加权平均运距,km;

　　　n ——卸料点个数;

　　　Q_i ——各卸料点某种材料数量;

　　　L_i ——各供料点到卸料点的运距,km。

【例 15.5】　某高速公路,路线全长 30 km,在距离起点 10 km 处,离道路 2 km 处设置 1 号基层拌和站,距离终点 8 km 处,离道路 1.6 km 处设置 2 号基层拌和站,请问基层混合料的加权平均运距是多少?(假设 1 号、2 号拌和站料场材料单价相等,且单位材料运价也相等)

【解】　(1)经济运距分界点的确定

由题意知,$a_1 = 2, a_2 = 1.6, L = 30 - 10 - 8 = 12$,由式(15.4)可求出 $X = \frac{1}{2} \left[L + (a_2 - a_1) \right] = \frac{1}{2} \left[12 + (1.6 - 2) \right] = 5.8, L - X = 12 - 5.8 = 6.2$。

(2)各拌和站平均运距的确定

1 号拌和站:(10×10÷2+5.8×5.8÷2)÷(10+5.8)+2 = 6.23(km)。

2 号拌和站:(8×8÷2+6.2×6.2÷2)÷(8+6.2)+1.6 = 5.21(km)。

(3)加权平均运距的计算

加权平均运距:[(10+5.8)×6.23+(8+6.2)×5.21]÷30 = 5.75(km)。

15.2　路面工程清单工程量计算规则

在《公路工程标准施工招标文件》(2018 年版)第八章工程量清单计量规则中,第 300 章路面工程计量规则共包括通则,垫层,石灰稳定土底基层、基层,水泥稳定土底基层、基层,石灰粉煤灰稳定土底基层、基层,级配碎(砾)石底基层、基层,沥青稳定碎石基层(ATB),透层和黏层,热拌沥青混合料面层,沥青表面处置与封层,改性沥青及改性沥青混合料,水泥混凝土面板,路肩培土、中央分隔带回填土、土路肩加固及路缘石,路面及中央分隔带排水等14节内容。

15.2.1 第301节 通则

定额中,混凝土强度等级均按一般图纸选用,其施工方法除小型构件采用人拌人捣外,其他均按机拌机捣计算。

本节包括材料标准、路面施工的一般要求、材料取样与试验、试验路段、料场作业、拌和场场地硬化及遮雨棚、雨季施工。本节工作内容均不作计量,其所涉及的作业应包含在与其相关工程子目中。

15.2.2 第302节 垫层

本节工程量清单项目分项计量规则应按表302垫层的规定执行,见表15.4。

表15.4 表302 垫层

子目号	子目名称	单位	工程量计量	工程内容
302	垫层			
302-1	碎石垫层	m²	依据图纸所示压实厚度,按照铺筑的顶面面积以平方米为单位计量	1. 检查、清除路基上的浮土、杂物,并洒水湿润; 2. 摊铺; 3. 整平、整型; 4. 洒水、碾压、整修
302-2	砂砾垫层	m²		
302-3	水泥稳定土垫层	m²		1. 检查、清除路基上的浮土、杂物,并洒水湿润; 2. 拌和、运输、摊铺; 3. 整平、整型; 4. 洒水、碾压、整修、初期养护
302-4	石灰稳定土垫层	m²		

15.2.3 第303节 石灰稳定土底基层、基层

本节工程量清单项目分项计量规则应按表303石灰稳定土底基层、基层的规定执行,见表15.5。

表15.5 表303 石灰稳定土底基层、基层

子目号	子目名称	单位	工程量计量	工程内容
303	石灰稳定土底基层、基层			

续表

子目号	子目名称	单位	工程量计量	工程内容
303-1	石灰稳定土底基层	m²	依据图纸所示压实厚度,按照铺筑的顶面面积以平方米为单位计量	1. 检查、清理下承层、洒水; 2. 拌和、运输、摊铺; 3. 整平、整型; 4. 洒水、碾压、初期养护
303-2	搭板、埋板下石灰稳定土底基层	m³	依据图纸所示尺寸、范围,按照铺筑体积以立方米为单位计量	1. 检查、清理下承层、洒水; 2. 拌和、运输、摊铺; 3. 整平、整型; 4. 洒水、碾压、初期养护
303-3	石灰稳定土基层	m²	依据图纸所示压实厚度,按照铺筑的顶面面积以平方米为单位计量	1. 检查、清理下承层、洒水; 2. 拌和、运输、摊铺; 3. 整平、整型; 4. 洒水、碾压、初期养护

15.2.4　第 304 节 水泥稳定土底基层、基层

本节工程量清单项目分项计量规则应按表 304 水泥稳定土底基层、基层的规定执行,见表 15.6。

表 15.6　表 304 水泥稳定土底基层、基层

子目号	子目名称	单位	工程量计量	工程内容
304	水泥稳定土底基层、基层			
304-1	水泥稳定土底基层	m²	依据图纸所示压实厚度,按照铺筑的顶面面积以平方米为单位计量	1. 检查、清理下承层、洒水; 2. 拌和、运输、摊铺; 3. 整平、整型; 4. 洒水、碾压、初期养护
304-2	搭板、埋板下水泥稳定土底基层	m³	依据图纸所示尺寸、范围,按照铺筑体积以立方米为单位计量	
304-3	水泥稳定土基层	m²	依据图纸所示压实厚度,按照铺筑的顶面面积以平方米为单位计量	

15.2.5　第 305 节 石灰粉煤灰稳定土底基层、基层

本节工程量清单项目分项计量规则应按表 305 石灰粉煤灰稳定土底基层、基层的规定执行,见表 15.7。

表 15.7　表 305 石灰粉煤灰稳定土底基层、基层

子目号	子目名称	单位	工程量计量	工程内容
305	石灰粉煤灰稳定土底基层、基层			
305-1	石灰粉煤灰稳定土底基层	m²	依据图纸所示压实厚度，按照铺筑的顶面面积以平方米为单位计量	1. 检查、清理下承层、洒水； 2. 拌和、运输、摊铺； 3. 整平、整型； 4. 洒水、碾压、初期养护
305-2	搭板、埋板下石灰粉煤灰稳定土底基层	m³	依据图纸所示尺寸、范围，按照铺筑体积以立方米为单位计量	
305-3	石灰粉煤灰稳定土基层	m²	依据图纸所示压实厚度，按照铺筑的顶面面积以平方米为单位计量	1. 检查、清理下承层、洒水； 2. 拌和、运输、摊铺； 3. 整平、整型； 4. 洒水、碾压、初期养护
305-4	石灰煤渣稳定土基层	m²	依据图纸所示压实厚度，按照铺筑的顶面面积以平方米为单位计量	

15.2.6　第 306 节 级配碎(砾) 石底基层、基层

本节工程量清单项目分项计量规则应按表 306 级配碎(砾) 石底基层、基层的规定执行，见表 15.8。

表 15.8　表 306 级配碎(砾) 石底基层、基层

子目号	子目名称	单位	工程量计量	工程内容
306	级配碎(砾)石底基层、基层			
306-1	级配碎石底基层	m²	依据图纸所示压实厚度，按照铺筑的顶面面积以平方米为单位计量	1. 检查、清理下承层、洒水； 2. 铺筑材料拌和、运输、摊铺； 3. 整平、整型； 4. 洒水、碾压
306-2	搭板、埋板下级配碎石底基层	m³	依据图纸所示尺寸、范围，按照铺筑体积以立方米为单位计量	1. 检查、清理下承层、洒水； 2. 铺筑材料拌和、摊铺； 3. 整平、整型； 4. 洒水、碾压

子目号	子目名称	单位	工程量计量	工程内容
306-3	级配碎石基层	m²	依据图纸所示压实厚度，按照铺筑的顶面面积以平方米为单位计量	1. 检查、清理下承层、洒水； 2. 铺筑材料拌和、运输、摊铺； 3. 整平、整型； 4. 洒水、碾压
306-4	级配砾石底基层	m²		
306-5	搭板、埋板下级配砾石底基层	m³	依据图纸所示尺寸、范围，按照铺筑体积以立方米为单位计量	1. 检查、清理下承层、洒水； 2. 铺筑材料拌和、摊铺； 3. 整平、整型； 4. 洒水、碾压
306-6	级配砾石基层	m²	依据图纸所示压实厚度，按照铺筑的顶面面积以平方米为单位计量	1. 检查、清理下承层、洒水； 2. 铺筑材料拌和、运输、摊铺； 3. 整平、整型； 4. 洒水、碾压

15.2.7　第 307 节 沥青稳定碎石基层（ATB）

本节工程量清单项目分项计量规则应按表 307 沥青稳定碎石基层（ATB）的规定执行，见表15.9。

表 15.9　表 307 沥青稳定碎石基层（ATB）

子目号	子目名称	单位	工程量计量	工程内容
307	沥青稳定碎石基层（ATB）			
307-1	沥青稳定碎石基层（ATB）	m²	依据图纸所示级配类型、铺筑压实厚度，按照铺筑的顶面面积以平方米为单位计量	1. 检查和清理下承层； 2. 拌和设备安装、调试、拆除； 3. 沥青铺筑材料加热、保温、输送，配运料，矿料加热烘干、拌和、出料； 4. 运输、摊铺、压实、成型； 5. 接缝； 6. 初期养护

15.2.8　第 308 节 透层和黏层

本节工程量清单项目分项计量规则应按表 308 透层和黏层的规定执行，见表15.10。

表 15.10　表 308 透层和黏层

子目号	子目名称	单位	工程量计量	工程内容
308	透层和黏层			
308-1	透层	m²	依据图纸所示沥青品种、规格、喷油量，按照洒布面积以平方米为单位计量	1. 检查和清扫下承层； 2. 材料制备、运输； 3. 试洒； 4. 沥青洒布车均匀喷洒并检测洒布用量； 5. 初期养护
308-2	黏层	m²		

15.2.9　第 309 节 热拌沥青混合料面层

本节工程量清单项目分项计量规则应按表 309 热拌沥青混合料面层的规定执行，见表 15.11。

表 15.11　表 309 热拌沥青混合料面层

子目号	子目名称	单位	工程量计量	工程内容
309	热拌沥青混合料面层			
309-1	细粒式沥青混凝土	m²	依据图纸所示级配类型及铺筑压实厚度，按照铺筑的顶面面积以平方米为单位计量	1. 检查和清理下承层； 2. 拌和设备安装、调试、拆除； 3. 沥青加热、保温、输送、配运料，矿料加热烘干、拌和、出料； 4. 运输、摊铺、碾压、成型； 5. 接缝； 6. 初期养护
309-2	中粒式沥青混凝土	m²		
309-3	粗粒式沥青混凝土	m²		

15.2.10　第 310 节 沥青表面处置与封层

本节工程量清单项目分项计量规则应按表 310 沥青表面处置与封层的规定执行，见表 15.12。

表 15.12　表 310 沥青表面处置与封层

子目号	子目名称	单位	工程量计量	工程内容
310	沥青表面处置与封层			
310-1	沥青表面处置	m²	依据图纸所示沥青种类、厚度、喷油量，按照沥青表面处置面积以平方米为单位计量	1. 检查和清理下承层； 2. 安装并拆除熬油设备； 3. 熬油、运油； 4. 沥青洒布车洒油； 5. 整型、碾压、找补； 6. 初期养护

续表

子目号	子目名称	单位	工程量计量	工程内容
310-2	封层	m²	依据图纸所示沥青种类、厚度,按照封层面积以平方米为单位计量	1.检查和清扫下承层; 2.试验段施工; 3.专用设备洒布或施工封层; 4.整型、碾压、找补; 5.初期养护

15.2.11　第 311 节 改性沥青及改性沥青混合料

本节工程量清单项目分项计量规则应按表 311 改性沥青及改性沥青混合料的规定执行,见表 15.13。

表 15.13　表 311 改性沥青及改性沥青混合料

子目号	子目名称	单位	工程量计量	工程内容
311	改性沥青及改性沥青混合料			
311-1	细粒式改性沥青混合料路面	m²	依据图纸所示级配类型及压实厚度,按照铺筑的顶面面积以平方米为单位计量	1.检查和清理下承层; 2.拌和设备安装、调试、拆除; 3.改性沥青混合料生产; 4.混合料运输、摊铺、碾压、成型; 5.接缝; 6.初期养护
311-2	中粒式改性沥青混合料路面	m²		
311-3	SMA 路面	m²		

15.2.12　第 312 节 水泥混凝土面板

本节工程量清单项目分项计量规则应按表 312 水泥混凝土面板的规定执行,见表 15.14。

表 15.14　表 312 水泥混凝土面板

子目号	子目名称	单位	工程量计量	工程内容
312	水泥混凝土面板			
312-1	水泥混凝土面板	m³	依据图纸所示厚度和混凝土强度等级,按照铺筑体积以立方米为单位计量	1.检查和清理下承层、洒水湿润; 2.模板制作、架设、安装、修理、拆除; 3.混凝土拌合物配合比设计、配料、拌和、运输、浇筑、振捣、真空吸水、抹平、压(刻)纹、养护; 4.切缝、灌缝; 5.初期养护

续表

子目号	子目名称	单位	工程量计量	工程内容
312-2	钢筋	kg	1.依据图纸所示水泥混凝土路面钢筋按图示质量以千克为单位计量； 2.因搭接而增加的钢筋作为附属工作，不另行计量	1.钢筋的保护、储存及除锈； 2.钢筋整直、连接； 3.钢筋截断、弯曲； 4.钢筋安设、支承及固定

15.2.13　第313节 路肩培土、中央分隔带回填土、土路肩加固及路缘石

本节工程量清单项目分项计量规则应按表313 路肩培土、中央分隔带回填土、土路肩加固及路缘石的规定执行，见表15.15。

表15.15　表313 路肩培土、中央分隔带回填土、土路肩加固及路缘石

子目号	子目名称	单位	工程量计量	工程内容
313	路肩培土、中央分隔带回填土、土路肩加固及路缘石			
313-1	路肩培土	m³	依据图纸所示断面尺寸，按照压实体积以立方米为单位计量	1.挖运土； 2.路基整修、培土、整型； 3.分层填筑、压实； 4.修整路肩横坡
313-2	中央分隔带回填土	m³		1.挖运土； 2.路基整修、培土、整型； 3.分层填筑、压实
313-3	现浇混凝土加固土路肩	m³	依据图纸所示断面尺寸和混凝土强度等级，按照浇筑体积以立方米为单位计量	1.路基整修； 2.模板制作、安装、拆除、修理、涂脱模剂； 3.混凝土拌和、制备、运输、摊铺、振捣、养护
313-4	混凝土预制块加固土路肩	m³	依据图纸所示断面尺寸和混凝土强度等级，按照预制安装体积以立方米为单位计量	1.预制场地平整、硬化处理； 2.预制块预制、装运； 3.路基整修； 4.预制块铺砌、勾缝

续表

子目号	子目名称	单位	工程量计量	工程内容
313-5	混凝土预制块路缘石	m³	依据图纸所示断面尺寸和混凝土强度等级,按照预制安装体积以立方米为单位计量	1. 预制场地平整,硬化处理; 2. 路缘石预制、装运; 3. 路基整修、基槽开挖与回填,废方弃运; 4. 基槽夯实; 5. 路缘石铺砌、勾缝; 6. 路缘石后背回填夯实

15.2.14 第 314 节 路面及中央分隔带排水

本节工程量清单项目分项计量规则应按表 314 路面及中央分隔带排水的规定执行,见表15.16。

表 15.16 表 314 路面及中央分隔带排水

子目号	子目名称	单位	工程量计量	工程内容
314	路面及中央分隔带排水			
314-1	排水管	m	依据图纸所示位置,分不同类型及规格,按埋设管长以米为单位计量	1. 基槽开挖填筑、废方弃运; 2. 垫层(基础)铺筑; 3. 排水管制作; 4. 安放排水管; 5. 接头处理; 6. 回填、压实; 7. 出水口处理
314-2	纵向雨水沟(管)	m	依据图纸所示位置,分不同类型及规格,按埋设长度以米为单位计量	1. 基槽开挖、废方弃运; 2. 垫层(基础)铺筑; 3. 模板制作、安装、拆除、修理; 4. 钢筋制作与安装; 5. 盖板预制及安装; 6. 混凝土拌和、运输、浇筑; 7. 养护; 8. 安放排水管; 9. 接头处理; 10. 回填、压实; 11. 出水口处理

续表

子目号	子目名称	单位	工程量计量	工程内容
314-3	集水井	座	依据图纸所示位置,分不同类型及规格,按设置的集水井数量,以座为单位计量	1. 基坑开挖及废方弃运; 2. 地基平整夯实,垫层及基础施工; 3. 模板制作、安装、拆除、修理; 4. 钢筋制作与安装; 5. 混凝土拌和、运输、浇筑、养护; 6. 井壁外围回填,夯实
314-4	中央分隔带渗沟	m	依据图纸所示位置,分不同类型,按埋设长度以米为单位计量	1. 基槽开挖、废方弃运; 2. 垫层(基础)铺筑; 3. 制管、打孔; 4. 安放排水管; 5. 接头处理; 6. 填碎石、铺设土工布; 7. 回填、压实
314-5	沥青油毡防水层	m²	依据图纸所示位置,按铺设的防水层面积以平方米为单位计量	1. 下承层清理; 2. 喷涂黏结层; 3. 铺油毡; 4. 接缝处理
314-6	路肩排水沟	m	依据图纸所示位置及断面尺寸,按照不同类型的路肩排水沟的长度,以米为单位计量	1. 场地清理; 2. 地基平整夯实,排水沟断面补挖; 3. 铺设垫层; 4. 模板制作、安装、拆除; 5. 钢筋制作、安装; 6. 混凝土拌和、运输、浇筑、养护; 7. 预制件预制(现浇)、运输、装卸、安装; 8. 回填、清理
314-7	拦水带	m	依据图纸所示位置及断面尺寸,分不同类型,按照拦水带长度,以米为单位计量	1. 混凝土制作,运输,浇筑,振捣,养护,拆模,刷漆; 2. 开槽; 3. 预制块装运,安装、接缝防漏处理; 4. 沥青混凝土配运料、拌和、运输、摊铺、压实、成型、初期养护; 5. 清理

15.3　路面工程案例分析

【**案例 15.1**】　背景材料:某三级公路沥青混凝土路面项目,路基段长 25 km,路基宽 8.5 m,行车道宽 7 m。路面结构中,上面层为 3 cm 中粒式沥青混凝土,下面层为 4 cm 粗粒式沥青混凝土,基层为 20 cm 水泥稳定砂砾(外购商品水稳料),垫层为 25 cm 砂砾(基层、垫层宽 7.5 m),透层、黏层采用乳化沥青。沥青混合料拌和站(平丘区)设在路线中点,上路距离 600 m。路面工期 6 个月。施工单位自有的沥青混合料拌和设备拌和能力为 150 t/h,每天施工按 8 h 计算,设备利用率为 0.8,每月有效工作天数为 22 d。

问题:试计算本标段中路面工程工程量,根据工程量完成清单预算。

【**解**】　(1)路面工程工程量的计算。

基层、垫层、透层数量:25 000×7.5=187 500(m²)

黏层数量:25 000×7.0=175 000(m²)

面层沥青混合料数量。

粗粒式:25 000×7.0×0.04=7 000(m³)

中粒式:25 000×7.0×0.03=5 250(m³)

合计:7 000+5 250=12 250(m³)

合计质量:7 000×2.377×1.02+5 250×2.37×1.02=29 663.13(t)

(2)混合料拌和设备设置数量的计算。

根据题目中给定的条件,由于路面基层采用路拌法施工,不需要设置集中拌和设备,因此,只需要设置面层沥青混合料拌和设备。

拌和设备安拆可在基层施工期间提前安排,不占关键线路工期,则 29 663.13÷(150×8×0.8×22)=1.40,设置 1 处拌和站,路面面层可以在 2 个月内完成施工。

根据路面合理标段划分的要求,本项目设置 1 台拌和设备是合适的。

(3)混合料综合平均运距。

本项目设置 1 处拌和站,假定设置在路线的中点,其混合料综合平均运距如下:

25÷2÷2+0.6=6.85(km),按 7 km 考虑。

(4)本标段路面工程工程量清单预算见表 15.17。

表 15.17　工程量清单预算表

清单/定额代号	定额名称	单位	数量	定额调整
302-2	砂砾垫层			
302-2-a	20 cm 厚砂砾垫层	m²	187 500	
2-1-1-12	机械铺料,砂砾路面垫层,压实厚度 15 cm	1 000 m²	187.5	分层拌和、调整人工和设备消耗量
2-1-1-17	机械铺料,砂砾路面垫层,每增减 1 cm	1 000 m²	187.5	×5
304-3	水泥稳定土基层			

续表

清单/定额 代号	定额名称	单位	数量	定额调整
304-3-a	25 cm 厚水泥稳定砂砾	m²	187 500	
2-1-9-7	7.5 m 以内摊铺机铺筑基层	1 000 m²	187.5	
1515003	水泥砂砾(商)	1 000 m²	37 500	×1.01
308-1	透层	m²	187 500	
2-2-16-4	半刚性基层透层,乳化沥青	1 000 m²	187.5	
308-2	黏层	m²	175 000	
2-2-16-6	沥青层黏层,乳化沥青	1 000 m²	175	
309-2	中粒式沥青混凝土			
309-2-a	3 cm	m²	175 000	
2-2-11-11	150 t/h 沥青混合料拌和设备拌和,中粒式	1 000 m³ 路面实体	5.25	
2-1-13-7	15 t 以内自卸汽车运输沥青混凝土, 第一个 1 km	1 000 m³	5.25	
2-1-13-8	15 t 以内自卸汽车运输沥青混凝土, 每增运 0.5 km	1 000 m³	5.25	×12
2-1-14-43	机械摊铺沥青混凝土混合料, 160 t/h 以内拌和设备,中粒式	1 000 m³ 路面实体	5.25	
309-3	粗粒式沥青混凝土			
309-3-a	4 cm	m²	175 000	
2-2-11-4	150 t/h 沥青混合料拌和设备拌和,粗粒式	1 000 m³ 路面实体	7	
2-1-13-7	15 t 以内自卸汽车运输沥青混凝土, 第一个 1 km	1 000 m³	7	
2-1-13-8	15 t 以内自卸汽车运输沥青混凝土, 每增运 0.5 km	1 000 m³	7	×12
2-1-14-42	机械摊铺沥青混凝土混合料, 150 t/h 以内拌和设备,粗粒式	1 000 m³ 路面实体	7	
315-1	沥青混凝土拌和站(分摊项)	总额	1	
2-2-15-4	生产能力150 t/h 以内沥青 混合料拌和设备安装、拆除	1 座	1	

【案例15.2】 背景材料:某高速公路沥青混凝土路面,其面层设计为上面层:5 cm 厚细粒式;中面层:6 cm 厚中粒式;下面层:7 cm 厚粗粒式。某标段路线长 24 km(起点桩号 K32+000),上、中、下面层数宽度均为 26 m。在该标段 K40+000 处有一块比较平坦的场地,且与路

线相邻,可设置拌和站。施工工期为 6 个月,采用集中拌和自卸汽车运输、机械摊铺,不考虑拌和站场地建设。

问题:试计算本标段中路面工程工程量,完成施工图预算相关工程量组价。

【解】　(1)工程数量的计算。

各面层体积计算。

下层(粗粒式):$24\,000 \times 26 \times 0.07 = 43\,680(\text{m}^3)$

中层(中粒式):$24\,000 \times 26 \times 0.06 = 37\,440(\text{m}^3)$

上层(细粒式):$24\,000 \times 26 \times 0.05 = 31\,200(\text{m}^3)$

合计:$43\,680 + 37\,440 + 31\,200 = 112\,320(\text{m}^3)$

沥青混合料质量:$43\,680 \times 2.377 \times 1.02 + 37\,440 \times 2.370 \times 1.02 + 31\,200 \times 2.363 \times 1.02 = 271\,611.48(\text{t})$

(2)面层混合料拌和设备数量计算。

假定设置的拌和设备型号为 380 t/h,设备利用率为 0.85,每天施工 8 h。考虑到拌和设备安拆等因素,工作时间按 5 个月考虑。则混合料拌和设备的需要量为

$$271\,611.48 \div (380 \times 22 \times 5 \times 8 \times 0.85) = 0.96(\text{台})$$

故应设置一台拌和设备。

(3)面层混合料综合平均运距。

设每千米沥青混合料为 y,其混合料综合平均运距为

$$L = [8 \times y \times 4 + 16 \times y \times 8] \div (24 \times y) = 6.7(\text{km})$$

根据定额中关于运距的规定,本项目应按 6.5 km 计算。

(4)本标段路面工程工程量组价见表 15.18。

表 15.18　工程量组价表

序号	定额子目名称		单位	定额表号	数量	定额调整情况
1	透层沥青		1 000 m²	2-2-16-3	624	定额×1.03
2	黏层沥青		1 000 m²	2-2-16-5	1 248	
3	沥青混凝土拌和 (380 t/h 以内设备)	粗粒式	1 000 m³	2-2-11-7	43.680	
4		中粒式	1 000 m³	2-2-11-14	37.440	
5		细粒式	1 000 m³	2-2-11-21	31.200	
6	20 t 自卸汽车运混合料	第一个 1 km	1 000 m³	2-2-13-9	112.320	
7		每增运 0.5 km	1 000 m³	2-2-13-10	112.320	定额×11
8	沥青混合料铺筑 (380 t/h 以内设备)	粗粒式	1 000 m³	2-2-14-54	43.680	
9		中粒式	1 000 m³	2-2-14-55	37.440	
10		细粒式	1 000 m³	2-2-14-56	31.200	
11	沥青混合料拌和设备安拆(380 t/h)		1 座	2-2-15-7	1	

注:透层沥青的数量按面层数量增加 5% 以内均为正确。

【案例 15.3】 背景材料:某高速公路项目主线为双向四车道,路基宽 26 m,采用沥青混凝土路面结构形式,具体工程数量见表 15.19 和表 15.20。

表 15.19 路面工程部分数量表

起止桩号	面层/m²			基层/m²			底基层/m²	垫层/m²
	4 cm 厚 SMA-13 的上面层	8 cm 厚粗粒式沥青混凝土下面层	SBS 改性乳化沥青黏层	20 cm 厚沥青稳定碎石	乳化沥青透层	乳化沥青下封层	25 cm 厚 3%水泥稳定碎石	20 cm 厚碎石垫层
第 1 合同段合计	98 900	98 900	98 900	106 902	106 902	106 902	110 352	108 900

表 15.20 中央分隔带纵向排水管工程数量

起止桩号	长度/m	现浇 C25 沟身/m³	预制 C30 盖板/m³	沥青麻絮沉降缝/m²	盖板钢筋/kg	砂砾垫层/m³
第 1 合同段合计	4 612	553.43	221.37	84.55	51 192.2	507.31

施工组织拟采用集中拌和,稳定土采用 300 t/h 稳定土拌和设备拌和,沥青混凝土采用 240 t/h 沥青混合料拌和设备拌和,摊铺机铺筑,混合料综合平均运距为 5 km,小型预制构件的预制场设在拌和站,拌和设备安装拆除及拌和站场地建设费用不计。招标文件提供的工程量清单见表 15.21。

表 15.21 工程量清单

子目号	子目名称	单位	数量
302-1	碎石垫层		
302-1-a	厚 200 mm 碎石垫层	m²	108 900
304-1	水泥稳定土底基层		
304-1-a	3%水泥稳定碎石底基层(厚 250 mm)	m²	110 352
307-1	沥青稳定碎石基层(ATB-25)		
307-1-a	厚 200 mm	m²	106 902
308-1	透层	m²	106 902
308-2	黏层		
308-1-a	SBS 改性乳化沥青	m²	98 900
309-3	粗粒式沥青混凝土下面层		
309-3-a	厚 80 mm	m²	98 900
310-2	封层		
310-2-a	乳化沥青下浆封层	m²	106 902

续表

子目号	子目名称	单位	数量
311-3	SMA 路面		
311-3-a	厚 40 mm	m²	98 900
314-2	纵向排水沟(管)		
314-2-a	纵向排水沟	m	4 612

试完成:本路面工程工程量清单预算相关内容。

【解】　本路面工程工程量清单预算见表 15.22。

表 15.22　路面工程工程量清单预算分解表

原工程量清单				分解子目(选定额用)				
子目号	定额 子目名称	单位	清单数量	定额表号	分解定额 子目名称	定额 单位	工程 数量	定额调整
302-1	碎石垫层							
302-1-a	厚 200 mm 碎石垫层	m²	108 900	2-1-1-15	路面垫层机械 铺碎石(压实厚 度 15 cm)	1 000 m²	108.9	+(2-1-1-20)×5
304-1	水泥稳定土 底基层							
304-1-a	3% 水稳碎石 基层 (厚 250 mm)	m²	110 352	2-1-7-5	厂拌水泥碎石 稳定土(5%) 压实厚度 20 cm	1 000 m²	110.352	实际厚 25 cm, 水泥剂量 3%
				2-1-8-7	15 t 以自卸汽 车运稳定土,运 5 km	1 000 m³	27.588	实际运距 5 km: +[2-1-8-8]×8
				2-1-9-12	12.5 m 以内摊 铺机铺筑底基 层混合料	1 000 m²	110.352	分 2 层碾压, 调整人工和机 械消耗量
307-1	沥青稳定 碎石基层 (ATB-25)							

续表

原工程量清单				分解子目（选定额用）				
子目号	定额 子目名称	单位	清单数量	定额表号	分解定额 子目名称	定额 单位	工程 数量	定额调整
307-1-a	厚 200 mm	m²	106 902	2-2-10-11	粗粒式沥青碎石拌和（240 t/h 以内）	1 000 m³	21.380	
				2-2-13-7	15 t 以内自卸汽车运沥青混合料，运 5 km	1 000 m³	21.380	实际运距5 km，+[2-2-13-8]×8
				2-2-14-23	机械摊铺粗粒式沥青碎石混合料（240 t/h 以内）	1 000 m³	21.380	
308-1	透层	m²	106 902	2-2-16-4	半刚性基层乳化沥青	1 000 m²	106.902	
308-2	黏层							
308-2-a	SBS 改性乳化沥青	m²	98 900	2-2-16-6	改性乳化沥青黏层	1 000 m²	98.9	
309-3	粗粒式沥青混凝土下面层							
309-3-a	厚 80 mm	m²	98 900	2-2-11-5	沥青混合料拌和（240 t/h 以内）	1 000 m³	7.912	
				2-2-13-7	15 t 以内自卸汽车运沥青混合料，运 5 km	1 000 m³	7.912	实际运距5 km：+[2-2-13-8]×8
				2-2-14-46	机械摊铺粗料式沥青混合料（240 t/h 以内）	1 000 m³	7.912	
310-2	封层							
310-2-b	乳化沥青下封层	m²	106 902	2-2-16-14	乳化沥青下封层	1 000 m²	106.902	
311-3	SMA 路面							

续表

原工程量清单				分解子目（选定额用）				
子目号	定额子目名称	单位	清单数量	定额表号	分解定额子目名称	定额单位	工程数量	定额调整
311-3-a	厚40 mm	m²	98 900	2-2-12-3	沥青玛琋脂碎石混合料拌和（240 t/h 以内）	1 000 m³	3.956	
				2-2-13-7	15 t 以内自卸汽车运沥青混合料,运 5 km	1 000 m³	3.956	实际运距 5 km:+[2-2-13-8]×8
311-3-a	厚40 mm	m²	98 900	2-2-14-60	机械摊铺橡胶沥青混凝土及沥青玛琋脂碎石混合料（240 t/h 以内）	1 000 m³	3.956	
314-2	纵向排水沟（管）							
314-2-a	纵向排水沟	m	4 612	1-3-4-5	现浇 C25 沟身混凝土	10 m³	55.353	C20 调整为 C25
				1-3-4-10	C30 盖板预制	10 m³	22.137	C20 调整为 C30,定额×1.01
				4-8-3-10	10 t 以内载重汽车第一个 1 km（汽车式起重机装卸）	10 m³	22.137	实际运距 5 km,定额×1.01
				1-3-4-11	盖板钢筋	1 t	51.192	定额×1.01
				1-3-4-12	盖板安装	10 m³	22.137	
				4-11-1-1	沥青麻絮沉降缝	m²	84.55	
				4-11-5-1	砂砾垫层	10 m³	50.731	

【案例 15.4】 某高速公路项目的沥青路面工程,路线长 36 km,行车道宽 22 m,沥青混凝土面层厚 18 cm,在距路线起终点各 1/3 处,均有一处较平整的场地适宜设置沥青拌和场,上路距离均为 200 m,拟采用 30 t 自卸汽车运输,根据经验估算每设置 1 处拌和场的费用约为 200 万元。施工单位根据实际情况,提出了设置 1 处和设置 2 处拌和场的两种施工组织方案。

问题:假设项目施工时,工、料、机价格水平与定额基价一致,各项取费、利润、增值税合计为基价的 25%,请从经济角度出发,对两个方案进行分析,选择较为经济的施工组织方案。

分析要点:本案例主要考察路面施工方案的经济比选。设置 1 处拌和场时,拌和场建设费用较低,但混合料运距较远;设置 2 处拌和场时,拌和场建设费用较高,但混合料运距缩短,因此要综合比较两者的经济性。

本案例主要涉及的内容包括:路面混合料加权平均运距计算;根据已知条件选择运输定额并调整;按定额基价加取费计算运输费用并比较。

计算时要注意以下几点:

(1)全线加权平均运距 = $\sum$ 各段平均运距×运量的权重。

(2)自卸汽车运输稳定土混合料、沥青混合料和水泥混凝土定额项目,仅适用于平均运距在 15 km 以内的混合料运输,当运距超过第一个定额运距单位时,其运距尾数不足一个增运定额单位的半数时不计,等于或超过半数时按一个增运定额运距单位计算。

(3)根据题意,沥青混合料运输费用按基价计算,参照《公路工程预算定额》(JTG/T 3832—2018)第 268 页(2-2-13-11、2-2-13-12),30 t 自卸汽车运输沥青混合料定额,第一个 1 km 每 1 000 m³ 定额基价为 5 262 元;每增运 0.5 km,每 1 000 m³ 定额基价为 434 元。

【解】 (1)混合料全线加权平均运距计算

①设置 1 处拌和场:

当拌和场设置在路线 1/3 处时,距路线起终点分别为 12 km 和 24 km,混合料加权平均运距:(6×12+12×24)÷36+0.2 = 10.2(km)。

由于 0.2 km 不足一个增运定额单位(0.5 km)的半数,因此平均运距按 10 km 计算。

②设置 2 处拌和场:

拌和场设置在距路线两端 1/3 处,两个拌和场供料范围均为 18 km,其混合料综合平均运距:(6×12+3×6)÷18+0.2 = 5.2(km)。

由于 0.2 km 不足一个增运定额单位(0.5 km)的半数,因此平均运距按 5 km 计算。

(2)混合料运输费用计算

混合料工程量:0.18×22×36 000 = 142 560(m³)。

①设置 1 处拌和场时混合料运输费用:

$$(5\ 262+434×18)×(1+25\%)×142\ 560÷1\ 000 = 2\ 329\ 787(元)。$$

②设置 2 处拌和场时混合料运输费用:

$$(5\ 262+434×8)×(1+25\%)×142\ 560÷1\ 000 = 1\ 556\ 399(元)。$$

(3)两种方案的经济性比较

①设置 1 处拌和场时的综合费用:

$$2\ 000\ 000+2\ 329\ 787 = 4\ 329\ 787(元)。$$

②设置 2 处拌和场时的综合费用:

$$2\ 000\ 000×2+1\ 556\ 399 = 5\ 556\ 399(元)。$$

由计算可知,设置 1 处拌和场比设置 2 处拌和场的综合费用低,从经济角度考虑,推荐设置 1 处拌和场的施工组织方案。

思考题

1. 根据《公路工程预算定额》(JTG/T 3832—2018)简要说明厂拌无机结合料稳定类基层中拌和、运输、摊铺定额工程量计算规则是怎样的？

2. 根据《公路工程预算定额》(JTG/T 3832—2018)简要说明热拌沥青混合料路面中拌和、运输、摊铺定额工程量计算规则是怎样的？

3. 请根据现行《公路工程标准施工招标文件》(2018 年版)分析计价工程子目"水泥稳定土基层"的工程内容主要有哪些？工程量计算规则是怎样的？

4. 请根据现行《公路工程标准施工招标文件》(2018 年版)分析计价工程子目"热拌沥青混合料面层"的工程内容主要有哪些？工程量计算规则是怎样的？

5. 某高速公路路面基层为厂拌水泥稳定碎石基层，压实厚度 22 cm，水稳碎石配合比为 3∶97(定额中配合比为 5∶95)，请问定额中碎石、水泥消耗量应如何调整？

6. 某一级公路，起点桩号为 K0+000，Z 终点桩号为 K18+000，某水泥稳定土基层拌和站离路线中点 2 km，试计算水泥稳定土基层混合料运输的平均运距是多少？

第16章　桥涵工程工程量清单组价

16.1　桥涵工程预算定额说明

公路工程桥涵工程预算定额包含开挖基坑,筑岛、围堰及沉井工程,打桩工程,灌注桩工程,砌筑工程,现浇混凝土及钢筋混凝土构件,预制、安装混凝土及钢筋混凝土构件,构件运输,拱盔、支架工程,钢结构工程,杂项工程等。由于内容较多,受篇幅所限,因此不能全面介绍,只选取重点介绍主要内容和工程量计算规则。为了系统而全面地理解桥涵工程章节的定额,建议与《公路工程预算定额》(JTG/T 3832—2018)结合学习,反复阅读并理解其内容。

16.1.1　桥涵工程章说明

(1)混凝土工程

①定额中,混凝土强度等级均按一般图纸选用,其施工方法除小型构件采用人拌人捣外,其他均按机拌机捣计算。

②定额中,混凝土工程除大型预制构件底座、混凝土搅拌站安、拆和钢桁架桥式码头项目中已考虑混凝土的拌和费用外,其他混凝土项目中均未考虑混凝土的拌和费用,应按有关定额另行计算。

③定额中,采用泵送混凝土的项目均已包括水平和向上垂直泵送所消耗的人工、机械,当水平泵送距离超过定额综合范围时,可按表16.1增列人工及机械消耗量。向上垂直泵送不得调整。

表 16.1　水平泵送距离超过定额水平时定额调整表

项目		定额综合的水平泵送距离/m	每100 m³混凝土每增加水平距离50 m增列数量	
			人工/工日	混凝土输送泵/台班
基础	灌注桩	100	1.08	0.24
	其他	100	0.89	0.16
上、下部构造		50	1.97	0.32
桥面铺装		250	1.97	0.32

【例16.1】　某灌注桩工程(桩径130 cm,回旋钻机钻孔),施工组织设计中混凝土水平泵送距离为250 m,套用灌注桩混凝土定额时,应怎样调整人工和混凝土泵的消耗量?

【解】　查定额编号4-4-8-12,每10 m³混凝土实体人工和混凝土输送泵消耗量为人工6.7

工日,混凝土输送泵 0.1 台班(定额综合的水平泵送距离为 100 m)。

当水平泵送距离为 250 m 时,其人工和混凝土输送泵消耗量的调整如下:

人工:$6.7+1.08÷10×(250-100)÷50=7.024$(工日/10 m³)。

混凝土输送泵:$0.1+0.24÷10×(250-100)÷50=0.172$(台班/10 m³)。

(2)钢筋工程

①定额中凡钢筋直径在 10 mm 以上的接头,除注明为钢套筒连接外,均采用电弧搭接焊或电阻对接焊。

②定额中的钢筋按选用图纸分为 HRB300、HRB400;设计中采用 HRB500 时,可将定额中的 HRB400 抽换成 HRB500。当设计图纸的钢筋比例与定额有出入时,可调整钢筋品种的比例。

③定额中的钢筋是按一般定尺长度计算的。当设计提供的钢筋连接用钢套筒数量与定额有出入时,可按设计数量调整定额中的钢套筒消耗,其他消耗不调整。

(3)模板工程

①模板不单列项目。混凝土工程中所需的模板包括钢模板、组合钢模板、木模板,它们均按其周转摊销量计入混凝土定额中。

②定额中的模板均为常规模板;当设计或施工对混凝土结构的外观有特殊要求需要对模板进行特殊处理时,可根据定额中所列的混凝土模板接触面积增列相应的特殊模板材料费用。

③定额中均已包括各种模板的维修、保养所需的工、料及费用。

(4)设备摊销费

定额中,设备摊销费的设备是指属于固定资产的金属设备,包括万能杆件、装配式钢桥桁架及有关配件拼装的金属架桥设备。挂篮、移动模架、导梁、导向船联结梁设备摊销费按设备质量每吨每月 180 元计算,其他设备摊销费按设备质量每吨每月 140 元(除设备本身折旧费,还包括设备的维修、保养等费用)。各项目中凡注明允许调整的,可按计划使用时间调整。

【例 16.2】 某预制预应力 T 梁,采用双导梁架桥机和跨墩龙门吊(9 m 高)架设上部结构,双导梁、龙门吊安装拆除时间为 1 个月,使用时间(不含安拆)5 个月,请问定额中双导梁、龙门吊设备摊销费该如何调整?

【解】 查定额编号 4-7-28-2 和 4-7-28-3 可知,双导梁设备摊销费为 7 200 元/10 t,龙门吊设备摊销费为 5 600 元/10 t。

①方法一:

双导梁定额摊销费调整为:$180×10×6=10\ 800$(元/10 t)。

龙门吊定额摊销费调整为:$140×10×6=8\ 400$(元/10 t)。

②方法二:

不难看出,定额中设备摊销费是按照 4 个月考虑的(以双导梁为例,$7\ 200=180×10×4$),本例题中设备摊销使用期限为 6 个月,可将设备摊销费调整如下:

双导梁定额摊销费调整为:$7\ 200×6÷4=10\ 800$(元/10 t)。

龙门吊定额摊销费调整为:$5\ 600×6÷4=8\ 400$(元/10 t)。

(5)工程量计算一般规则

①现浇混凝土、预制混凝土、构件安装的工程量为构筑物或预制构件的实际体积,不包括其中空心部分的体积,钢筋混凝土项目的工程量不扣除钢筋(钢丝、钢绞线)、预埋件和预留孔道所占的体积。

②构件安装定额中在括号内所列的构件体积数量,表示安装时需要备制的构件数量。

③钢筋工程量为钢筋的设计质量,定额中已计入施工操作损耗,一般钢筋因接长所需增加的钢筋质量已包括在定额中,不得将这部分质量计入钢筋工程量内。但对某些特殊的工程,必须在施工现场分段施工采用搭接接长时,其搭接长度的钢筋质量未包括在定额中,应在钢筋的设计质量内计算。

例如,钻孔灌注桩的钢筋笼需要在现场搭接接长时,其接长的长度应包含在设计提供的数量内。

16.1.2 开挖基坑

(1)定额说明

①开挖基坑土、石方运输按弃土于坑外 10 m 范围内考虑;当坑上水平运距超过 10 m 时,另按路基土、石方增运定额计算。

②基坑深度为坑的顶面中心高程至底面的数值。在同一基坑内,不论开挖哪一深度均执行该基坑的全深度定额。

③开挖基坑定额中已综合了基底夯实、基坑回填及检平石质基底用工,湿处挖基还包括挖边沟、挖集水井及排水作业用工,使用定额时,不得另行计算。

④开挖基坑定额中不包括挡土板,需要时应据实按有关定额另行计算。

⑤机械挖基定额中已综合了基底高程以上 20 cm 范围内采用人工开挖和基底修整用工。

⑥本节基坑开挖定额均按原土回填考虑;当采用取土回填时,应按路基工程的有关定额另计取土费用。

⑦挖基定额中未包括水泵台班,挖基及基础、墩台修筑需要排水时按基坑排水定额计算,按《公路工程预算定额》(JTG/T 3832—2018)中"基坑水泵台班消耗表"的规定计算并计入挖基项目中。

(2)工程量计算一般规则

基坑开挖工程量按基坑容积计算(图 16.1)。其计算式如下:

$$V=\frac{h}{6}\times\left[\,ab+(a+a_1)\times(b+b_1)+a_1b_1\,\right] \tag{16.1}$$

$$V=\frac{\pi h}{3}(R^2+Rr+r^2) \tag{16.2}$$

其中,式(16.1)适用于图 16.1(a)平截方锥,式(16.2)适用于图 16.1(b)截头圆锥。

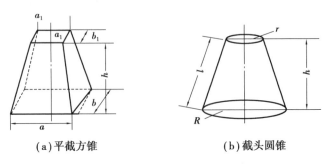

(a)平截方锥 (b)截头圆锥

图 16.1 基坑开挖工程量计算示意图

16.1.3　灌注桩工程

（1）定额说明

①灌注桩造孔根据造孔难易程度,将土质分为砂土、黏土、砂砾、砾石、卵石、软石、次坚石、坚石 8 种。

②灌注桩成孔定额分为人工挖孔、卷扬机带冲击锥冲孔、冲击钻机钻孔、回旋钻机钻孔、潜水钻机钻孔、旋挖钻机钻孔、全套管钻机冲 7 种。

③灌注桩混凝土定额按机械拌和、工作平台上导管倾注水下混凝土编制,定额中已包括混凝土灌注设备(如导管等)摊销的工、料费用及扩孔增加的混凝土数量,使用定额时,不得另行计算。

④钢护筒定额中,干处埋设按护筒设计质量的周转摊销量计入定额中,使用定额时,不得另行计算。水中埋设按护筒全部设计质量计入定额中,可根据设计确定的回收量按规定计算回收金额。

⑤当设计桩径与定额采用桩径不同时,可按表 16.2 所列系数调整。

表 16.2　桩径调整系数表

设计桩径/cm		120	130	140	160	170	180	190	210	220	230	240	260	270	280	290	310	320	330	340
调整系数	冲击锥冲击钻	0.85	0.90	0.95	0.80	0.85	0.90	0.95	0.88	0.91	0.94	0.97	0.72	0.78	0.85	0.92	0.70	0.78	0.85	0.93
	回旋钻		0.94	0.97	0.75	0.82	0.87	0.92	0.88	0.91	0.94	0.96	0.72	0.78	0.85	0.92	0.70	0.78	0.85	0.93
定额桩径		桩径 150 cm 以内			桩径 200 cm 以内				桩径 250 cm 以内				桩径 300 cm 以内				桩径 350 cm 以内			

（2）工程量计算一般规则

①灌注桩成孔工程量按设计入土深度计算。定额中的孔深是指护筒顶至桩底(设计高程)的深度。造孔定额中同一孔内的不同土质,不论其所在的深度如何,均采用总孔深定额。

②人工挖孔的工程量按护筒(护壁)外缘所包围的面积乘以设计孔深计算。

③浇筑水下混凝土的工程量按设计桩径断面积乘以设计桩长计算,不得将扩孔因素计入工程量。

④灌注桩工作平台的工程量按施工组织设计需要的面积计算。

⑤钢护筒的工程量按护筒的设计质量计算。设计质量为加工后的成品质量,包括加劲肋及连接用法兰盘等全部钢材的质量。当设计提供不出钢护筒的质量时,可参考表 16.3 的质量进行计算,桩径不同时可内插计算。

表 16.3　每米钢护筒参考质量表

桩径/cm	100	120	150	200	250	300	350
护筒单位质量/(kg·m⁻¹)	267	390	568	919	1 504	1 961	2 576

此外,应结合《公路工程标准施工招标文件》(2018 年版)第 7 章技术规范,应特别注意以下几点:

①护筒内径应比桩径稍大,一般为200~400 mm,可根据钻孔情况选用。

②护筒高度宜高出地面0.3 m或水面1.0~2.0 m,当处于潮水影响地区时,护筒高度应高于最高施工水位1.5~2.0 m。

③护筒的埋置深度应根据图纸要求或桩位地质水文情况确定,一般情况埋置深度为2~4 m。

【例16.3】 某陆上钻孔灌注桩工程,桩径180 cm,共8根桩,单根钢护筒埋置深度按2 m考虑,试计算该路上钻孔灌注桩工程所需钢护筒定额工程量为多少?

【解】 护筒总长度为2 m×8=16 m,查表16.3,采用线性内插法计算单根钢护筒理论质量,如下:

钢护筒单位质量:(919−568)×(180−150)÷(200−150)+568=778.600(kg/m)。

钢护筒总质量:778.600×16=12 457.600(kg)=12.458(t)。

【例16.4】 某桥梁工程,基础形式为陆上钻孔灌注桩基础,回旋钻机钻孔。单根桩径220 cm,8根桩,共计设计桩长166 m,钻孔经历地质层为卵石层长102 m,次坚石层长76 m,根据工程地质水文情况,单根钢护筒埋置深度按2.5 m考虑,具体设计工程数量见表16.4。

表16.4 某钻孔灌注桩基础设计工程数量表

名称	C30 混凝土/m³	光圆钢筋/kg	带肋钢筋/kg	声测管/kg
干处钻孔灌注桩基础	631.02	3 726.61	36 302.41	2 641.16

问:试确定该桥梁工程钻孔灌注桩需要套用哪些定额?并计算定额工程量,必要时列出详细计算式。

【解】 某钻孔灌注桩基础定额子目,见表16.5。

表16.5 某钻孔灌注桩基础定额子目表

序号	定额表号	定额子目名称	定额单位	定额工程量	定额调整情况
		陆上钻孔灌注桩基础			
1	4-4-8-24	现场加工主筋焊接连接	1 t	3.727	光圆钢筋耗量为1.025 带肋钢筋耗量为0
2	4-4-8-24	现场加工主筋焊接连接	1 t	36.302	光圆钢筋耗量为0 带肋钢筋耗量为1.025
3	4-4-8-28	灌注桩检测管	1 t	2.641	
4	4-4-9-7	干处埋设钢护筒	1 t	23.060	
5	4-4-101	陆上桩径220 cm以内 孔深40 m以内卵石	10 m	10.20	定额×0.91
6	4-4-103	陆上桩径220 cm以内 孔深40 m以内次坚石	10 m	7.60	定额×0.91
7	4-4-8-14	回旋潜水钻φ250 cm以内 起重机配吊斗	10 m³	63.10	水 C25-32.5-4 换水 30-32.5-4
8	4-11-11-15	60 m³/h以内混凝土拌和站拌和	100 m³	7.41	
9	4-11-11-26	8 m³ 搅拌运输车运混凝土1 km	100 m³	7.41	

①钢护筒定额工程量：

单根护筒理论质量：$(1\,504-919)\times(220-200)\div(250-200)+919=1\,153.000(kg)$。

护筒总质量：$1\,153.000\times2.5\times8=23\,060.000(kg)$。

②混凝土拌和及运输工程量：

查定额表 4-4-8-14 可知，"水 C30-32.5-4"消耗量为 11.740 m^3/m^3，定额工程量为 10 m^3，可计算得出水泥考虑损耗后的系数为 $11.740\div10=1.174$，则混凝土拌和及运输工程量为：$631.02\times1.174=740.82(m^3)$。

16.1.4　砌筑工程

砌筑工程定额说明如下：

①定额中的 M7.5 水泥砂浆为砌筑用砂浆，M10 水泥砂浆为勾缝用砂浆。

②定额中已按砌体的总高度配置了脚手架、踏步、井字架，并计入搭、拆用工，其材料用量均以摊销方式计入定额中。

③浆砌混凝土预制块定额中，未包括预制块的预制，应按定额中括号内所列预制块数量，另按预制混凝土构件的有关定额计算。

④桥涵拱圈定额中，未包括拱盔和支架，需要时应按拱盔、支架工程中有关定额另行计算。

⑤定额中均未包括垫层及拱背、台背填料和砂浆抹面，需要时应按杂项工程中有关定额另行计算。

⑥砌筑工程的工程量为砌体的实际体积，包括构成砌体的砂浆体积。

16.1.5　现浇混凝土及钢筋混凝土

现浇混凝土及钢筋混凝土定额说明如下：

①定额中，未包括现浇混凝土及钢筋混凝土上部构造所需的拱盔、支架，需要时按有关定额另行计算。

②定额中，片石混凝土中片石含量均按 15% 计算。

③有底模承台适用于高桩承台施工。

④使用套箱围堰浇筑承台混凝土时，应采用无底模承台的定额。

⑤定额中均未包括提升模架、拐脚门架、悬浇挂篮、移动模架等金属设备，需要时应按有关定额另行计算（按钢结构工程有关定额计算）。

16.1.6　预制、安装混凝土及钢筋混凝土构件

1）定额说明

①构件安装是指从架设孔起吊起至安装就位，整体化完成的全部施工工序。本节定额中除安装矩形板、空心板及连续板等项目的现浇混凝土可套用桥面铺装定额计算外，其他安装上部构造定额中均单独编列有现浇混凝土子目。

②本节定额中凡采用金属结构吊装设备和缆索吊装设备安装的项目，均未包括吊装设备的费用，应按有关定额另行计算。

③制作、张拉预应力钢筋、钢绞线是按不同的锚头形式分别编制的;当每吨钢筋的根数或每吨钢绞线的束数有变化时,可根据定额进行抽换。

④预应力钢筋、钢丝束及钢绞线定额中均已计入预应力管道及压浆的消耗量,使用定额时不得另行计算。定额中不含铁皮管及波纹管的定位钢筋,需要时应另行计算。定额中的束长为一次张拉的长度。

⑤对钢绞线不同型号的锚具,使用定额时可按表 16.6 的规定计算。

表 16.6 锚具型号不同时定额抽换参考表

设计采用锚具型号/孔	1	4	5	6	8	9	10	14	15	16	17	24
套用定额的锚具型号/孔	3			7				12			19	22

⑥预制场用龙门架、悬浇箱梁用的墩顶拐脚门架,可套用高度 9 m 以内的跨墩门架定额,但质量应根据实际计算。

2)工程量计算规则

①预制构件的工程量为构件的实际体积(不包括空心部分的体积),但预应力构件的工程量为构件预制体积与构件端头封锚混凝土的数量之和。预制空心板的空心堵头混凝土已综合在预制定额内,计算工程量时不应再计列这部分混凝土的数量。

②使用定额时,构件的预制数量应为安装定额中括号内所列的构件备制数量。

③构件安装时的现浇混凝土的工程量为现浇混凝土和砂浆的数量之和。但若在安装定额中已计列砂浆消耗的项目,则在工程量中不应再计列砂浆的数量。

④预应力钢绞线、预应力精轧螺纹粗钢筋的工程量为锚固长度与工作长度的质量之和。

⑤先张钢绞线质量为设计图纸质量,定额中已包括钢绞线损耗及预制场构件间的工作长度及张拉工作长度。

3)钢绞线相关概念及定额运用

(1)相关定义

预应力钢绞线通常用公称直径表示,符号为 Φ^s。例如,$\Phi^s 15.2$ 表示钢绞线的公称直径为 15.2 mm,$1 \times 7\Phi^s 15.2$ 表示由 7 股钢丝组成的钢绞线,该钢绞线公称直径为 15.2 mm。钢绞线截面构造及实物图,如图 16.2、图 16.3 所示。

①根(或丝):指一根钢丝。

②股:指由几根钢丝组成的一股钢绞线。

③束:预应力截面所见的钢绞线束数量,一个孔道穿一束,两端张拉时,一束配两个锚具,即两端同时张拉的钢绞线束数=孔道数=锚具数/2。

④××孔:指使用的锚具孔数,选择定额时,所用锚具孔数不应小于设计图纸标定的孔数。

⑤每吨束:指在标准长度张拉范围内,每吨钢绞线折合成多少束,钢绞线每吨束=设计束数/设计质量。

结构	1×3	1×7	1×19	1×37
断面				

图 16.2　钢绞线截面结构图

图 16.3　钢绞线、锚具

（2）定额套用

如果设计图纸的每吨束数与定额每吨束数不同时，需要进行定额调整，将定额中"每吨××束"和"每增减 1 束"定额子目组合使用。

【例 16.5】　某预制预应力上部结构 T 梁，钢绞线为现场加工制作，设计工程数量见表 16.7，请计算钢绞线每吨束数量，并正确套用钢绞线定额。

表 16.7　某预制预应力 T 梁上部结构钢绞线数量表

名　称		单位	数量	备　注
35 m 预制 T 梁	钢绞线	t	92	OVM 锚 15-7,672 套
30 m 预制 T 梁	钢绞线	t	290	OVM 锚 15-7,3 136 套
现浇湿接缝	钢绞线	t	138	长 20 m 内,BM 锚 15-5,3 920 套

【解】　由题意可知,35 m 和 30 m 预制 T 梁锚具型号同为 7 孔 OVM 锚,现浇湿接缝锚具型号为 5 孔 BM 锚。

①7 孔:束长 40 m 以内,查定额编号 4-7-19-17 和 4-7-19-18,定额为"每 3.82 束/t",设计每吨束为:$(672+3\ 136)\div 2\div (92+290)=4.98$,与定额每吨束的差值为 $4.98-3.82=1.16$,需在套用 4-7-19-17 的基础上再套用 4-7-19-18 乘以系数 1.16。

②5 孔:束长 20 m 以内,查定额编号 4-7-19-5 和 4-7-19-6,定额为"每 3.82 束/t",设计每吨束为:$3\ 920\div 2\div 138=14.20$,与定额每吨束的差值为 $14.20-8.12=6.08$,需在套用 4-7-19-17 的基础上再套用 4-7-19-18 乘以系数 6.08。

16.1.7　构件运输

①本节的各种运输距离以 10 m,50 m,1 km 为计算单位。不足第一个 10 m,50 m,1 km 者,均按 10 m,50 m,1 km 计;超过第一个定额运距单位时,其运距尾数不足一个增运定额单位的半数时不计,等于或超过半数时按一个定额运距单位计。

②运输便道、轨道的铺设,栈桥码头、龙门架、缆索的架设等,均未包括在定额内,应按有关章节定额另行计算(按第十一节杂项工程有关定额执行)。

③本节定额中,未单列构件出坑堆放的定额,如需出坑堆放,可按相应构件运输第一个运距单位定额计列。

16.1.8　拱盔、支架工程

①桥梁拱盔、木支架及简单支架均按有效宽度 8.5 m 计,钢支架按有效宽度 12.0 m 计;当实际宽度与定额不同时,可按比例换算。

②涵洞拱盔支架、板涵支架定额单位的水平投影面积为涵洞长度乘以净跨径。

③桥梁支架定额单位的立面积为桥梁净跨径乘以高度,拱桥高度为起拱线以下至地面的高度,梁式桥高度为墩、台帽顶至地面的高度。这里的地面指支架地梁的底面。

④桥梁拱盔定额单位的立面积是指起拱线以上的弓形侧面积,其工程量按下式(表 16.8)计算:

$$F = K \times (净跨径)^2 \tag{16.3}$$

表 16.8　拱盔系数 K 表

拱矢度	1/2	1/2.5	1/3	1/3.5	1/4	1/4.5	1/5	1/5.5
K	0.393	0.298	0.241	0.203	0.172	0.154	0.138	0.125
拱矢度	1/6	1/6.5	1/7	1/7.5	1/8	1/9	1/10	
K	0.113	0.104	0.096	0.090	0.084	0.076	0.067	

⑤桥梁支架定额单位的立面积为桥梁净跨径乘以高度,拱桥高度为起拱线以下至地面的高度,梁式桥高度为墩、台帽顶至地面的高度。这里的地面指支架地梁的底面。

⑥钢拱架的工程量为钢拱架及支座金属构件的质量之和,其设备摊销费按 4 个月计算;当实际使用期与定额不同时,可予以调整。

⑦钢管支架:定额是指采用直径大于 30 cm 的钢管作为立柱,在立柱上采用金属构件搭设水平支撑平台的支架,其中,下部是指立柱顶面以下部分,上部是指立柱顶面以上部分。下部工程量按立柱质量计算,上部工程量按支架水平投影面积计算。钢管支架如图 16.4 所示。

定额表注释:上部定额中每 100 m² 综合的金属设备质量为 13.3 t,设备摊销费按每吨每月 140 元,并按 4 个月编制(实际工期不同时可调整);下部定额中钢管桩消耗量为陆地上搭设管桩支架的消耗量,若为水中搭设或用于索塔横梁现浇支架时,应将钢管桩消耗量调整为 3.467 t,其余消耗量不变。定额中未包括钢管支架搭设的地基处理,需要时另行计算。

图 16.4　钢管支架现场搭设

⑧支架预压的工程量按支架上现浇混凝土的体积计算。

【例 16.6】　现浇预应力箱梁 C50 混凝土 6 000 m³,墩台高 H 为 9 m,采用满堂式钢管支架,有效宽度为 16 m,跨径 30×6 m,试确定定额工程量及定额子目。

【解】　定额工程量及定额子目见表 16.9。

表 16.9　定额工程量及定额子目

序号	定额表号	定额子目名称	定额单位	定额工程量	定额调整情况
		现浇箱梁混凝土			
1	4-6-10-1	支架现浇箱梁混凝土非泵送	10 m³	600	
2	4-9-3-10	满堂式钢管支架高度 10 m	10 m²	162.00	定额×16/12
3	4-9-6-1	支架预压	10 m³	600	
4	4-11-11-15	60 m³/h 以内混凝土拌和站拌和	100 m³	61.20	
5	4-11-11-26	8 m³ 搅拌运输车运混凝土 1 km	100 m³	61.20	

满堂式钢管支架定额工程量:

①桥梁支架立面积为净跨径乘以高度,30×6×9＝1 620(m²)。

②桥梁钢支架定额有效宽度按 12 m 计,实际宽度与定额宽度不同时可按比例换算:定额调整系数为 16÷12≈1.33。

混凝土拌和及运输工程量:

查定额表 4-6-10-1 可知,"普 C50-42.5-2"消耗量为 10.200 m³/m³,定额单位为 10 m³,可计算得出水泥考虑损耗后的系数为 10.200÷10＝1.020,则混凝土拌和及运输工程量为:6 000×1.02＝6 120(m²)。

16.1.9　杂项工程

杂项工程包括平整场地、锥坡填土、拱上填料、台背排水、土牛(拱)胎、防水层、基础垫层、水泥砂浆勾缝及抹面、伸缩缝及泄水管、混凝土构件蒸汽养护室建筑及蒸汽养护、预制构件底座、先张法预应力张拉台座、混凝土搅拌站、混凝土搅拌船及混凝土运输、冷却管、钢桁架栈桥式码头、水上泥浆循环系统、施工电梯、施工塔式起重机、拆除旧建筑物等项目。本节定额适用于桥涵及其他构造物工程。

①大型预制构件底座定额分为平面底座和曲面底座两项。

平面底座定额适用于 T 形梁、I 形梁、等截面箱梁,每根梁底座面积的工程量按下式计算:

$$底座面积 = (梁长 + 2.00\ m) \times (梁宽 + 1.00\ m) \tag{16.4}$$

平面底座的梁宽是指预制梁的顶面宽度。

曲面底座定额适用于梁底为曲面的箱形梁(如 T 形钢构等),每块梁底座的工程量按下式计算:

$$底座面积 = 构件下弧长 \times 底座实际修建宽度 \tag{16.5}$$

②模数式伸缩缝预留槽钢纤维混凝土中钢纤维的含量是按水泥用量的 1% 计算;当设计钢纤维含量与定额不同时,可按设计用量抽换定额中钢纤维的消耗。

③施工塔式起重机和施工电梯所需安、拆数量和使用时间按施工组织设计的进度安排进行计算。

【例 16.7】　某工程上部结构采用 940 片 20 m 预制预应力混凝土 T 形梁,梁肋底宽 0.6 m,梁顶宽 1.8 m,根据施工组织设计进度计划安排,制梁工期 8 个月,每个月按 26 个工作日计算,根据预制梁制作、养护等工艺要求,每片梁在平面底座上的周转时间平均为 7 天,请计算确定预制构件平面底座工程量,必要时列出详细计算式。

【解】　①根据 T 形梁总数量、总工期、单片梁周转时间,可计算出平面底座的数量为:940÷(8×26÷7) = 31.63(座) ≈32(座)。

②每个底座的面积 = (梁长 + 2.00 m) × (梁宽 + 1.00 m) = (20 + 2.00) × (1.8 + 1.00) = 61.60(m²)。

③预制构件底座工程量 = 32×61.60 = 1 971.20(m²)。

16.2　桥涵工程清单工程量计算规则

在《公路工程标准施工招标文件》(2018 年版)第八章工程量清单计量规则中,第 400 章桥涵工程计量规则共包括 21 节内容。本小节选取重点内容进行阐述。

16.2.1　第 401 节 通则

本节工程量清单项目分项主要有 401-1 桥梁荷载试验(暂估价)、401-2 桥梁施工监控(暂估价)、地质钻探及取样试验(暂定工程量)。计量规则详见《公路工程标准施工招标文件》(2018 年版),此处不再赘述。

16.2.2　第 402 节 模板、拱架和支架

本节包括模板、拱架和支架的设计制作、安装、拆卸施工等有关作业。本节工作作为有关工程的附属工作,均不作计量。

16.2.3　第 403 节 钢筋

本节工程量清单项目分项计量规则应按表 403 钢筋的规定执行,见表 16.10。

表 16.10　表 403 钢筋

子目号	子目名称	单位	工程量计量	工程内容
403	钢筋		1.依据图纸所示及钢筋表所列钢筋质量以千克为单位计量； 2.固定钢筋的材料、定位架立钢筋、钢筋接头、吊装钢筋、钢板、铁丝作为钢筋作业的附属工作,不另行计量	1.钢筋的保护、储存及除锈； 2.钢筋整直、接头； 3.钢筋截断、弯曲； 4.钢筋安设、支承及固定
403-1	基础钢筋(含灌注桩、承台、桩系梁、沉桩、沉井等)	kg		
403-2	下部结构钢筋	kg		
403-3	上部结构钢筋	kg		
403-4	附属结构钢筋	kg	1.依据图纸所示及钢筋表所列钢筋质量以千克为单位计量； 2.缘石、人行道、防撞墙、栏杆、桥头搭板、枕梁、抗震挡块、支座垫块等构造物,其所用钢筋以及伸缩缝预埋的钢筋,均列入本子目计量； 3.固定钢筋的材料、定位架立钢筋、钢筋接头、吊装钢筋、钢板、铁丝作为钢筋作业的附属工作,不另行计量	1.钢筋的保护、储存及除锈； 2.钢筋整直、接头； 3.钢筋截断、弯曲； 4.钢筋安设、支承及固定

16.2.4　第 404 节 基坑开挖及回填

本节工程量清单项目分项计量规则应按表 404 基坑开挖及回填的规定执行,见表 16.11。

表 16.11　表 404 基坑开挖及回填

子目号	子目名称	单位	工程量计量	工程内容
404	基坑开挖及回填			
404-1	干处挖土方	m^3	1.根据图示,取用底、顶面间平均高度的棱柱体体积,分别按干处、水下及土、石,以立方米为单位计量； 2.在地下水位以上开挖的为干处挖方；在地下水位以下开挖的为水下挖方；	1.场地清理； 2.围堰、排水； 3.基坑开挖； 4.基坑支护； 5.基坑检查、修整； 6.基坑回填、压实； 7.弃方清运
404-2	水下挖土方	m^3		
404-3	干处挖石方	m^3	3.基坑底面、顶面及侧面的确定应符合下列规定： a.基坑开挖底面:按图纸所示的基底高程线计算； b.基坑开挖顶面:按设计图纸横断面上所标示的原地面线计算； c.基坑开挖侧面:按顶面到底面,以超出基底周边 0.5 m 的竖直面为界	1.场地清理； 2.围堰、排水； 3.钻爆； 4.出渣； 5.基坑支护； 6.基坑检查、修整； 7.基坑回填、压实； 8.弃方清运
404-4	水下挖石方	m^3		

16.2.5 第405节 钻孔灌注桩

本节工程量清单项目分项计量规则应按表405钻孔灌注桩的规定执行,见表16.12。

表16.12 表405 钻孔灌注桩

子目号	子目名称	单位	工程量计量	工程内容
405	钻孔灌注桩			
405-1	钻孔灌注桩			
-a	陆上钻孔灌注桩	m	1. 依据图纸所示桩长及混凝土强度等级,按照不同桩径的桩长以米为单位计量; 2. 施工图设计水深小于2 m(含2 m)的为陆上钻孔灌注桩; 3. 桩长为桩底高程至承台底面或系梁底面。对与桩连为一体的柱式墩台,无承台或系梁时,则以桩位处原始地面线为分界线,地面线以下部分为灌注桩桩长。若图纸有标示的,按图纸标示为准	1. 安设护筒及设置钻孔平台; 2. 钻机安拆、就位; 3. 钻孔、成孔、成孔检查; 4. 安装声测管; 5. 混凝土制拌、运输、浇筑; 6. 破桩头; 7. 按招标文件技术规范405.11的规定进行桩基检测
-b	水中钻孔灌注桩	m	1. 依据图纸所示桩长及混凝土强度等级,按照不同桩径的桩长以米为单位计量; 2. 施工图设计水深大于2 m的为水中钻孔灌注桩; 3. 桩长为桩底高程至承台底面或系梁底面。对与桩连为一体的柱式墩台,若无承台或系梁时,则以桩位处原始地面线为分界线,地面线以下部分为灌注桩桩长。若图纸有标示的,按图纸标示为准	1. 搭设水中钻孔平台、筑岛或围堰、横向便道; 2. 钻机安拆、就位; 3. 钻孔、成孔、成孔检查; 4. 安装声测管; 5. 混凝土制拌、运输、浇筑; 6. 破桩头; 7. 按招标文件技术规范405.11的规定进行桩基检测
405-2	钻取混凝土芯样检测 (暂定工程量)	m	1. 按实际钻取的混凝土芯样长度,分不同钻径以米为单位计量; 2. 如混凝土质量合格,钻取的芯样给予计量;否则,不予计量	1. 场地清理; 2. 钻机安拆、钻芯; 3. 取样、试验
405-3	破坏荷载试验用桩 (暂定工程量)	m	依据图纸所示桩长及混凝土强度等级,按照不同桩径的桩长以米为单位计量	1. 钻孔平台搭设、筑岛或围堰; 2. 钻机安拆、就位; 3. 钻孔、成孔、成孔检查; 4. 安装声测管; 5. 混凝土制拌、运输、浇筑; 6. 破桩头

16.2.6　第 410 节 结构混凝土工程

本节工程量清单项目分项计量规则应按表 410 预应力混凝土工程的规定执行,见表 16.13。

表 16.13　表 410 预应力混凝土工程

子目号	子目名称	单位	工程量计量	工程内容
410	结构混凝土工程			
410-1	混凝土基础(包括支撑梁、桩基承台、桩系梁,但不包括桩基)	m^3	依据图纸所示体积分,不同强度等级以立方米为单位计量	1. 场地清理; 2. 搭拆作业平台; 3. 安拆套箱或模板,安设预埋件; 4. 混凝土配运料、拌和、运输、浇筑、振捣、养护; 5. 施工缝、沉降缝设置处理; 6. 混凝土的冷却管制作安装,通水、降温; 7. 防水、防冻、防腐措施
410-2	混凝土下部结构	m^3		
-a	桥台混凝土	m^3	1. 依据图纸所示体积分,不同强度等级以立方米为单位计量; 2. 直径小于 200 mm 的管子、钢筋、锚固件、管道、泄水孔或桩所占混凝土体积不予扣除	1. 场地清理; 2. 搭拆作业平台、支架; 3. 安拆模板;安设预埋件(包括支座预埋件、防震锚栓及套筒等); 4. 混凝土配运料、拌和、运输、浇筑、振捣、养护; 5. 施工缝、沉降缝设置处理; 6. 防水、防冻、防腐措施
-b	桥墩混凝土	m^3	1. 依据图纸所示体积分,不同强度等级以立方米为单位计量; 2. 直径小于 200 mm 的管子、钢筋、锚固件、管道、泄水孔或桩所占混凝土体积不予扣除	1. 场地清理; 2. 搭拆作业平台、支架; 3. 安拆模板;安设预埋件(包括支座预埋件、防震锚栓及套筒等); 4. 混凝土配运料、拌和、运输、浇筑、振捣、养护; 5. 防水、防冻、防腐措施

续表

子目号	子目名称	单位	工程量计量	工程内容
-c	盖梁混凝土	m³	1.依据图纸所示体积分,不同强度等级以立方米为单位计量; 2.直径小于200 mm的管子、钢筋、锚固件、管道、泄水孔或桩所占混凝土体积不予扣除; 3.墩梁固结混凝土计入本子目。桥墩上的支座垫石、防震挡块混凝土计入附属结构混凝土	1.场地清理; 2.搭拆作业平台、支架; 3.安拆模板;安设预埋件(包括支座预埋件、防震锚栓及套筒等); 4.混凝土配运料、拌和、运输、浇筑、振捣、养护
-d	台帽混凝土	m³	1.依据图纸所示体积分,不同强度等级以立方米为单位计量; 2.直径小于200 mm的管子、钢筋、锚固件、管道、泄水孔或桩所占混凝土体积不予扣除; 3.耳背墙混凝土计入本子目。桥台上的支座垫石、防震挡块混凝土计入附属结构混凝土	1.场地清理; 2.搭拆作业平台、支架; 3.安拆模板;安设预埋件(包括支座预埋件、防震锚栓及套筒等); 4.混凝土配运料、拌和、运输、浇筑、振捣、养护
410-3	现浇混凝土上部结构	m³	1.依据图纸所示体积分,不同强度等级以立方米为单位计量; 2.直径小于200 mm的管子、钢筋、锚固件、管道、泄水孔或桩所占混凝土体积不予扣除	1.平整场地; 2.搭拆工作平台; 3.支架搭设、预压与拆除; 4.安拆模板;安设预埋件; 5.混凝土配运料、拌和、运输、浇筑、养护; 6.施工缝、伸缩缝设置处理
410-4	预制混凝土上部结构	m³	1.依据图纸所示体积分,不同强度等级以立方米为单位计量; 2.直径小于200 mm的管子、钢筋、锚固件、管道、泄水孔或桩所占混凝土体积不予扣除	1.搭拆工作平台; 2.安拆模板;安设预埋件(吊环、预埋连接件); 3.混凝土配运料、拌和、运输、浇筑、养护; 4.构件预制、运输、安装
410-5	桥梁上部结构现浇整体化混凝土	m³	1.依据图纸所示体积分,不同强度等级以立方米为单位计量; 2.直径小于200 mm的管子、钢筋、锚固件、管道、泄水孔或桩所占混凝土体积不予扣除; 3.绞缝、湿接缝、先简支后连续现浇接头混凝土计入本子目	1.工作面清理; 2.搭拆作业平台; 3.安拆支架、模板; 4.混凝土配运料、拌和、运输、浇筑、养护

子目号	子目名称	单位	工程量计量	工程内容
410-6	现浇混凝土附属结构	m³	1. 依据图纸所示体积分,不同强度等级以立方米为单位计量; 2. 直径小于 200 mm 的管子、钢筋、锚固件、管道、泄水孔或桩所占混凝土体积不予扣除; 3. 现浇缘石、人行道、防撞墙、栏杆、护栏、桥头搭板、枕梁、抗震挡块、支座垫石等列入本子目	1. 工作面清理; 2. 搭拆作业平台; 3. 安拆支架、模板; 4. 混凝土配运料、拌和、运输、浇筑、养护
410-7	预制混凝土附属结构	m³	1. 依据图纸所示体积分,不同强度等级以立方米为单位计量; 2. 直径小于 200 mm 的管子、钢筋、锚固件、管道、泄水孔或桩所占混凝土体积不予扣除; 3. 预制安装缘石、人行道、防撞墙、栏杆、护栏、桥头搭板、枕梁、抗震挡块、支座垫石等列入本子目	1. 预制场地建设、拆除; 2. 搭拆工作平台; 3. 安拆模板; 4. 混凝土配运料、拌和、运输、浇筑、养护; 5. 构件预制、运输、安装

16.2.7　第 411 节 预应力混凝土工程

本节工程量清单项目分项计量规则应按表 411 预应力混凝土工程的规定执行,见表 16.14。

表 16.14　表 411 预应力混凝土工程

子目号	子目名称	单位	工程量计量	工程内容
411	预应力混凝土工程			
411-1	先张法预应力钢丝	kg	1. 依据图纸所示构件长度计算的预应力钢材质量分,不同材质以千克为单位计量; 2. 除上述计算长度以外的锚固长度及工作长度的预应力钢材含入相应预应力钢材报价之中,不另行计量	1. 制作安装预应力钢材; 2. 制作安装管道; 3. 安装锚具、锚板; 4. 张拉; 5. 放张; 6. 封锚头
411-2	先张法预应力钢绞线	kg		
411-3	先张法预应力钢筋	kg		
411-4	后张法预应力钢丝	kg	1. 按图示两端锚具间的理论长度计算的预应力钢材质量,分不同材质以千克为单位计量; 2. 除上述计算长度以外的锚固长度及工作长度的预应力钢材含入相应预应力钢材报价之中,不另行计量	1. 制作安装预应力钢材; 2. 制作安装管道; 3. 安装锚具、锚板; 4. 张拉; 5. 压浆; 6. 封锚头
411-5	后张法预应力钢绞线	kg		
411-6	后张法预应力钢筋	kg		

续表

子目号	子目名称	单位	工程量计量	工程内容
411-7	现浇预应力混凝土上部结构	m³	1. 依据图纸所示体积分,不同强度等级以立方米为单位计量; 2. 钢筋、钢材所占体积及单个面积在 0.03 m² 以内的孔洞不予扣除	1. 平整场地; 2. 搭拆工作平台;支架搭设、预压与拆除; 3. 安拆模板; 4. 混凝土配运料、拌和、运输、浇筑、养护; 5. 施工缝、伸缩缝设置处理
411-8	预制预应力混凝土上部结构	m³	1. 依据图纸所示体积分,不同强度等级以立方米为单位计量; 2. 钢筋、钢材所占体积及单个面积在 0.03 m² 以内的孔洞不予扣除; 3. 后张法预应力混凝土、梁封端混凝土工程量列入本子目	1. 搭拆工作平台; 2. 安拆模板; 3. 混凝土配运料、拌和、运输、浇筑、养护; 4. 构件预制、运输、安装

16.2.8 第412节 预制构件的安装

本节包括预制构件的起吊、运输、装卸、储存和安装,其工作量在第410节及第411节计量,本节不另行计量。

16.2.9 第413节 砌石工程

本节工程量清单项目分项计量规则应按表413砌石工程的规定执行,见表16.15。

表 16.15 表413 砌石工程

子目号	子目名称	单位	工程量计量	工程内容
413	砌石工程			
413-1	浆砌片石	m³	依据图纸所示位置及尺寸砌筑体积分,不同砂浆强度等级以立方米为单位计量	1. 基础清理; 2. 基底检查; 3. 选修石料; 4. 铺筑基础垫层; 5. 搭、拆脚手架; 6. 配、拌、运砂浆; 7. 砌筑、勾缝、抹面、养护; 8. 沉降缝设置
413-2	浆砌块石	m³		
413-3	浆砌料石	m³		
413-4	浆砌预制混凝土块	m³		

16.2.10 第414节 小型钢构件

本节包括桥梁及其他公路构造物,除钢筋及预应力钢筋外的小型钢构件的供应、制造、保护和安装。除另有说明外,本节工作内容均不作计量。

16.2.11 第 415 节 桥面铺装

本节工程量清单项目分项计量规则应按表415桥面铺装的规定执行,见表16.16。

表 16.16　表 415 桥面铺装

子目号	子目名称	单位	工程量计量	工程内容
415	桥面铺装			
415-1	沥青混凝土桥面铺装	m^3	依据图纸所示位置、尺寸,按照铺筑体积以立方米为单位计量	1. 清理下承层; 2. 拌和设备安装、调试、拆除; 3. 沥青混合料拌和、运输、摊铺、压实、成型; 4. 接缝; 5. 初期养护
415-2	水泥混凝土桥面铺装	m^3	依据图纸所示位置、尺寸分,不同强度等级,按铺筑体积以立方米为单位计量	1. 场地清理; 2. 混凝土配运料、拌和、运输、浇筑、振捣、养护; 3. 施工缝、沉降缝设置处理
415-3	防水层			
-a	桥面混凝土表面处理	m^2	按图示处理的桥面混凝土表面净面积以平方米为单位计量	1. 场地清理; 2. 混凝土面板铣刨(喷砂)拉毛; 3. 铣刨(喷砂)拉毛后清理、平整
-b	铺设防水层	m^2	依据图纸所示位置及尺寸,在桥面铺装前铺设防水材料,按图示铺装净面积分,不同材质以平方米为单位计量	1. 场地清理; 2. 桥面清洁; 3. 铺装防水材料; 4. 安拆作业平台; 5. 安设排水设施
415-4	桥面排水			
-a	竖、横向集中排水管	kg 或 m	1. 依据图纸所示位置及尺寸,在桥面安设泄水孔,按图示数量分,不同材质、管径计量,铸铁管、钢管以千克为单位计量,PVC管以米为单位计量; 2. 接头、固定泄水管的金属构件不予计量,铸铁泄水孔作为附属工作,不另行计量	1. 场地清理; 2. 安拆作业平台; 3. 钻孔安设排水管锚固件; 4. 安设排水设施
-b	桥面边部碎石盲沟	m^3	依据图纸所示位置、尺寸,按照盲沟体积以立方米为单位计量	1. 边部切割; 2. 清理; 3. 盲沟设置

16.2.12 第416节 桥梁支座

本节工程量清单项目分项计量规则应按表416桥梁支座的规定执行,见表16.17。

表16.17　表416桥梁支座(节选)

子目号	子目名称	单位	工程量计量	工程内容
416	桥梁支座			
416-1	板式橡胶支座	dm³	依据图纸所示位置及尺寸,安装图纸所示类型及规格板式橡胶支座就位,按图示体积分,不同的材质及形状以立方分米为单位计量	1. 清洁整平混凝土表面; 2. 砂浆配运料、拌和,接触面抹平; 3. 钢板制作与安装; 4. 支座定位安装
416-2	盆式支座	个	据图纸所示位置及尺寸,安装图纸所示类型及规格盆式支座就位,按图示数量分,不同型号、支座反力以个为单位计量	1. 清洁整平混凝土表面; 2. 砂浆配运料、拌和,接触面抹平; 3. 钢板制作与安装; 4. 吊装设备安拆; 5. 支座定位安装; 6. 支座焊接固定

16.2.13 第417节 桥梁接缝和伸缩装置

本节工程量清单项目分项计量规则应按表417桥梁接缝和伸缩装置的规定执行,见表16.18。

表16.18　表417桥梁接缝和伸缩装置(节选)

子目号	子目名称	单位	工程量计量	工程内容
417	桥梁接缝和伸缩装置			
417-1	橡胶伸缩装置	m	依据图纸所示位置及尺寸,按图示的橡胶条伸缩装置长度(包括人行道、缘石、护栏底座与行车道等全部长度)以米为单位计量	1. 切割清理伸缩装置范围内的混凝土,设置预埋件; 2. 伸缩装置定位、安装
417-2	模数式伸缩装置	m	依据图纸所示位置及尺寸,安装图示类型和规格的模数式伸缩装置,按图示长度(包括人行道、缘石、护栏底座与行车道等全部长度),分不同伸缩量以米为单位计量	1. 切割清理伸缩装置范围内的混凝土,设置预埋件; 2. 伸缩装置定位、安装; 3. 混凝土拌和、运输、浇筑、压纹、养护

16.2.14 第418节 防水处理

本节包括混凝土和砌体表面的沥青或油毛毡防水层。本节工作内容均不作计量。

16.2.15　第 419 节 圆管涵及倒虹吸管涵

本节工程量清单项目分项计量规则应按表 419 圆管涵及倒虹吸管涵的规定执行,见表 16.19。

表 16.19　表 419 圆管涵及倒虹吸管涵

子目号	子目名称	单位	工程量计量	工程内容
419	圆管涵及倒虹吸管涵			
419-1	单孔钢筋混凝土圆管涵	m	1. 依据图纸所示,按不同孔径的涵身长度(进出口端墙外侧间距离)计算以米为单位计量; 2. 基底软基处理参照第 205 节的相关规定计量,并列入第 205 节相应子目	1. 基坑排水; 2. 挖基、基底清理; 3. 基座砌筑或浇筑; 4. 铺筑; 5. 钢筋制作安装; 6. 预制或现浇钢筋混凝土管; 7. 铺涂防水层; 8. 安装、接缝; 9. 砌筑进出口(端墙、翼墙、八字墙井口); 10. 防水、防冻、防腐措施; 11. 回填
419-2	双孔钢筋混凝土圆管涵	m		
419-3	钢筋混凝土圆管倒虹吸管涵	m		

16.2.16　第 420 节 盖板涵、箱涵

本节工程量清单项目分项计量规则应按表 420 盖板涵、箱涵的规定执行,见表 16.20。

表 16.20　表 420 盖板涵、箱涵(节选)

子目号	子目名称	单位	工程量计量	工程内容
420	盖板涵、箱涵			
420-1	钢筋混凝土盖板涵	m	1. 依据图纸所示,按不同跨径的盖板涵长度以米为单位计量; 2. 基底软基处理参照第 205 节的相关规定计量,并列入第 205 节相应子目	1. 场地清理; 2. 围堰、排水,基坑开挖,基坑支护; 3. 基础及涵台施工; 4. 施工缝设置、处理; 5. 盖板预制,运输,安装; 6. 砂浆制作、填缝; 7. 防水、防冻、防腐措施; 8. 回填

续表

子目号	子目名称	单位	工程量计量	工程内容
420-2	钢筋混凝土箱涵	m	1. 依据图纸所示,按不同跨径的箱涵长度以米为单位计量; 2. 基底软基处理参照第205节的相关规定计量,并列入第205节相应子目	1. 围堰、排水,基坑开挖; 2. 垫层、基础施工; 3. 搭拆作业平台; 4. 模板安设、加固、检查; 5. 钢筋安设、支承及固定; 6. 混凝土配运料、拌和、运输、浇筑、养护; 7. 施工缝设置、处理; 8. 防水、防冻、防腐措施; 9. 回填

16.3　桥涵工程案例分析

【案例16.1】　背景材料:某预应力五跨混凝土连续梁桥,全桥长350 m。0号台、5号台位于岸上,1~4号墩均在水中,水深5.0 m,河床覆盖层黏土厚度约1.0m(河床清淤数量不计)。桥台采用10根ϕ2.0 m钻孔灌注桩,桩长30~40 m;桥墩均采用6根ϕ2.5 m钻孔灌注桩,桩长30~40 m。承台尺寸为800 cm×1 850 cm×300 cm。施工组织考虑搭便桥进行施工(便桥费用此处不计),回旋钻机成孔,混凝土在岸上集中拌和、泵送施工,桩基、承台混凝土的平均泵送距离为250 m。桥台钢护筒按单根长度3.5 m计,桥墩钢护筒按单根长度10 m计,钢套箱按150 kg/m²计,桩基检测管不计,弃方运输不计。经统计,施工图所列主要工程数量见表16.21。

表16.21　桥梁下部主要工程数量表

项目		钻孔岩层统计/m				混凝土/m³	HRB400 钢筋/t
		砂土	砂砾	软石	次坚石		
灌注桩	桩径2.5 m	92	629	135	32	4 474.5	800.7
	桩径2.0 m	81	562	117	—	2 198	
项目		水中承台封底 C25 水中混凝土/m³	C25 承台混凝土/m³		挖基/m³		HRB400 钢筋/t
承台		888	1 776		1 020		234.72

注:本表中钻孔岩层统计根据地质柱状图结合桩基设计高度统计,表中未提供设计图数量。

试计算该桥基础工程工程量,并完成其施工图预算。此处不考虑混凝土拌和站的安拆,统一在临时工程中考虑。

【解】（1）钻孔灌注桩钢护筒

陆上桩，桩径 2.0 m 的单根护筒长度按 3.5 m 计，共 20 根。

质量：$20 \times 3.5 \times 0.010 = 64.33(t)$

水中桩，桩径 2.5 m 的单根护筒长度按 10 m 计，共 24 根。

质量：$24 \times 10 \times 1.504 = 360.96(t)$

（2）水中施工平台

根据承台的尺寸，拟定水中施工平台平面尺寸为 $12 \times 22.5(m)$。

面积：$12 \times 22.5 \times 4 = 1\,080(m^2)$

（3）钻孔通过的土层及桩身混凝土

一般施工图的工程数量表中不列钻孔深度，土质情况根据地质柱状图统计，设计图一般不列。钻孔的总深度一般与桩长不相等。此处按题意所给数量直接使用。桩身混凝土一般在设计图的数量表中给出，预算时按桩长和桩径验算即可。

2 m 桩定额孔深计算。

平均入土深度：$(81 + 562 + 117) \div 20 = 38(m)$，护筒高度高出地面 0.3 m，定额孔深 28.3 m，定额取 40 m 以内。

2.5 m 水中桩定额孔深计算。

根据题目中给定的资料，水中钻孔灌注桩平均入土深度：$(92 + 629 + 135 + 32) \div 24 = 37(m)$。

水深 5m，护筒高度高出水面 1～2 m，定额孔深：$37 + 5 + 2 = 44(m)$，定额取 60 m 以内。

（4）承台钢套箱

按设计混凝土数量反算 2.5 m 桩的桩长：$4\,474.5 \div (2.5^2 \times \pi \div 4) \div 24 = 37.98(m)$

封底混凝土厚度：$888 \div (8 \times 18.5 \times 4 - 2.5 \times 2.5 \times \pi \div 4 \times 6 \times 4) = 1.87(m)$

即平均桩长较入土深度大 1 m，考虑封底混凝土厚度为 1.87 m，钢套箱底面低于河床面，应采用无底模钢套箱。

一般单壁钢套箱可按其表面积大约 150 kg/m^2 计算，高度按施工水位增加 0.5 m 计，入土深度根据地质情况确定，按 1.0 m 计。

四套合计质量：$(8 + 18.5) \times 2 \times (5 + 1.0 + 0.5) \times 0.15 \times 4 = 206.7(t)$。

（5）混凝土运输

因泵送水平距离平均为 250 m，定额综合距离为 100 m，超过 150 m。

100 m^3 灌注桩需增加：人工 $3 \times 1.08 = 3.24$（工日），混凝土输送泵增加 $3 \times 0.24 = 0.72$（台班）。

100 m^3 承台需增加：人工 $3 \times 0.89 = 2.67$（工日），混凝土输送泵增加 $3 \times 0.16 = 0.48$（台班）。

（6）混凝土拌和

$$6\,672.5 \times 1.197 + (888 + 2\,608) \times 1.04 = 11\,622.8(m^3)$$

（7）定额选用及数量

桥梁基础工程施工图预算的计算数据见表 16.22。

表 16.22 预算定额子目

子目号/定额代号	子目名称/定额名称	单位	数量	定额调整	备注
4-4-9-7	钢护筒干处埋设	1 t	64.33		钢护筒
4-4-9-8	钢筋护筒水中埋设,水深5 m以内	1 t	360.96		
4-4-4-65	陆地上回旋钻机钻孔,桩径200 cm以内,孔深40 m以内,砂土	10 m	8.1		陆上钻孔,桩径2.0 m,孔深40 m
4-4-4-67	陆地上回旋钻机钻孔,桩径200 cm以内,孔深40 m以内,砂砾	10 m	56.2		
4-4-4-70	陆地上回旋钻机钻孔,桩径200 cm以内,孔深40 m以内,软石	10 m	11.7		
4-4-4-313	水中平台上回旋钻机钻孔,桩径250 cm以内,孔深60 m以内,砂土	10 m	9.2		水上钻孔,桩径2.5 m,孔深60 m
4-4-4-315	水中平台上回旋钻机钻孔,桩径250 cm以内,孔深60 m以内,砂砾	10 m	62.9		
4-4-4-318	水中平台上回旋钻机钻孔,桩径250 cm以内,孔深60 m以内,软石	10 m	13.5		
4-4-4-319	水中平台上回旋钻机钻孔,桩径250 cm以内,孔深60 m以内,次坚石	10 m	3.2		
4-4-10-1	桩基工作平台,水深3~5 m,上、下部综合	100 m²	10.8		
4-11-14-1	水上泥浆循环系统	1 套	4		
4-4-8-15	灌注桩混凝土,回旋、潜水钻成孔,桩径250 cm以内,输送泵	10 m³ 实体	667.25	人工:+0.324;泵:+0.072	
4-4-8-25	灌注桩钢筋,套筒连接	1 t	800.7	钢筋抽换为HRB400	
4-11-11-15	60 m³/h以内混凝土搅拌站(楼)拌和	100 m³	66.725	×1.197	
4-11-11-26	8 m³ 搅拌运输车运混凝土,第一个1 km	100 m³	66.725	×1.197	
4-2-6-2	钢套箱围堰,无底模	10 t 钢套箱	20.67		承台
4-6-1-10	承台混凝土,输送泵,无底模	10 m³ 实体	177.6	人工:+0.267;泵:+0.048	

续表

子目号/ 定额代号	子目名称/定额名称	单位	数量	定额调整	备注
4-6-1-11	承台封底混凝土,输送泵	10 m³ 实体	88.8	人工:+0.267; 泵:+0.048	
4-6-1-13	现场加工承台钢筋	1 t	234.72		
4-11-11-15	60 m³/h 以内混凝土搅拌站(楼) 拌和	100 m³	34.96	×1.04	承台
4-11-11-26	8 m³ 搅拌运输车运混凝土,第一个 1 km	100 m³	34.96	×1.04	
4-1-3-4	单个基坑体积在 1 500 m³ 以内, 2.0 m³ 以内挖掘机挖基坑土方	1 000 m³	1.02		

【案例 16.2】　背景材料:某大桥为 5×25 m 预应力混凝土分体小箱梁桥,桥梁全长 133 m,下部构造采用重力式桥台和柱式桥墩,桥台高 8.6 m,桥墩高 9.1 m。

桥梁下部结构主要工程数量如下:U 形桥台 C30 混凝土 487.8 m³,台帽 C40 混凝土 190.9 m³;柱式桥墩立柱 C40 混凝土 197.7 m³,盖梁箱梁下部 C40 混凝土 371.78 m³。施工要求采用集中拌和运输,混凝土拌和场设在距离桥位 500 m 的一片荒地,拌和站采用 40 m³/h 的规格,拌和站安拆及场地费用不计。

招标文件提供的工程量清单见表 16.23。

表 16.23　工程量清单

子目号	子目名称	单位	数量	单价	合价
410-2	下部结构混凝土				
410-2-a	重力式 U 形桥台				
410-2-a-1	C30 混凝土台身	m³	487.8		
410-2-a-2	C40 混凝土台帽	m³	190.9		
410-2-b	柱式桥墩				
410-2-b-1	C40 混凝土桥墩	m³	197.7		
410-2-b-2	C40 混凝土盖梁	m³	371.7		

试完成:本项目的工程量清单组价分解表。

【解】　本项目的工程量清单组价分解表见表 16.24。

表 16.24 工程量清单组价分解表

原工程量清单				分解子目(选定额用)				
子目号	子目名称	单位	清单数量	定额表号	分解定额子目名称	定额单位	工程数量	定额调整
410-2	下部结构混凝土							
410-2-a	重力式 U 形桥台							
410-2-a-1	C30 混凝土台身	m³	487.8	4-6-2-4	10 m 以内梁板桥实体式墩台混凝土	10 m³	48.78	片 C15-32.5-8 换 C30-32.5-4
				4-11-11-14	混凝土搅拌站拌和(40 m³/h 以内)	100 m³	4.878	定额×1.02
				4-11-11-24	6 m³ 以内混凝土搅拌运输车运输第一个 1 km	100 m³	4.878	定额×1.02
410-2-a-2	C40 混凝土台帽	m³	190.9	4-6-3-1	墩、台帽混凝土非泵送	10 m³	19.09	普 C30-32.5-4 换普 C40-32.5-4
				4-11-11-14	混凝土搅拌站拌和(40 m³/h 以内)	100 m³	1.909	定额×1.02
				4-11-11-24	6 m³ 以内混凝土搅拌运输车运输第一个 1 km	100 m³	1.909	定额×1.02
410-2-b	柱式桥墩							
410-2-b-1	C30 混凝土桥墩	m³	197.7	4-6-2-12	圆柱式墩台混凝土非泵送 10 m 以内	10 m³	19.77	普 C25-32.5-4 换普 C40-32.5-4
				4-11-11-14	混凝土搅拌站拌和(40 m³/h 以内)	100 m³	1.977	定额×1.02
				4-11-11-24	6 m³ 以内混凝土搅拌运输车运输第一个 1 km	100 m³	1.977	定额×1.02

原工程量清单				分解子目(选定额用)				
410-2-b-2	C40 混凝土盖梁	m³	371.7	4-6-4-1	盖梁混凝土非泵送钢模	10 m³	37.17	普 C30-32.5-4 换普 C40-32.5-4
				4-11-11-14	混凝土搅拌站拌和(40 m³/h 以内)	100 m³	3.717	定额×1.02
				4-11-11-24	6 m³ 以内混凝土搅拌运输车运输第一个 1 km	100 m³	3.717	定额×1.02

【**案例 16.3**】 背景材料:某大桥桥宽 26 m,与路基同宽。桥长 1 216 m,两岸各接线 500 m,地势较为平坦(土石方填挖计入路基工程,预制场建设不考虑土石方的填挖)。桥梁跨径 12×30 m+6×40 m+20×30 m 为先简支后连续预应力混凝土 T 形梁结构,每跨布置 T 形梁 14 片。其中,30 m 预应力 T 形梁梁高 180 cm、底宽 40 cm、顶宽 160 cm,40 m 预应力 T 形梁梁高 240 cm、底宽 50 cm、顶宽 160 cm。T 形梁预制、安装工期均按 8 个月计算,预制安装存在时间差,按 1 个月考虑。吊装设备考虑 1 个月安拆时间,每片梁预制周期按 10 天计算。施工组织设计提出 20 m 跨度,12 m 高龙门起重机每套质量 43.9 t(每套 2 台)。40 m 梁双导梁架桥机全套质量 165 t。混凝土拌和站离桥尾 2.1 km,预制梁混凝土采用泵送施工。上部结构的主要工程量见表 16.25。

表 16.25 上部结构的主要工程量

工程项目		单位	工程量	备注
40 m 预制 T 形梁	C50 混凝土	m³	2 520	
	光圆钢筋	t	50.4	
	带肋钢筋	t	403.2	
	钢绞线	t	92.4	OVM 锚 15-7;672 套
30 m 预制 T 形梁	C50 混凝土	m³	8 960	
	光圆钢筋	t	179.2	
	带肋钢筋	t	1 422.6	
	钢绞线	t	289.9	OVM 锚 15-7;672 套
湿接缝	C50 混凝土	m³	784	
	光圆钢筋	t	23.52	
	带肋钢筋	t	141.12	
	钢绞线	t	137.9	长 20 m 内,BM 锚 15-5;3 920 套

试计算出该桥梁工程上部结构的工程量,并完成施工图预算所涉及的相关定额,需要时,请

列式计算,或用文字说明。

【解】 (1)预制底座计算

预制 30 m 预应力 T 形梁数量:(12+20)×14＝448(片)

预制 40 m 预应力 T 形梁数量:6×14＝84(片)

由于 T 形梁的预制周期为 8 个月,每片梁预制需用 10 天时间,因此,所需底座的数量如下:

30 m T 形梁底座:448×10÷8÷30＝18.7,取 19 个。

40 m T 形梁底座:84×10÷8÷30＝3.5,取 4 个。

底座面积:19×(30+2)×(1.6+1)+4×(40+2)×(1.6+1)＝2 017.6(m²)

(2)吊装设备

由于桥梁两端地势较为平坦,可作为预制场,因此,考虑就近建设预制场。考虑运梁及安装,底座方向按顺桥方向布置,40 m T 形梁底座在前,30 m T 形梁底座在后,每排 4 个,净间距 2.5 m,排列宽度为 4×2.6+3×2.5＝17.9(m)。龙门起重机采用 20 m 跨度,12 m 高,布置 2 套。架桥机按 40 m 梁考虑,采用双导梁架桥机。

因预制、安装存在 1 个月的时间差,再考虑 1 个月安拆时间,龙门架的设备摊销按 10 个月计算,定额中设备摊销费调整为 14 000 元;架桥机的设备摊销时间按 9 个月计算,定额中设备摊销费调整为 16 200 元。

(3)临时轨道及其他

由于存梁区长度考虑 80 m,因此预制场的长度为:32×5+42+7×2.5+80＝299.5(m),取 300 m。

采用运梁车运梁,桥上不考虑临时轨道。

(4)预制构件的平均运输距离

① 30 m T 形梁。

单片质量:8 960÷448×2.5＝50(t)

平均运距:[20×30+(20×30+6×40+12×30÷2)×12]÷32＝570(m)

② 40 m T 形梁

单片质量:2 520÷84×2.5＝75(t)

平均运距:[(20×30÷2)×6×40÷2×6]÷6＝720(m)

(5)预应力钢绞线每吨束数

40 m 以内:(672+3 136)÷2÷(92.4+289.3)＝4.98(束/t)

4.98－3.82＝1.16(束/t)

20 m 以内:3 920÷2÷137.9＝14.21(束/t)

14.21－8.12＝6.09(束/t)

(6)计算混凝土拌和数量

(8 960+2 520)×1.02+784×1.02＝12 509.3(m³)

(7)定额选用及数量

桥梁工程施工图预算定额子目见表 16.26。

表 16.26　预算定额子目

定额表号	定额名称	定额单位	工程量	定额调整
4-7-14-1	预制预应力 T 形梁混凝土,非泵送	10 m³	1 148	
4-7-14-3	预制预应力 T 形梁钢筋,现场加工	1 t	2 231.04	HPB300:0.116 HRB400:0.909
4-11-9-1	平面底座	10 m² 底座面积	201.76	
4-7-19-17	预应力钢绞线,束长 40 m 以内,7 孔,每吨 3.82 束	1 t 钢绞线	382.3	
4-7-19-18	预应力钢绞线,束长 40 m 以内,7 孔,每增减 1 束	1 t 钢绞线	382.3	×1.16
4-8-2-6	龙门架装车,构件质量 80 t 以内,卷扬机牵引轨道平车运输,第一个 50 m(30 m)	100 m³ 实体	114.8	
4-8-7-1	龙门架装车,运梁车运输第一个 1 km,构件质量 100 t 以内	100 m³ 实体	114.8	
4-7-28-4	跨墩门架,门架高 12 m	10 t 金属设备	8.78	设备摊销费: 14 000 元
7-1-4-3	钢轨重(32 kg/m),在路基上	100 m	3.0	
4-7-14-9	双导梁安装预应力 T 形梁	10 m³	1 148	
4-7-14-10	现浇预应力 T 形梁接缝混凝土	10 m³	78.4	
4-7-19-45	负弯矩钢绞线,16 m 以内,4 孔,每吨 16.21 束	1 t 钢绞线	137.9	锚具换为 5 孔
4-7-19-46	负弯矩钢绞线,16 m 以内,4 孔,每增减 1 束	1 t 钢绞线	137.9	×(-2),锚具换为 5 孔
4-7-28-2	双导梁	10 t 金属设备	165	设备摊销费: 16 200 元
4-11-11-15	60 m³/h 以内混凝土搅拌站(楼)拌和	100 m³	125.093	
4-11-11-26	8 m³ 搅拌运输车运混凝土,第一个 1 km	100 m³	117.096	
4-11-11-27	8 m³ 搅拌运输车运混凝土,每增运 0.5 km	100 m³	117.096	×2
4-11-11-26	8 m³ 搅拌运输车运混凝土,第一个 1 km	100 m³	7.997	
4-11-11-27	8 m³ 搅拌运输车运混凝土,每增运 0.5 km	100 m³	7.997	×3

【案例 16.4】 某桥梁工程全长 460 m,上部结构为 15×30 m 预应力混凝土 T 形梁。上部结构施工有两种方案可供选择:方案 A 为现场预制 T 形梁;方案 B 为购买半成品 T 形梁。

已知:每片 T 形梁混凝土方量为 40 m³,每孔桥由 6 片梁组成。半成品 T 形梁的购买单价为 140 000 元/片,运输至工地费用为 20 元/m³。现场预制梁混凝土拌和站安拆及场地处理费为 60 万元,预制底座费用为 60 000 元/个,现场混凝土预制费用为 3 000 元/m³,现场预制其他费用为 2 万元/月,每片梁预制周期为 10 天。

问题:假设 T 形梁预制工期为 8 个月,请从经济角度比较 A、B 两个方案的优劣。

分析要点:

本案例主要考查现场预制 T 形梁和购买 T 形梁之间的差别。根据题意,现场预制中应考虑拌和站安拆及场地处理费用、预制底座费用、混凝土预制费用及其他费用。而预制底座费用与预制周期及其他费用和工期有关,应在答题中予以重视。

【解】　(1)预制底座数量的计算

T 形梁片数的计算:15×6=90(片)。

T 形梁混凝土数量的计算:90×40=3 600(m³)。

T 形梁预制周期为 10 天,8 个月工期内,每个底座可预制 8×3=24(片)。

预制底座数量的计算:90÷24=3.75(个)。

因此,应设置 4 个底座。

(2)方案 A、方案 B 的经济性比较

方案 A 费用的计算:600 000+4×60 000+3 600×3 000+8×20 000=11 800 000(元)。

方案 B 费用的计算:(140 000+20×40)×90=12 672 000(元)。

方案 A 费用低于方案 B 费用,因此,从经济角度比较,方案 A 优于方案 B。

思考题

1. 桥涵工程定额中混凝土的拌和、运输费用的计算是如何规定的?

2. 桥梁支架定额工程量的计算规则是怎样的? 钢支架的实际宽度与定额宽度不同时应如何调整?

3. 请根据现行《公路工程标准施工招标文件》(2018 年版)分析计价工程子目"陆上钻孔灌注桩"的工程内容主要有哪些? 工程量计算规则是怎样的?

4. 请根据现行《公路工程标准施工招标文件》(2018 年版)分析计价工程子目"后张法预应力钢绞线"的工程计量规则。

5. 某灌注桩桩径 2 200 mm,试计算钢护筒每延米理论重量是多少? (钢护筒参考质量表 16.3)

6. 某桥梁工程上部结构采用预制预应力 T 形梁,桥梁全长 240 m,单孔跨径 40 m,每孔设置 8 片梁,每片梁的预制工期为 7 天,施工组织设计中规定的全桥预制构件施工在 6 个月内完成。请问该桥梁工程应设置多少个预制构件底座?

第 17 章　公路工程预算费用的组成和计算

为加强公路工程造价管理,合理确定和有效控制公路建设项目投资,根据交通运输部办公厅《关于下达 2013 年度公路工程行业标准规范制修订项目计划的通知》交公路字〔2013〕169 号的要求,由交通运输部路网监测与应急处置中心作为主编单位,负责修订了《公路工程建设项目概算预算编制办法》(JTG 3830—2018)。

结合《公路工程建设项目造价文件管理导则》(JTG 3810—2017),系统地总结了多年来我国公路工程建设项目造价管理的经验,充分调研了全国公路建设管理的现状,按照深化公路建设管理体制改革的要求,严格遵循公路工程标准规范,根据国家相关政策并考虑公路行业建设特点,广泛征求了各级交通运输主管部门和行业意见,并通过测算验证后编制形成了《公路工程建设项目概算预算编制办法》(JTG 3830—2018)(以下简称"本办法")。

17.1　公路工程建设项目概算预算编制办法(2018)的组成

修订后的编制办法包括公告、前言、目次、3 章和 7 个附录、用词说明和条文说明。

(1)公告

公告主要阐明新版规范的实施时间及管理权、解释权归属问题。

(2)前言

前言主要阐述编制本定额的目的,新版定额的修订内容、定额正文的组成部分及主编、参编单位、人员等。

(3)第 1 章 总则

本章主要阐述本办法的编制背景、适用范围、使用条件等。

(4)第 2 章 概算预算编制方法

本章主要介绍本办法的基本规定、编制依据、文件组成、概预算项目及编码规则、费用组成。

(5)第 3 章 概算预算费用标准和计算方法

本章详细阐述了概算预算总金额的组成及取费标准。

(6)附录

①附录 A 封面、目录及概(预)算表格样式。

②附录 B 概算预算项目表。

③附录 C 设备与材料的划分标准。

④附录 D 全国冬季施工气温区划分表。

⑤附录 E 全国雨季施工雨量区及雨季期划分表。

⑥附录 F 全国风沙地区公路施工区划分表。

⑦附录 G 涉水项目施工期通航安全保障费用计算方法。

（7）用词说明

用词说明主要针对本办法执行严格程度的用词进行说明。

（8）条文说明

条文说明主要针对前述 3 章正文进行补充说明。

17.2　公路工程建设项目概算预算编制办法（2018）总则

①为加强公路工程造价管理,合理确定和有效控制工程造价,制定本办法。

②本办法适用于编制新建、改（扩）建的公路工程建设项目设计概算和施工图预算。

③设计概算是初步设计文件和技术设计文件的重要组成部分。经批准后的概算应是建设项目投资的最高限额。

④施工图预算是施工图设计文件的重要组成部分。施工图预算应控制在批准的设计概算范围内。

⑤编制设计概算和施工图预算时,应根据项目的设计文件,全面了解工程所在地的建设条件,掌握各项基础资料,正确引用定额、取费标准、人工单价、材料与设备价格,按本办法进行编制。

⑥公路工程建设项目的设计概算或施工图预算造价文件分多段编制时,应统一编制原则,将分段造价汇总成项目总造价。总造价与前一阶段总造价应做对比分析,以利于造价控制。需单独反映造价的联络线、支线以及规模较大的辅道、连接线工程,应单独编制造价文件,并汇总至项目总造价。

⑦本办法及配套定额未包含的专业工程的建筑安装工程费可执行相应行业定额及规定。

⑧各省（自治区、直辖市）交通运输主管部门,可在本办法的基础上结合当地实际情况制定补充规定。

⑨编制设计概算和施工图预算时,除应符合本办法的规定外,尚应符合国家及行业现行有关标准的规定。

17.3　部分概算预算费用标准、计算方法和附录

17.3.1　建筑安装工程费

建筑安装工程费包括直接费、设备购置费、措施费、企业管理费、规费、利润、税金和专项费用。建筑安装工程费除专项费用外,其他均按"价税分离"的计价规则计算,即各项费用均以不含增值税可抵扣进项税额的价格（费率）进行计算,具体要素价格适用增值税税率执行财税部门的相关规定。定额建筑安装工程费包括定额直接费、定额设备购置费的 40%、措施费、企业管理费、规费、利润、税金和专项费用,定额直接费包括定额人工费、定额材料费、定额施工机械使用费。定额人工费、定额材料费、定额施工机械使用费以及定额设备购置费均按《公路工程预算定额》（JTG/T 3832—2018）附录四"定额人工、材料、设备单价表"及现行《公路工程机械台班费用定额》（JTG/T 3833—2018）中规定的人工、材料、设备、机械的相应基价计算的定额

费用。

1）直接费

直接费是指施工过程中耗费的构成工程实体和有助于工程形成的各项费用,包括人工费、材料费、施工机械使用费。

（1）人工费

人工费是指列入概算、预算定额的直接从事建筑安装工程施工的生产工人开支的各项费用。

①人工费包括:

a.计时工资或计件工资:指按计时工资标准和工作时间或对已做工作按计件单价支付给个人的劳动报酬。

b.津贴、补贴:指为了补偿职工特殊或额外的劳动消耗和因其他特殊原因支付给个人的津贴,以及为了保证职工工资水平不受物价影响支付给个人的物价补贴,如流动施工津贴、特殊地区施工津贴、高温(寒)作业临时津贴、高空津贴等。

c.特殊情况下支付的工资:指根据国家法律、法规和政策规定,因病、工伤、产假、计划生育假、婚丧假、事假、探亲假、定期休假、停工学习、执行国家或社会义务等原因按计时工资标准或计时工资标准的一定比例支付的工资。

②人工费以概算、预算定额人工工日数乘以综合工日单价计算。

③人工费标准按照本地区公路建设项目的人工工资统计情况以及公路建设劳务市场情况进行综合分析、确定人工工日单价。人工工日单价由省级交通运输主管部门制定发布,并适时进行动态调整。人工工日单价仅作为编制概算、预算的依据,不作为施工企业实发工资的依据。

（2）材料费

材料费是指施工过程中耗用的构成工程实体的原材料、辅助材料、构配件、零件、半成品或成品算,按工程所在地的材料价格计算的费用。

①材料预算价格由材料原价、运杂费、场外运输损耗、采购及保管费组成。

②材料预算价格=（材料原价+运杂费）×（1+场外运输损耗率）×（1+采购及保管费率）-包装品回收价值。

A.各种材料原价按下列规定计算:

a.外购材料:外购材料价格参照本行政区域内交通运输主管部门发布的价格和按调查的市场价格进行综合取定。

b.自采材料:自采的砂、石、黏土等自采材料,按定额中开采单价加辅助生产间接费和矿产资源税(如有)计算。

B.运杂费是指材料自供应地点至工地仓库(施工地点存放材料的地方)的费用,包括装卸费、运费,如果发生,还应计囤存费及其他杂费(如过磅、标签、支撑加固、路桥通行等费用)。

a.通过铁路、水路和公路运输的材料,按调查的市场运价计算运费。

b.一种材料当有两个以上的供应点时,应根据不同的运距、运量、运价采用加权平均的方法计算运费。由于概算、预算定额中已经考虑工地运输便道的特点,以及定额中已计入"工地小搬运"的费用,因此,汽车运输平均运距中不得乘以调整系数,也不得在工地仓库或堆料场外再加场内运距或二次倒运的运距。

c. 有容器或包装的材料及长大轻浮材料,应按表 17.1 规定的毛质量计算。桶装沥青、汽油、柴油按每吨摊销一个旧汽油桶计算包装费(不计回收)。

表 17.1 材料毛重系数及单位毛质量表

材料名称	单位	毛质量系数/%	单位毛质量
爆破材料	t	1.35	—
水泥、块状沥青	t	1.01	—
铁钉、铁件、焊条	t	1.10	—
液体沥青、液体燃料、水	t	桶装 1.17,油罐车装 1.00	—
木料	m³	—	原木 0.750 t,锯材 0.650 t
草袋	个	—	0.004 t

C. 场外运输损耗是指有些材料在正常的运输过程中发生的损耗。材料场外运输操作损耗率见表 17.2。

表 17.2 材料场外运输损耗率表

材料名称	场外运输(包括一次装卸)/%	每增加一次装卸/%
块状沥青	0.5	0.2
石屑、碎砾石、砂砾、煤渣、工业废渣、煤	1.0	0.4
砖、瓦、桶装沥青、石灰、黏土	3.0	1.0
草皮	7.0	3.0
水泥(袋装、散装)	1.0	0.4
砂　一般地区	2.5	1.0
砂　风沙地区	5.0	2.0

注:汽车运水泥,当运距超过 500 km 时,袋装水泥损耗率增加 0.5 个百分点。

D. 采购及保管费:

a. 材料采购及保管费是指在组织采购、保管过程中,所需的各项费用及工地仓库的材料储存损耗。

b. 材料采购及保管费,以材料的原价加运杂费及场外运输损耗的合计数为基数乘以采购及保管费费率计算。

c. 钢材的采购及保管费费率为 0.75%。燃料、爆破材料为 3.26%,其余材料为 2.06%。商品水泥混凝土、沥青混合料和各类稳定土混合料、外购的构件、成品及半成品的预算价格计算方法与材料相同。商品水泥混凝土、沥青混合料和各类稳定土混合料不计采购及保管费,外购的构件、成品及半成品的采购及保管费费率为 0.42%。

(3)施工机械使用费

施工机械使用费是指列入概算、预算定额的工程机械和工程仪器仪表台班数量,按相应的施工机械台班费用定额计算的费用等。

①工程机械使用费。机械台班预算价格应按现行《公路工程机械台班费用定额》(JTG/T 3833)计算,机械台班单价由不变费用和可变费用组成。不变费用包括折旧费、检修费、维护费、安拆辅助费等;可变费用包括机上人员人工费、动力燃料费、车船税。可变费用中的人工工日数及动力燃料消耗量,应以机械台班费用定额中的数值为准。台班人工费工日单价同生产工人人工费单价。动力燃料费用则按材料费的计算规定计算。

②工程仪器仪表使用费是指机电工程施工作业所发生的仪器仪表使用费,以施工仪器仪表台班耗用量乘以施工仪器仪表台班单价计算。

a. 工程仪器仪表台班预算价格应按现行《公路工程机械台班费用定额》(JTG/T 3833—2018)计算。台班人工费工日单价同生产工人人工费单价。动力燃料费用则按材料费的计算规定计算。

b. 当工程用电为自行发电时,电动机械每 kW · h(度)电的单价可由下式计算:

$$A = 0.15 \frac{K}{N} \tag{17.1}$$

式中　A——每 kW · h 电单价,元;

　　　K——发电机组的台班单价,元;

　　　N——发电机组的总功率,kW。

2)设备购置费

设备购置费是指为了满足公路初期运营、管理需要购置的构成固定资产标准的设备和虽低于固定资产标准但属于设计明确列入设备清单的设备费用,包括渡口设备,隧道照明、消防、通风的动力设备,公路收费、监控、通信、路网运行监测、供配电及照明设备等。

①设备购置费应列出计划购置的清单(包括设备的规格、型号、数量),以设备预算价计入。

②设备购置费包括设备原价、运杂费、运输保险费、采购及保管费,各种税费按编制期有关部门规定计算。

③需要安装的设备,按建筑安装工程费的有关规定计算设备的安装工程费。

3)工程类别

①土方:指人工及机械施工的土方工程、路基掺灰、路基换填及台背回填。

②石方:指人工及机械施工的石方工程。

③运输:指用汽车、拖拉机、机动翻斗车、船舶等运送土石方、路面基层和面层混合料、水泥混凝土及预制构件、绿化苗木等。

④路面:指路面所有结构层工程、路面附属工程、便道以及特殊路基处理(不含特殊路基处理中的坏工构造物)。

⑤隧道:指隧道土建工程(不含隧道的钢材及钢结构)。

⑥构造物Ⅰ:指砍树挖根、拆除工程、排水、防护、特殊路基处理中的坏工构造物、涵洞、交通安全设施、拌和站(楼)安拆工程、便桥、便涵、临时电力和电信设施、临时轨道、临时码头、绿化工程等工程。

⑦构造物Ⅱ:指小桥、中桥、大桥、特大桥工程。

⑧构造物Ⅲ:指商品水泥混凝土的浇筑、商品沥青混合料和各类商品稳定土混合料的铺筑、外购混凝土构件、设备安装工程等。

⑨技术复杂大桥:指钢管拱桥、斜拉桥、悬索桥、单孔跨径在120 m以上(含120 m)和基础水深在10 m以上(含10 m)的大桥主桥部分的基础、下部和上部工程(不含桥梁的钢材及钢结构)。

⑩钢材及钢结构:指所有工程的钢材及钢结构等工程。

4)计算基数要求

购买的路基填料、绿化苗木、商品水泥混凝土、商品沥青混合料和各类稳定土混合料、外购混凝土构件不作为措施费及企业管理费的计算基数。

5)措施费

措施费包括冬季施工增加费、雨季施工增加费、夜间施工增加费、特殊地区施工增加费、行车干扰施工增加费、施工辅助费、工地转移费。

(1)冬季施工增加费

冬季施工增加费是指按照公路工程施工及验收规范所规定的冬季施工要求,为保证工程质量和安全生产所需采取的防寒保温设施、工效降低和机械作业效率降低以及技术操作过程的改变等所增加的有关费用。

①冬季施工增加费的内容包括:

a.因冬季施工所需增加的一切人工、机械与材料的支出。

b.施工机械所需修建的暖棚(包括拆、移),增加其他保温设备购置费用。

c.因施工组织设计确定,需增加的一切保温、加温等有关支出。

d.清除工作地点的冰雪等与冬季施工有关的其他各项费用。

②全国冬季施工气温区划分表见本办法附录D。

③冬季施工增加费的计算方法,是根据各类工程的特点,规定各气温区的取费标准。为了简化计算手续,采用全年平均摊销的方法,即不论是否在冬季施工,均按规定的取费标准计取冬季施工增加费。

④一条路线穿过两个以上的气温区时,可分段计算或按各区的工程量比例求得全线的平均增加率,计算冬季施工增加费。

⑤冬季施工增加费以各类工程的定额人工费和定额施工机械使用费之和为基数,按工程所在地的气温区选用表17.3的费率计算。

表17.3 冬季施工增加费费率表　　　　　单位:%

工程类别	冬季期平均温度/℃								准一区	准二区
	−1 以上		−1 ~ −4		−4 ~ −7	−7 ~ −10	−10 ~ −14	−14 以下		
	冬一区		冬二区		冬三区	冬四区	冬五区	冬六区		
	Ⅰ	Ⅱ	Ⅰ	Ⅱ						
土方	0.835	1.301	1.800	2.270	4.288	6.094	9.140	13.720	—	—
石方	0.164	0.266	0.368	0.429	0.859	1.248	1.861	2.801	—	—
运输	0.166	0.25	0.354	0.437	0.832	1.165	1.748	2.643	—	—
路面	0.566	0.842	1.181	1.371	2.449	3.273	4.909	7.364	0.073	0.198

工程类别	冬季期平均温度/℃								准一区	准二区
	-1 以上		-1 ~ -4		-4 ~ -7	-7 ~ -10	-10 ~ -14	-14 以下		
	冬一区		冬二区		冬三区	冬四区	冬五区	冬六区		
	I	II	I	II						
隧道	0.203	0.385	0.548	0.710	1.175	1.52	2.269	3.425	—	—
构造物 I	0.652	0.940	1.265	1.438	2.607	3.527	5.291	7.936	0.115	0.288
构造物 II	0.868	1.240	1.675	1.902	3.452	4.693	7.028	10.542	0.165	0.393
构造物 III	1.16	2.296	3.114	3.523	6.403	8.680	13.020	19.520	0.292	0.721
技术复杂大桥	1.019	1.444	1.975	2.230	4.057	5.479	8.219	12.338	0.170	0.446
钢材及钢结构	0.04	0.101	0.141	0.181	0.301	0.381	0.581	0.861	—	—

注:绿化工程不计冬季施工增加费。

(2)雨季施工增加费

雨季施工增加费是指雨季期间施工为保证工程质量和安全生产所需采取的防雨、排水、防潮和防护措施、工效降低和机械作业率降低以及技术操作过程的改变等,所需增加的有关费用。

①雨季施工增加费的内容包括:

a. 因雨季施工所需增加的工、料、机费用的支出,包括工作效率的降低及易被雨水冲毁的工程所增加的清理坍塌基坑和堵塞排水沟、填补路基边坡冲沟等工作内容。

b. 路基土方工程的开挖和运输,因雨季施工(非土壤中水影响)而引起的黏附工具、降低工效所增加的费用。

c. 因防止雨水必须采取的挖临时排水沟、防止基坑坍塌所需的支撑、挡板等防护措施费用。

d. 材料因受潮、受湿的耗损费用。

e. 增加防雨、防潮设备的费用。

f. 因河水高涨致使工作困难等其他有关雨季施工所需增加的费用。

②全国雨季施工雨量区及雨季期划分见本办法附录 E。

③雨季施工增加费的计算方法,是将全国划分为若干雨量区和雨季期,并根据各类工程的特点规定各雨量区和雨季期的取费标准。为了简化计算手续,采用全年平均摊销的方法,即不论是否在雨季施工,均按规定的取费标准计取雨季施工增加费。

④一条路线通过不同的雨量区和雨季期时,应分别计算雨季施工增加费或按工程量比例求得平均的增加率,计算全线雨季施工增加费。

⑤雨季施工增加费以各类工程的定额人工费和定额施工机械使用费之和为基数,按工程所在地的雨量区、雨季期选用表 17.4 的费率计算。

表 17.4 雨季施工增加费费率表

单位:%

工程类别	1	1.5	2		2.5		3		3.5		4		4.5		5		6		7	8
雨季期(月数)／雨量区	I	I	I	II	I	II	I	II	I	II	I	II	I	II	I	II	I	II	II	II
土方	0.140	0.175	0.245	0.385	0.315	0.455	0.385	0.525	0.455	0.595	0.525	0.700	0.595	0.805	0.665	0.939	0.764	1.114	1.289	1.499
石方	0.105	0.140	0.212	0.349	0.280	0.420	0.349	0.491	0.418	0.563	0.487	0.667	0.555	0.772	0.626	0.876	0.701	1.018	1.194	1.373
运输	0.142	0.178	0.249	0.391	0.320	0.462	0.391	0.568	0.462	0.675	0.533	0.781	0.604	0.888	0.675	0.959	0.781	1.136	1.314	1.527
路面	0.115	0.153	0.230	0.366	0.306	0.480	0.366	0.557	0.425	0.634	0.501	0.710	0.578	0.825	0.654	0.940	0.749	1.093	1.267	1.459
隧道	—	—	—	—	—	—	—	—	—	—	—	—	—	—	—	—	—	—	—	—
构造物 I	0.098	0.131	0.164	0.262	0.196	0.295	0.229	0.360	0.262	0.426	0.327	0.491	0.393	0.557	0.458	0.622	0.524	0.753	0.884	1.015
构造物 II	0.106	0.141	0.177	0.282	0.247	0.353	0.282	0.424	0.318	0.494	0.388	0.565	0.459	0.636	0.530	0.742	0.600	0.883	1.059	1.201
构造物 III	0.200	0.266	0.366	0.565	0.466	0.699	0.565	0.832	0.665	0.998	0.765	1.164	0.898	1.331	1.031	1.497	1.164	1.730	1.996	2.295
技术复杂大桥	0.109	0.181	0.254	0.363	0.290	0.435	0.363	0.508	0.435	0.580	0.508	0.689	0.580	0.798	0.653	0.907	0.725	1.052	1.233	1.414
钢材及钢结构	—	—	—	—	—	—	—	—	—	—	—	—	—	—	—	—	—	—	—	—

注:室内和隧道内工程及设备安装工程不计雨季施工增加费。

（3）夜间施工增加费

夜间施工增加费是指根据设计、施工技术规范和合理的施工组织要求,必须在夜间施工或必须昼夜连续施工而发生的夜班补助费、夜间施工降效、施工照明设备摊销及照明用电等费用。夜间施工增加费以夜间施工工程项目的定额人工费与定额施工机械使用费之和为基数,按表 17.5 的费率计算。

表 17.5　雨季施工增加费费率表

单位:%

工程类别	费率/%	工程类别	费率/%
构造物 Ⅱ	0.903	构造物 Ⅲ	1.702
技术复杂大桥	0.928	钢材及钢结构	0.874

注:设备安装工程及金属标志牌、防撞钢护栏、防眩板(网)、隔离栅、防护网等不计夜间施工增加费。

（4）特殊地区施工增加费

特殊地区施工增加费包括高原地区施工增加费、风沙地区施工增加费和沿海地区施工增加费。

①高原地区施工增加费是指在海拔高度 2 000 m 以上的地区施工,受气候、气压的影响,致使人工、机械效率降低而增加的费用。

a. 一条路线通过两个以上(含两个)不同的海拔高度分区时,应分别计算高原地区施工增加费或按工程量比例求得平均的增加率,计算全线高原地区施工增加费。

b. 高原地区施工增加费以各类工程的定额人工费与定额施工机械使用费之和为基数,按表 17.6 的费率计算。

表 17.6　高原地区施工增加费费率表

单位:%

工程类别	海拔高度/m						
	2 001~2 500	2 501~3 000	3 001~3 500	3 501~4 000	4 001~4 500	4 501~5 000	5 000 以上
土方	13.295	19.709	27.455	38.875	53.102	70.162	91.853
石方	13.711	20.358	29.025	41.435	56.875	75.358	100.223
运输	13.288	19.666	26.575	37.205	50.493	66.438	85.040
路面	14.572	21.618	30.689	45.032	59.615	79.500	102.640
隧道	13.364	19.850	28.490	40.767	56.037	74.302	99.259
构造物 Ⅰ	12.799	19.051	27.989	40.356	55.723	74.098	95.521
构造物 Ⅱ	13.622	20.244	29.082	41.617	57.214	75.874	101.408
构造物 Ⅲ	12.786	18.985	27.054	38.616	53.004	70.217	93.371
技术复杂大桥	13.912	20.645	29.257	41.670	57.134	75.640	100.205
钢材及钢结构	13.204	19.622	28.269	40.492	55.699	73.891	98.930

②风沙地区施工增加费是指在沙漠地区施工时,由于受风沙影响,按照施工及验收规范的要求,为保证工程质量和安全生产而增加的有关费用。内容包括防风、防沙及气候影响的措施费,人工、机械效率降低增加的费用,以及积沙、风蚀的清理修复等费用。

a. 全国风沙地区公路施工区划见本办法附录 F。当地气象资料及自然特征与附录 F 中的风沙地区划分有较大出入时,由项目所在地省级交通运输主管部门按当地气象资料和自然特征及上述划分标准确定工程所在地的风沙区划。

b. 一条路线穿过两个以上不同风沙区时,按路线长度经过不同的风沙区加权计算项目全线风沙地区施工增加费。

c. 风沙地区施工增加费以各类工程的定额人工费和定额施工机械使用费之和为基数,根据工程所在地的风沙区划及类别,按表 17.7 的费率计算。

表 17.7　风沙地区施工增加费费率表（单位:%）

工程类别	风沙一区			风沙二区			风沙三区		
	沙漠类型								
	固定	半固定	流动	固定	半固定	流动	固定	半固定	流动
土方	4.558	8.056	13.674	5.618	12.614	23.426	8,056	17.331	27.507
石方	0.745	1.490	2.981	1.014	2.236	3.959	1.490	3.726	5.216
运输	4.304	8.608	13.988	5.38	12.912	19.368	8.608	18.292	27.976
路面	1.364	2.727	4.932	2.205	4.932	7.567	3.365	7.137	11.025
隧道	0.261	0.522	1.043	0.355	0.783	1.386	0.522	1.304	1.826
构造物 Ⅰ	3.968	6.944	11.904	4.96	10.912	16.864	6.944	15.872	23.808
构造物 Ⅱ	3.254	5.694	9.761	4.067	8.948	13.828	5.694	13.015	19.523
构造物 Ⅲ	2.976	5.208	8.928	3.720	8.184	12.648	5.208	11.904	17.226
技术复杂大桥	2.778	4.861	8.333	3.472	7.638	11.805	8.861	11.110	16.077
钢材及钢结构	1.035	2.07	4.14	1.409	3.105	5.498	2.07	5.175	7.245

③沿海地区施工增加费是指工程项目在沿海地区施工受海风、海浪和潮汐的影响,致使人工、机械效率降低等所需增加的费用。本项费用,由沿海各省级交通运输主管部门制订具体的适用范围（地区）。沿海地区施工增加费以各类工程的定额人工费和定额施工机械使用费之和为基数,按表 17.8 的费率计算。

表 17.8　沿海地区施工增加费费率表

工程类别	费率/%	工程类别	费率/%
构造物 Ⅱ	0.207	构造物 Ⅲ	0.195
技术复杂大桥	0.212	钢材及钢结构	0.200

注:1. 表中的构造物 Ⅲ 是指桥梁工程所用的商品水泥混凝土浇筑及混凝土构件、钢构件的安装。

2. 表中的钢材及钢结构是指桥梁工程所用的钢材及钢结构。

（5）行车干扰施工增加费

行车干扰施工增加费是指由于边施工边维持通车,受行车干扰的影响,致使人工、机械效率降低而增加的费用。该费用以受行车影响部分的工程项目的定额人工费和定额施工机械使用费之和为基数,按表17.9的费率计算。

表 17.9　行车干扰施工增加费费率表（单位:%）

工程类别	施工期间平均每昼夜双向行车次数（机动车、非机动车合计）							
	51~100	101~500	501~1 000	1 001~2 000	2 001~3 000	3 001~4 000	4 001~5 000	5 000 以上
土方	1.499	2.343	3.194	4.118	4.775	5.314	5.885	6.468
石方	1.279	1.881	2.618	3.479	4.035	4.492	4.973	5.462
运输	1.451	2.230	3.041	4.001	4.641	5.164	5.719	6.285
路面	1.390	2.098	2.802	3.487	4.046	4.496	4.987	5.475
隧道	—	—	—	—	—	—	—	—
构造物Ⅰ	0.924	1.386	1.858	2.320	2.693	2.988	3.313	3.647
构造物Ⅱ	1.007	1.516	2.014	2.512	2.915	3.244	3.593	3.943
构造物Ⅲ	0.948	1.417	1.896	2.365	2.745	3.044	3.373	3.713
技术复杂大桥	—	—	—	—	—	—	—	—
钢材及钢结构	—	—	—	—	—	—	—	—

注:新建工程、中断交通进行封闭施工或为保证交通正常通行而修建保通便道改的扩建工程,不计行车干扰施工增加费。

（6）施工辅助费

施工辅助费包括生产工具用具使用费、检验试验费和工程定位复测、工程点交、场地清理等费用。施工辅助费以各类工程的定额直接费为基数,按表17.10的费率计算。

表 17.10　施工辅助费费率表

工程类别	费率/%	工程类别	费率/%
土方	0.521	构造物Ⅰ	1.201
石方	0.470	构造物Ⅱ	1.537
运输	0.154	构造物Ⅲ	2.729
路面	0.818	技术复杂大桥	1.677
隧道	1.195	钢材及钢结构	0.564

①生产工具用具使用费是指施工所需不属于固定资产的生产工具、检验、试验用具及仪器、仪表等的购置、摊销和维修费,以及支付给生产工人自备工具的补贴费。

②检验试验费是指施工企业对建筑材料、构件和建筑安装工程进行一般鉴定、检查所发生的费用,包括自设试验室进行试验所耗用的材料和化学药品的费用,以及技术革新和研究试验费,不包括新结构、新材料的试验费和建设单位要求对具有出厂合格证明的材料进行检验、对构件破坏性试验及其他特殊要求检验的费用。

③高填方和软基沉降监测、高边坡稳定监测、桥梁施工监测、隧道施工监控量测、超前地质预报等施工监控费含在施工辅助费中,不得另行计算。

(7)工地转移费

工地转移费是指施工企业迁至新工地的搬迁费用。

①工地转移费包括:

a. 施工单位职工及随职工迁移的家属向新工地转移的车费、家具行李运费、途中住宿费、行程补助费、杂费等。

b. 公物、工具、施工设备器材、施工机械运杂费,以及外租机械的往返费及施工机械、设备、公物、工具的转移费等。

c. 非固定工人进退场的费用。

②工地转移费以各类工程的定额人工费和定额施工机械使用费之和为基数,按表 17.11 的费率计算。

表 17.11　工地转移费费率表

工程类别	工地转移距离/km					
	50	100	300	500	1 000	每增加 100
土方	0.224	0.301	0.470	0.614	0.815	0.036
石方	0.176	0.212	0.363	0.476	0.628	0.030
运输	0.157	0.203	0.315	0.416	0.543	0.025
路面	0.321	0.435	0.682	0.891	1.191	0.062
隧道	0.257	0.351	0.549	0.717	0.959	0.049
构造物 Ⅰ	0.262	0.351	0.552	0.720	0.963	0.051
构造物 Ⅱ	0.333	0.449	0.706	0.923	1.236	0.066
构造物 Ⅲ	0.622	0.841	1.316	1.720	2.304	0.119
技术复杂大桥	0.389	0.523	0.818	1.067	1.430	0.073
钢材及钢结构	0.351	0.473	0.737	0.961	1.288	0.063

③高速公路、一级公路及独立大桥、独立隧道项目转移距离按省会城市至工地的里程计算;二级及二级以下公路项目转移距离按地级城市所在地至工地的里程计算。

④工地转移里程数在表列里程之间时,费率可内插计算。工地转移距离在 50 km 以内的工程按 50 km 计算。

(8)辅助生产间接费

辅助生产间接费是指由施工单位自行开采加工的砂、石等自采材料及施工单位自办的人工、机械装卸和运输的间接费。

①辅助生产间接费按定额人工费的3%计。该项费用并入材料预算单价内构成材料费,不直接出现在概(预)算中。

②高原地区施工单位的辅助生产,可按高原地区施工增加费费率,以定额人工费与施工机械费之和为基数计算高原地区施工增加费(其中,人工采集、加工材料、人工装卸、运输材料按土方费率计算;机械采集、加工材料按石方费率计算;机械装、运输材料按运输费率计算)。辅助生产高原地区施工增加费不作为辅助生产间接费的计算基数。

6)企业管理费

企业管理费由基本费用、主副食运费补贴、职工探亲路费、职工取暖补贴和财务费用五项组成。

①基本费用是指建筑安装企业组织施工生产和经营管理所需的费用。

基本费用包括:

a. 管理人员工资:管理人员的基本工资、绩效工资、津贴补贴及特殊情况下支付的工资以及缴纳的养老、医疗、失业、工伤保险费和住房公积金等。

b. 办公费:企业管理办公用的文具、纸张、账表、印刷、通信、网络、书报、办公软件、会议、水电、烧水和集体取暖降温(包括现场临时宿舍取暖降温)用煤(电、气)等费用。

c. 差旅交通费:职工因公出差、调动工作的差旅费、住勤补助费,市内交通费和误餐补助费,劳动力招募费,职工退休、退职一次性路费,工伤人员就医路费以及管理部门使用的交通工具的油料、燃料等费用。

d. 固定资产使用费:管理部门及附属生产单位使用的属于固定资产的房屋、设备等的折旧、大修、维修或租赁费。

e. 工具用具使用费:企业管理使用的不属于固定资产的工具、器具、家具、交通工具和检验、试验、测绘、消防用具等的购置、维修和摊销费。

f. 劳动保险费:企业支付的离退休职工的易地安家补助费、职工退职金、6个月以上的病假人员工资、职工死亡丧葬补助费、抚恤费、按规定支付给离休干部的各项经费。

g. 职工福利费:按国家规定标准计提的职工福利费。

h. 劳动保护费:企业按国家有关部门规定标准发放的劳动保护用品的购置费及修理费、防暑降温费、在有碍身体健康环境中施工的保健费用等。

i. 工会经费:指企业根据《中华人民共和国工会法》的规定按全部职工工资总额比例计提的工会经费。

j. 职工教育经费:按职工工资总额的规定比例计提,企业为职工进行专业技术和职业技能培训,专业技术人员继续教育、职工职业技能鉴定、职业资格认定以及根据需要对职工进行各类文化教育所发生的费用,不含职工安全教育、培训费用。

k. 保险费:企业财产保险、管理用及生产用车辆等保险费用及人身意外伤害险的费用。

l. 工程排污费:施工现场按规定缴纳的排污费用。

m. 税金:指企业按规定缴纳的城市维护建设税、教育费附加、地方教育附加、房产税、车船使用税、土地使用税、印花税等。

n.其他:上述项目以外的其他必要的费用支出,包括技术转让费、技术开发费、竣(交)工文件编制费、招投标费、业务招待费、绿化费、广告费、公证费、定额测定费、法律顾问费、审计费、咨询费以及施工标准化、规范化、精细化管理等费用。

②基本费用以各类工程的定额直接费为基数,按表17.12的费率计算。

表17.12　基本费用费率表

工程类别	费率/%	工程类别	费率/%
土方	2.747	构造物Ⅰ	3.587
石方	2.792	构造物Ⅱ	4.726
运输	1.374	构造物Ⅲ	5.976
路面	2.427	技术复杂大桥	4.143
隧道	3.569	钢材及钢结构	2.242

③主副食运费补贴是指施工企业在远离城镇及乡村的野外施工购买生活必需品所需增加的费用。该费用以各类工程的定额直接费为基数,按表17.13的费率计算。

表17.13　主副食运费补贴费率表(单位:%)

工程类别	综合里程/km										
	3	5	8	10	15	20	25	30	40	50	每增加10
土方	0.122	0.131	0.164	0.191	0.235	0.284	0.322	0.377	0.444	0.519	0.070
石方	0.108	0.117	0.149	0.175	0.218	0.261	0.293	0.346	0.405	0.473	0.063
运输	0.118	0.130	0.166	0.192	0.233	0.285	0.322	0.379	0.447	0.519	0.073
路面	0.066	0.088	0.119	0.130	0.165	0.194	0.224	0.259	0.308	0.356	0.051
隧道	0.096	0.104	0.130	0.152	0.185	0.229	0.260	0.304	0.359	0.418	0.054
构造物Ⅰ	0.114	0.120	0.145	0.167	0.207	0.254	0.285	0.338	0.394	0.463	0.062
构造物Ⅱ	0.126	0.140	0.168	0.196	0.242	0.292	0.338	0.394	0.467	0.54	0.073
构造物Ⅲ	0.225	0.248	0.303	0.352	0.435	0.528	0.599	0.705	0.831	0.969	0.132
技术复杂大桥	0.101	0.115	0.143	0.165	0.205	0.245	0.280	0.325	0.389	0.452	0.063
钢材及钢结构	0.104	0.113	0.146	0.168	0.207	0.247	0.281	0.331	0.387	0.449	0.062

注:综合里程=粮食运距×0.06+燃料运距×0.09+蔬菜运距×0.15+水运距×0.70,粮食、燃料、蔬菜、水的运距均为全线平均运距;如综合里程数在表列里程之间时,费率可内插,综合里程在3km以内的工程,按3km计取本项费用。

④职工探亲路费是指按照有关规定发放给施工企业职工在探亲期间发生的往返交通费和途中住宿费等费用。该费用以各类工程的定额直接费为基数,按表17.14的费率计算。

表 17.14　职工探亲费率表

工程类别	费率/%	工程类别	费率/%
土方	0.192	构造物Ⅰ	0.274
石方	0.204	构造物Ⅱ	0.348
运输	0.132	构造物Ⅲ	0.551
路面	0.159	技术复杂大桥	0.208
隧道	0.266	钢材及钢结构	0.164

⑤职工取暖补贴是指按规定发放给施工企业职工的冬季取暖费和为职工在施工现场设置的临时取暖设施费用。该费用以各类工程的定额直接费为基数,按工程所在地的气温区(见本办法附录 D)选用表 17.15 的费率计算。

表 17.15　职工取暖补贴费率表(单位:%)

工程类别	气温区						
	准二区	冬一区	冬二区	冬三区	冬四区	冬五区	冬六区
土方	0.060	0.130	0.221	0.331	0.436	0.554	0.663
石方	0.054	0.118	0.183	0.279	0.373	0.472	0.569
运输	0.065	0.130	0.228	0.336	0.444	0.552	0.671
路面	0.049	0.086	0.155	0.229	0.302	0.376	0.456
隧道	0.045	0.091	0.158	0.249	0.318	0.409	0.488
构造物Ⅰ	0.065	0.130	0.206	0.304	0.390	0.499	0.607
构造物Ⅱ	0.070	0.153	0.234	0.352	0.481	0.598	0.727
构造物Ⅲ	0.126	0.264	0.425	0.643	0.849	1.067	1.297
技术复杂大桥	0.059	0.120	0.203	0.310	0.406	0.501	0.609
钢材及钢结构	0.047	0.082	0.141	0.222	0.293	0.363	0.433

⑥财务费用是指施工企业为筹集资金提供投标担保、预付款担保、履约担保、职工工资支付担保等所发生的各种费用,包括企业经营期间发生的短期贷款利息净支出、汇兑净损失、调剂外汇手续费、金融机构手续费,以及企业筹集资金发生的其他财务费用。财务费用以各类工程的定额直接费为基数,按表 17.16 的费率计算。

表 17.16　职工财务费用费率表

工程类别	费率/%	工程类别	费率/%
土方	0.271	构造物Ⅰ	0.466

续表

工程类别	费率/%	工程类别	费率/%
石方	0.259	构造物Ⅱ	0.545
运输	0.264	构造物Ⅲ	1.094
路面	0.404	技术复杂大桥	0.637
隧道	0.513	钢材及钢结构	0.653

7)规费

规费是指按法律、法规、规章、规程规定施工企业必须缴纳的费用。

①规费包含：

a.养老保险费：施工企业按规定标准为职工缴纳的基本养老保险费。

b.失业保险费：施工企业按规定标准为职工缴纳的失业保险费。

c.医疗保险费：施工企业按规定标准为职工缴纳的医疗保险费(含生育保险费)。

d.工伤保险费：施工企业按规定标准为职工缴纳的工伤保险费。

e.住房公积金：施工企业按规定标准为职工缴纳的住房公积金。

②各项规费以各类工程的人工费之和为基数,按国家或工程所在地法律、法规、规章、规程规定的标准计算。

8)利润

利润是指施工企业完成所承包工程获得的盈利,按定额直接费及措施费、企业管理费之和的7.42%计算。

9)税金

税金是指国家税法规定应计入建筑安装工程造价的增值税销项税额。

$$税金 = (直接费+设备购置费+措施费+企业管理费+规费+利润) \times 10\%$$

10)专项费用

专项费用包括施工场地建设费和安全生产费。

(1)施工场地建设费

①按照工地建设标准化要求进行承包人驻地、工地试验室建设,钢筋集中加工、混合料集中拌制、构件集中预制等所需的办公、生活居住房屋(包括职工家属房屋及探亲房屋),公用房屋(如广播室、文体活动室、医疗室等)和生产用房屋(如仓库、加工厂、加工棚、发电站、变电站、空压机站、停机棚、值班室等)等费用。

②场区平整(山岭重丘区的土石方工程除外)、场地硬化、排水、绿化、标志、污水处理设施、围墙隔离设施等的费用,不包括钢筋加工的机械设备、混合料拌和设备及安拆、预制构件台座、预应力张拉设备、起重及养护设备,以及概算、预算定额中临时工程的费用。

③以上范围内的各种临时工作便道(包括汽车、人力车道)、人行便道,工地临时用水、用电的水管支线和电线支线,临时构筑物(如水井、水塔等)、其他小型临时设施等的搭设或租赁、维

修、拆除、清理的费用;但不包括红线范围内贯通便道、进出场的临时道路、保通便道。

④工地试验室所发生的属于固定资产的试验设备和仪器等折旧、维修或租赁费用。

⑤施工扬尘污染防治措施费是指裸露的施工场地覆盖防尘网、施工便道和施工场地洒水或喷洒抑尘剂,运输车辆的苫盖和冲洗、环境敏感区设置围挡,防尘标识设置,环境监控与检测等所需的费用。

⑥文明施工、职工健康生活的费用。

施工场地建设费以施工场地计费基数,按表 17.17 的费率,以累进法计算。施工场地计费基数为定额建筑安装工程费扣除专项费。

表 17.17　施工场地建设费费率表

施工场地计费基数/万元	费率/%	算例/万元	
		施工场地计费基数	施工场地建设费
500 及以下	5.338	500	500×5.338%=26.69
500～1 000	4.228	1 000	26.69+(1 000-500)×4.228%=47.83
1 000～5 000	2.665	5 000	47.83+(5 000-1 000)×2.665%=154.43
5 000～10 000	2.222	10 000	154.43+(10 000-5 000)×2.222%=265.53
10 000～30 000	1.785	30 000	265.53+(30 000-10 000)×1.785%=622.53
30 000～50 000	1.694	50 000	622.53+(50 000-30 000)×1.694%=961.33
50 000～100 000	1.579	100 000	961.33+(100 000-50 000)×1.579%=1 750.83
100 000～150 000	1.498	150 000	1 750.83+(150 000-100 000)×1.498%=2 499.83
150 000～200 000	1.415	200 000	2 499.83+(200 000-150 000)×1.415%=3 207.33
200 000～300 000	1.348	300 000	3 207.33+(300 000-200 000)×1.348%=4 555.33
300 000～400 000	1.289	400 000	4 555.33+(400 000-300 000)×1.289%=5 844.33
400 000～600 000	1.235	600 000	5 844.33+(600 000-400 000)×1.235%=8 314.33
600 000～800 000	1.188	800 000	8 314.33+(800 000-600 000)×1.188%=10 690.33
800 000～1 000 000	1.149	1 000 000	10 690.33+(1 000 000-800 000)×1.149%=12 988.33
1 000 000 以上	1.118	1 200 000	12 988.33+(1 200 000-1 000 000)×1.118%=15 224.33

(2)安全生产费

安全生产费包括完善、改造和维护安全设施设备费用,配备、维护、保养应急救援器材、设备费用,开展重大危险源和事故隐患评估和整改费用,安全生产检查、评价、咨询费用,配备和更新现场作业人员安全防护用品支出,安全生产宣传、教育、培训费用,安全设施及特种设备检测检验费用,施工安全风险评估、应急演练等有关工作及其他与安全生产直接相关的费用。

安全生产费按建筑安装工程费(不含安全生产费本身)乘以安全生产费费率计算,费率按不少于 1.5% 计取。

17.3.2 附录 D 全国冬季施工气温区划分表

省份	地区、市、自治州、盟(县)	气温区	
北京	全境	冬二	Ⅰ
天津	全境	冬二	Ⅰ
河北	石家庄、邢台、邯郸、衡水市(冀州区、枣强县、故城县)	冬一	Ⅱ
	廊坊、保定(涞源县及以北除外)、衡水(冀州区、枣强县、故城县除外)、沧州市	冬二	Ⅰ
	唐山、秦皇岛市		Ⅱ
	承德(围场县除外)、张家口(沽源县、张北县、尚义县、康保县除外)、保定市(涞源县及以北)	冬三	
	承德(围场县)、张家口市(沽源县、张北县、尚义县、康保县)	冬四	
山西	运城市(万荣县、夏县、绛县、新绛县、稷山县、闻喜县除外)	冬一	Ⅱ
	运城(万荣县、夏县、绛县、新绛县、稷山县、闻喜县)、临汾(尧都区、侯马市、曲沃县、翼城县、襄汾县、洪洞县)、阳泉(盂县除外)、长治(黎城县)、晋城市(城区、泽州县、沁水县、阳城县)	冬二	Ⅰ
	太原(娄烦县除外)、阳泉(盂县)、长治(黎城县除外)、晋城(城区、泽州县、沁水县、阳城县除外)、晋中(寿阳县、和顺县、左权县除外)、临汾(尧都区、侯马市、曲沃县、翼城县、襄汾县、洪洞县除外)、吕梁市(孝义市、汾阳市、文水县、交城县、柳林县、石楼县、交口县、中阳县)		Ⅱ
	太原(娄烦县)、大同(左云县除外)、朔州(右玉县除外)、晋中(寿阳县、和顺县、左权县)、忻州、吕梁市(离石区、临县、岚县、方山县、兴县)	冬三	
	大同(左云县)、朔州市(右玉县)	冬四	
内蒙古	乌海市、阿拉善盟(阿拉善左旗、阿拉善右旗)	冬二	Ⅰ
	呼和浩特(武川县除外)、包头(固阳县除外)、赤峰、鄂尔多斯、巴彦淖尔、乌兰察布市(察哈尔右翼中旗除外),阿拉善盟(额济纳旗)	冬三	
	呼和浩特(武川县)、包头(固阳县)、通辽、乌兰察布市(察哈尔右翼中旗)、锡林郭勒(苏尼特右旗、多伦县)、兴安盟(阿尔山市除外)	冬四	
	呼伦贝尔市(海拉尔区、新巴尔虎右旗、阿荣旗)、兴安(阿尔山市)、锡林郭勒盟(冬四区以外各地)	冬五	
	呼伦贝尔市(冬五区以外各地)	冬六	
辽宁	大连(瓦房店市、普兰店市、庄河市除外)、葫芦岛市(绥中县)	冬二	Ⅰ
	沈阳(康平县、法库县除外)、大连(瓦房店市、普兰店市、庄河市)、鞍山、本溪(桓仁县除外)、丹东、锦州、阜新、营口、辽阳、朝阳(建平县除外)、葫芦岛(绥中县除外)、盘锦市	冬三	
	沈阳(康平县、法库县)、抚顺、本溪(桓仁县)、朝阳(建平县)、铁岭市	冬四	

续表

省份	地区、市、自治州、盟(县)	气温区	
吉林	长春(榆树市除外)、四平、通化(辉南县除外)、辽源、白山(靖宇县、抚松县、长白县除外)、松原(长岭县)、白城市(通榆县除外),延边自治州(敦化市、汪清县、安图县除外)	冬四	
	长春(榆树市)、吉林、通化(辉南县)、白山(靖宇县、抚松县、长白县)、白城(通榆县除外)、松原市(长岭县除外),延边自治州(敦化市、汪清县、安图县)	冬五	
黑龙江	牡丹江市(绥芬河市、东宁市)	冬四	
	哈尔滨(依兰县除外)、齐齐哈尔(讷河市、依安县、富裕县、克山县、克东县、拜泉县除外)、绥化(安达市、肇东市、兰西县)、牡丹江(绥芬河市、东宁市除外)、双鸭山(宝清县)、佳木斯(桦南县)、鸡西、七台河、大庆市	冬五	
	哈尔滨(依兰县)、佳木斯(桦南县除外)、双鸭山(宝清县除外)、绥化(安达市、肇东市、兰西县除外)、齐齐哈尔(讷河市、依安县、富裕县、克山县、克东县、拜泉县)、黑河、鹤岗、伊春市,大兴安岭地区	冬六	
上海	全境	准二	
江苏	徐州、连云港市	冬一	I
	南京、无锡、常州、淮安、盐城、宿迁、扬州、泰州、南通、镇江、苏州市	准二	
浙江	杭州、嘉兴、绍兴、宁波、湖州、衢州、舟山、金华、温州、台州、丽水市	准二	
安徽	亳州市	冬一	I
	阜阳、蚌埠、淮南、滁州、合肥、六安、马鞍山、芜湖、铜陵、池州、宣城、黄山市	准一	
	淮北、宿州市	准二	
福建	宁德(寿宁县、周宁县、屏南县)、三明市	准一	
江西	南昌、萍乡、景德镇、九江、新余、上饶、抚州、宜春市	准一	
山东	全境	冬一	I
河南	安阳、商丘、周口(西华县、淮阳县、鹿邑县、扶沟县、太康县)、新乡、三门峡、洛阳、郑州、开封、鹤壁、焦作、济源、濮阳、许昌市	冬一	I
	驻马店、信阳、南阳、周口(西华县、淮阳县、鹿邑县、扶沟县、太康县除外)、平顶山、漯河市	准二	
湖北	武汉、黄石、荆州、荆门、鄂州、宜昌、咸宁、黄冈、天门、潜江、仙桃市,恩施自治州	准一	
	孝感、十堰、襄阳、随州市,神农架林区	准二	
湖南	全境	准一	
重庆	城口县	准一	

续表

省份	地区、市、自治州、盟(县)	气温区	
四川	阿坝(黑水县)、甘孜自治州(新龙县、道浮县、泸定县)	冬一	Ⅱ
	甘孜自治州(甘孜县、康定市、白玉县、炉霍县)	冬二	Ⅰ
	阿坝(壤塘县、红原县、松潘县)、甘孜自治州(德格县)		Ⅱ
	阿坝(阿坝县、若尔盖县、九寨沟县)、甘孜自治州(石渠县、色达县)	冬三	
	广元市(青川县)、阿坝(汶川县、小金县、茂县、理县)、甘孜自治州(巴塘县、雅江县、得荣县、九龙县、理塘县、乡城县、稻城县)、凉山自治州(盐源县、木里县)	准一	
	阿坝(马尔康市、金川县)、甘孜自治州(丹巴县)	准二	
贵州	贵阳、遵义(赤水市除外)、安顺市,黔东南、黔南、黔西南自治州	准一	
	六盘水、毕节市	准二	
云南	迪庆自治州(德钦县、香格里拉市)	冬一	Ⅱ
	曲靖(宣威市、会泽县)、丽江(玉龙县、宁蒗县)、昭通市(昭阳区、大关县、威信县、彝良县、镇雄县、鲁甸县),迪庆(维西县)、怒江(兰坪县)、大理自治州(剑川县)	准一	
西藏	拉萨(当雄县除外)、日喀则(拉孜县)、山南(浪卡子县、错那县、隆子县除外)、昌都(芒康县、左贡县、类乌齐县、丁青县、洛隆县除外)、林芝市	冬一	Ⅰ
	山南(隆子县)、日喀则市(定日县、聂拉木县、亚东县、拉孜县除外)		Ⅱ
	昌都市(洛隆县)		Ⅰ
	昌都(芒康县、左贡县、类乌齐县、丁青县)、山南(浪卡子县)、日喀则市(定日县、聂拉木县),阿里地区(普兰县)	冬二	Ⅱ
	拉萨(当雄县)、山南(错那县)、日喀则市(亚东县)、那曲(安多县除外)、阿里地区(普兰县除外)	冬三	
	那曲地区(安多县)	冬四	
陕西	西安、宝鸡、渭南、咸阳、杨凌区(彬县、旬邑县、长武县除外)、汉中(留坝县、佛坪县)、铜川市(耀州区)	冬一	Ⅰ
	铜川(印台区、王益区)、咸阳市(彬县、旬邑县、长武县)	冬一	Ⅱ
	延安(吴起县除外)、榆林(清涧县)、铜川市(宜君县)	冬二	Ⅱ
	延安(吴起县)、榆林市(清涧县除外)	冬三	
	商洛、安康、汉中市(留坝县、佛坪县除外)	准二	

续表

省份	地区、市、自治州、盟（县）	气温区	
甘肃	陇南市（两当县、徽县）	冬一	Ⅱ
	兰州、天水、白银（会宁县、靖远县）、定西、平凉、庆阳、陇南市（西和县、礼县、宕昌县），临夏、甘南自治州（舟曲县）	冬二	Ⅱ
	嘉峪关、金昌、白银（白银区、平川区、景泰县）、酒泉、张掖、武威市，甘南自治州（舟曲县除外）	冬三	
	陇南市（武都区、文县）	准一	
	陇南市（成县、康县）	准二	
青海	海东市（民和县）	冬二	Ⅱ
	西宁、海东（民和县除外）、黄南（泽库县除外）、海南、果洛（班玛县、达日县、久治县）、玉树（囊谦县、杂多县、称多县、玉树市）、海西自治州（德令哈市、格尔木市、都兰县、乌兰县）	冬三	
	海北（野牛沟、托勒除外）、黄南（泽库县）、果洛（玛沁县、甘德县、玛多县）、玉树（曲麻莱县、治多县）、海西自治州（冷湖、茫崖、大柴旦、天峻县）	冬四	
	海北（野牛沟、托勒）、玉树（清水河）、海西自治州（唐古拉山区）	冬五	
宁夏	全境	冬二	Ⅱ
新疆	阿拉尔、哈密市（哈密市泌城镇），喀什（喀什市、伽师县、巴楚县、英吉沙县、麦盖提县、莎车县、叶城县、泽普县）、阿克苏（沙雅县、阿瓦提县）、和田地区，伊犁（伊宁市、新源县、霍城县霍尔果斯镇）、巴音郭楞（库尔勒市、若羌县、且末县、尉犁县铁干里克）、克孜勒苏自治州（阿图什市、阿克陶县）	冬二	Ⅰ
	喀什地区（岳普湖县）		Ⅱ
	乌鲁木齐市（牧业气象试验站、达坂城区、乌鲁木齐县小渠子乡）、吐鲁番、哈密市（十三间房、红柳河、伊吾县淖毛湖），塔城（乌苏市、沙湾县、额敏县除外）、阿克苏（沙雅县、阿瓦提县除外）、喀什地区（塔什库尔干县），克孜勒苏（乌恰县、阿合奇县）、巴音郭楞（和静县、焉耆县、和硕县、轮台县、尉犁县、且末县塔中）、伊犁自治州（伊宁市、霍城县、察布查尔县、尼勒克县、巩留县、昭苏县、特克斯县）	冬三	
	乌鲁木齐（冬三区以外各地）、哈密市（巴里坤县），塔城（额敏县、乌苏市）、阿勒泰（阿勒泰市、哈巴河县、吉木乃县）、昌吉（昌吉市、木垒县、奇台县北塔山镇、阜康市天池）、博尔塔拉（温泉县、精河县、阿拉山口口岸）、克孜勒苏自治州（乌恰县吐尔尕特口岸）	冬四	
	克拉玛依、石河子市，塔城（沙湾县）、阿勒泰地区（布尔津县、福海县、富蕴县、青河县）、博尔塔拉（博乐市）、昌吉（阜康市、玛纳斯县、呼图壁县、吉木萨尔县、奇台县）、巴音郭楞自治州（和静县巴音布鲁克乡）	冬五	

注：为避免繁冗，各民族自治州名称予以简化，如青海省的"海西蒙古族藏族自治州"简化为"海西自治州"。

17.3.3　附录 E　全国雨季施工雨量区及雨季期划分表

省份	地区、市、自治州、盟(县)	雨量区	雨季期(月数)
北京	全境	Ⅱ	2
天津	全境	Ⅰ	2
河北	张家口、承德市(围场县)	Ⅰ	1.5
	承德(围场县除外)、保定、沧州、石家庄、廊坊、邢台、衡水、邯郸、唐山、秦皇岛市	Ⅱ	2
山西	全境	Ⅰ	1.5
内蒙古	呼和浩特、通辽、呼伦贝尔(海拉尔区、满洲里市、陈巴尔虎旗、鄂温克旗)、鄂尔多斯(东胜区、准格尔旗、伊金霍洛旗、达拉特旗、乌审旗)、赤峰、包头、乌兰察布市(集宁区、化德县、商都县、兴和县、四子王旗、察哈尔右翼中旗、察哈尔右翼后旗、卓资县及以南),锡林郭勒盟(锡林浩特市、多伦县、太仆寺旗、西乌珠穆沁旗、正蓝旗、正镶白旗)	Ⅰ	1
	呼伦贝尔市(牙克石市、额尔古纳市、鄂伦春旗、扎兰屯市及以东),兴安盟		2
辽宁	大连(长海县、瓦房店市、普兰店市、庄河市除外)、朝阳市(建平县)	Ⅰ	2
	沈阳(康平县)、大连(长海县)、锦州(北镇市除外)、营口(盖州市)、朝阳市(凌源市、建平县除外)		2.5
	沈阳(康平县、辽中区除外)、大连(瓦房店市)、鞍山(海城市、台安县、岫岩县除外)、锦州(北镇市)、阜新、朝阳(凌源市)、盘锦、葫芦岛(建昌县)、铁岭市		3
	抚顺(新宾县)、辽阳市		3.5
	沈阳(辽中区)、鞍山(海城市、台安县)、营口(盖州市除外)、葫芦岛市(兴城市)	Ⅱ	2.5
	大连(普兰店市)、葫芦岛市(兴城市、建昌县除外)		3
	大连(庄河市)、鞍山(岫岩县)、抚顺(新宾县除外)、丹东(凤城市、宽甸县除外)、本溪市		3.5
	丹东市(凤城市、宽甸县)		4
吉林	辽源、四平(双辽市)、白城、松原市	Ⅰ	2
	吉林、长春、四平(双辽市除外)、白山市,延边自治州	Ⅱ	2
	通化市		3
黑龙江	哈尔滨(市区、呼兰区、五常市、阿城区、双城区)、佳木斯(抚远市)、双鸭山(市区、集贤县除外)、齐齐哈尔(拜泉县、克东县除外)、黑河(五大连池市、嫩江县)、绥化(北林区、海伦市、望奎县、绥棱县、庆安县除外)、牡丹江、大庆、鸡西、七台河市,大兴安岭地区(呼玛县除外)	Ⅰ	2
	哈尔滨(市区、呼兰区、五常市、阿城区、双城区除外)、佳木斯(抚远县除外)、双鸭山(市区、集贤县)、齐齐哈尔(拜泉县、克东县)、黑河(五大连池市、嫩江县除外)、绥化(北林区、海伦市、望奎县、绥棱县、庆安县)、鹤岗、伊春市,大兴安岭地区(呼玛县)	Ⅱ	2

省份	地区、市、自治州、盟(县)	雨量区	雨季期(月数)
上海	全境	II	4
江苏	徐州、连云港市	II	2
	盐城市		3
	南京、镇江、淮安、南通、宿迁、扬州、常州、泰州市		4
	无锡、苏州市		4.5
浙江	舟山市		4
	嘉兴、湖州市		4.5
	宁波、绍兴市		6
	杭州、金华、温州、衢州、台州、丽水市		7
安徽	亳州、淮北、宿州、蚌埠、淮南、六安、合肥市	II	1
	阜阳市		2
	滁州、马鞍山、芜湖、铜陵、宣城市		3
	池州市		4
	安庆、黄山市		5
福建	泉州市(惠安县崇武)	I	4
	福州(平潭县)、泉州(晋江市)、厦门(同安区除外)、漳州市(东山县)		5
	三明(永安市)、福州(市区、长乐市)、莆田市(仙游县除外)		6
	南平(顺昌县除外)、宁德(福鼎市、霞浦县)、三明(永安市、尤溪县、大田县除外)、福州(市区、长乐市、平潭县除外)、龙岩(长汀县、连城县)、泉州(晋江市、惠安县崇武、德化县除外)、莆田(仙游县)、厦门(同安区)、漳州市(东山县除外)	II	7
	南平(顺昌县)、宁德(福鼎市、霞浦县除外)、三明(尤溪县、大田县)、龙岩(长汀县、连城县除外)、泉州市(德化县)		8
江西	南昌、九江、吉安市	II	6
	萍乡、景德镇、新余、鹰潭、上饶、抚州、宜春、赣州市		7
山东	济南、潍坊、聊城市	I	3
	淄博、东营、烟台、济宁、威海、德州、滨州市		4
	枣庄、泰安、莱芜、临沂、菏泽市		5
	青岛市	II	3
	日照市		4

续表

省份	地区、市、自治州、盟(县)	雨量区	雨季期(月数)
河南	郑州、许昌、洛阳、济源、新乡、焦作、三门峡、开封、濮阳、鹤壁市	I	2
	周口、驻马店、漯河、平顶山、安阳、商丘市		3
	南阳市		4
	信阳市	II	2
湖北	十堰、襄阳、随州市，神农架林区	I	3
	宜昌(秭归县、远安县、兴山县)、荆门市(钟祥市、京山县)	II	2
	武汉、黄石、荆州、孝感、黄冈、咸宁、荆门(钟祥市、京山县除外)、天门、潜江、仙桃、鄂州、宜昌市(秭归县、远安县、兴山县除外)，恩施自治州		6
湖南	全境	II	6
广东	茂名、中山、汕头、潮州市	I	5
	广州、江门、肇庆、顺德、湛江、东莞市		6
	珠海市	II	5
	深圳、阳江、汕尾、佛山、河源、梅州、揭阳、惠州、云浮、韶关市		6
	清远市		7
广西	百色、河池、南宁、崇左市	II	5
	桂林、玉林、梧州、北海、贵港、钦州、防城港、贺州、柳州、来宾市		6
海南	全境	II	6
重庆	全境	II	4
四川	阿坝(松潘县、小金县)、甘孜自治州(丹巴县、石渠县)	I	1
	泸州市(古蔺县)、阿坝(阿坝县、若尔盖县)、甘孜自治州(道孚县、炉霍县、甘孜县、巴塘县、乡城县)		2
	德阳、乐山(峨边县)、雅安市(汉源县)、阿坝(壤塘县)、甘孜(泸定县、新龙县、德格县、白玉县、色达县、得荣县)、凉山自治州(美姑县)		3
	绵阳(江油市、安州区、北川县除外)、广元、遂宁、宜宾市(长宁县、珙县、兴文县除外)、阿坝(黑水县、红原县、九寨沟县)、甘孜(九龙县、雅江县、理塘县)、凉山自治州(木里县、宁南县)		4
	南充(仪陇县除外)、广安(岳池县、武胜县、邻水县)、达州市(大竹县)、阿坝(马尔康县)、甘孜(康定市)、凉山自治州(甘洛县)		5
	自贡(富顺县除外)、绵阳(北川县)、内江、资阳、雅安市(石棉县)、甘孜自治州(稻城县)、凉山自治州(盐源县、雷波县、金阳县)	II	3

省份	地区、市、自治州、盟(县)	雨量区	雨季期(月数)
四川	成都、自贡(富顺县)、攀枝花、泸州(古蔺县除外)、绵阳(江油市、安州区)、眉山(洪雅县除外)、乐山(峨边县、峨眉山市、沐川县除外)、宜宾(长宁县、珙县、兴文县)、广安市(岳池县、武胜县、邻水县除外),凉山自治州(西昌市、德昌县、会理县、会东县、喜德县、冕宁县)	II	4
	眉山(洪雅县)、乐山(峨眉山市、沐川县)、雅安(汉源县、石棉县除外)、南充(仪陇县)、巴中、达州市(大竹县、宣汉县除外)、凉山自治州(昭觉县、布拖县、越西县)		5
	达州市(宣汉县)、凉山自治州(普格县)		6
贵州	贵阳、遵义、毕节市	II	4
	安顺、铜仁、六盘水市,黔东南自治州		5
	黔西南自治州		6
	黔南自治州		7
云南	昆明(市区、嵩明县除外)、玉溪、曲靖(富源县、师宗县、罗平县除外)、丽江(宁蒗县、永胜县)、普洱市(墨江县)、昭通市,怒江(兰坪县、泸水市六库镇)、大理(大理市、漾濞县除外)、红河(个旧市、开远市、蒙自市、红河县、石屏县、建水县、弥勒市、泸西县)、迪庆、楚雄自治州	I	5
	保山(腾冲市、龙陵县除外)、临沧市(凤庆县、云县、永德县、镇康县),怒江(福贡县、泸水市)、红河哈尼族彝族自治州(元阳县)		6
	昆明(市区、嵩明县)、曲靖(富源县、师宗县、罗平县)、丽江(古城区、华坪县)、普洱市(思茅区、景东县、镇沅县、宁洱县、景谷县),大理(大理市、漾濞县)、文山自治州	II	5
	保山(腾冲市、龙陵县)、临沧(临翔区、双江县、耿马县、沧源县)、普洱市(西盟县、澜沧县、孟连县、江城县),怒江(贡山县)、德宏、红河(绿春县、金平县、屏边县、河口县)、西双版纳自治州		6
西藏	山南(加查县除外)、日喀则市(定日县)、那曲(索县除外)、阿里地区	I	1
	拉萨、昌都(类乌齐县、丁青县、芒康县除外)、日喀则(拉孜县)、林芝市(察隅县),那曲地区(索县)		2
	昌都(类乌齐县)、林芝市(米林县)		3
	昌都(丁青县)、林芝市(米林县、波密县、察隅县除外)		4
	林芝市(波密县)		5
	昌都(芒康县)、山南(加查县)、日喀则市(定日县、拉孜县除外)	II	2

续表

省份	地区、市、自治州、盟(县)	雨量区	雨季期(月数)
陕西	榆林、延安市		1.5
	铜川、西安、宝鸡、咸阳、渭南市,杨凌区	Ⅰ	2
	商洛、安康、汉中市		3
甘肃	天水(甘谷县、武山县)、陇南市(武都区、文县、礼县)、临夏(康乐县、广河县、永靖县)、甘南自治州(夏河县)		1
	天水(北道区、秦城区)、定西(渭源县)、庆阳(华池县、环县)、陇南市(西和县),临夏(临夏市)、甘南自治州(临潭县、卓尼县)		1.5
	天水(秦安县)、定西(临洮县、岷县)、平凉(崆峒区)、庆阳(庆城县)、陇南市(宕昌县),临夏(临夏县、东乡县、积石山县)、甘南自治州(合作市)	Ⅰ	2
	天水(张家川县)、平凉(静宁县、庄浪县)、庆阳(镇原县)、陇南市(两当县)、临夏(和政县)、甘南自治州(玛曲县)		2.5
	天水(清水县)、平凉(泾川县、灵台县、华亭县、崇信县)、庆阳(西峰区、合水县、正宁县、宁县)、陇南市(徽县、成县、康县),甘南自治州(碌曲县、迭部县)		3
青海	西宁(湟源县)、海东市(平安区、乐都区、民和县、化隆县),海北(海晏县、祁连县、刚察县、托勒)、海南(同德县、贵南县)、黄南(泽库县、同仁县)、海西自治州(天峻县)	Ⅰ	1
	西宁(湟源县除外)、海东市(互助县),海北(门源县)、果洛(达日县、久治县、班玛县)、玉树自治州(称多县、杂多县、襄谦县、玉树市),河南自治县		1.5
宁夏	固原地区(隆德县、泾源县)	Ⅰ	2
新疆	乌鲁木齐市(小渠子乡、牧业气象试验站、大西沟乡),昌吉(阜康市天池),克孜勒苏(吐尔尕特、托云、巴音库鲁提)、伊犁自治州(昭苏县、霍城县二台、松树头)	Ⅰ	1
香港			
澳门	(资料暂缺)		
台湾			

注:1. 表中未列的地区除西藏林芝墨脱县因无资料未划分外,其余地区均因降雨天数或平均日降雨量未达到计算雨季施工增加费的标准,故未划分雨量区及雨季期。

　2. 行政区划依据资料及自治州、市的名称列法同冬季施工气温区划分说明。

思考题

1. 公路工程建设项目概算、预算的费用有哪些?
2. 简述公路工程的建筑安装工程费和市政工程的建筑安装工程费的区别。
3. 简述公路工程措施费的组成及计算方法。
4. 简述公路工程专项费用的组成和计算方法。
5. 简述公路工程工程建设项目管理费的组成及计算方法。
6. 简述公路工程预备费的组成及各自的用途。

第18章　公路工程预算文件的编制

本章主要介绍采用企业常用计价软件——纵横软件,处理第三篇公路工程实例组价问题,并在书中展示部分纸质版成果,在本章末二维码中展示完整电子版成果。故本章节首先简单介绍纵横 Z+造价工作平台下载与安装、重庆公路造价(2018 定额)下载与安装、纵横 Z+造价工作平台注册和登录、纵横 Z+造价工作平台部分操作界面;然后描述工程概述,展示实例施工图预算编制部分成果。

18.1　纵横 Z+造价工作平台简介

本章节采用纵横 Z+造价工作平台进行公路工程组价,文中展示部分截图,具体操作流程详见二维码中视频讲解。

①纵横 Z+造价工作平台下载与安装(图 18.1)。

图 18.1　纵横 Z+造价工作平台下载与安装

②重庆公路造价(2018 定额)下载与安装(图 18.2)。

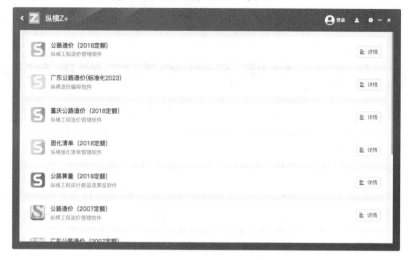

图 18.2　下载与安装

③纵横 Z+造价工作平台注册、登录(图 18.3)。

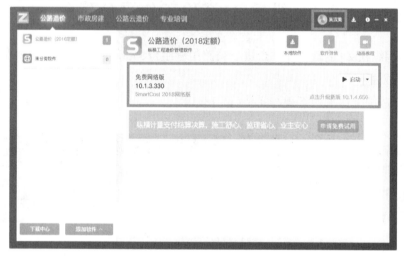

图 18.3　注册、登录

④纵横 Z+造价工作平台造价书界面(图 18.4)。

图 18.4　造价书界面

⑤纵横 Z+造价工作平台清单定额套取和调整界面（图 18.5）。

图 18.5　清单定额套取和调整界面

⑥纵横 Z+造价工作平台工料机界面（图 18.6）。

图 18.6　工料机界面

⑦纵横 Z+造价工作平台造价书费率（图 18.7）。

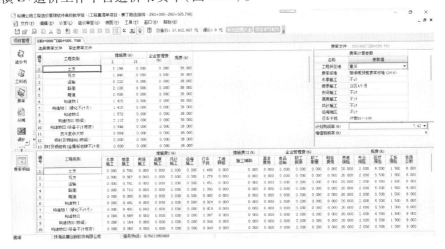

图 18.7　造价书费率

⑧纵横 Z+造价工作平台报表导出界面(图 18.8)。

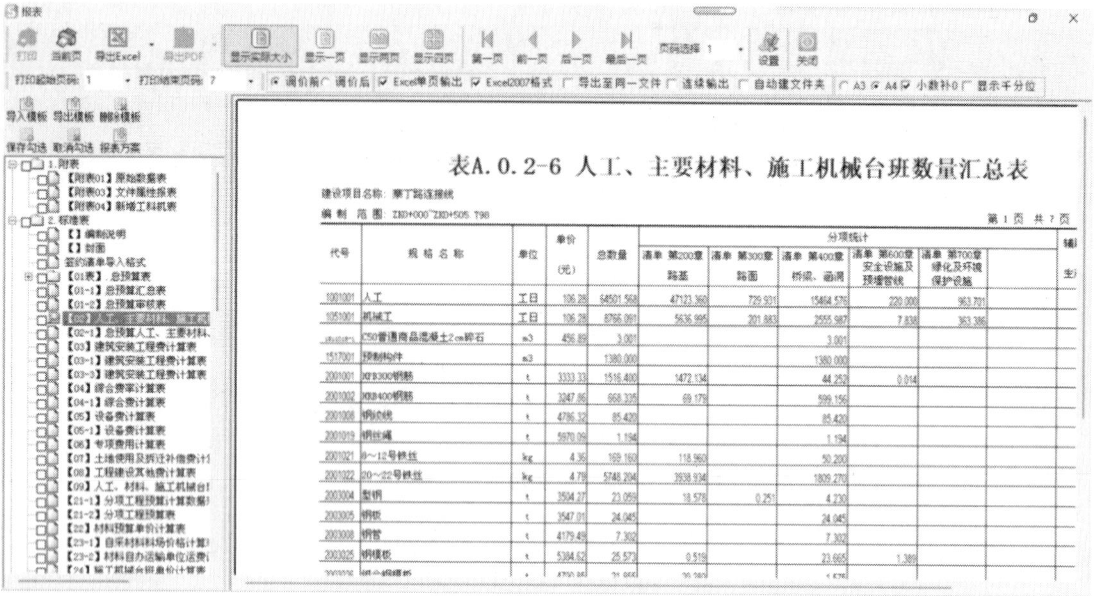

图 18.8　报表导出界面

18.2　公路工程预算文件的编制

18.2.1　工程概述

本书实例选自某公路工程,建设规模及主要建设内容:本项目共包含 2 条道路,东环线全长为 2 579.751 m,标准路幅宽为 8.5 m,双向 2 车道,行车道 4.0 m×2,硬路肩 0.25 m×2,其中 K1+388 至 K1+638 为桥梁段,长度 250 m,桥梁宽度 12 m。寨丁连接线全长为 505.798 m,标准路幅宽为 8.5 m,双向 2 车道,行车道 4.0 m×2,硬路肩 0.25 m×2,其中 K0+200 至 K0+483 为桥梁段,长度 283 m,桥梁宽度 9.4 m。主要建设内容包括路基工程、路面工程、排水工程、交通安全工程、照明工程、环境保护与景观工程、桥梁涵洞工程等配套工程。

本工程取费中,工程所在地为重庆,雨季施工增加费按照Ⅱ区 4 个月考虑,考虑一部分行车干扰,五险一金比例:养老保险费率为 20%,失业保险费率为 2%,医疗保险费率为 6.5%,住房公积金费率为 8%,工伤保险费率为 1.5%,其他取费因素过于复杂,暂不考虑调整。

本工程使用"纵横 Z+造价工作平台"完成概预算文件编制,并导出完整报表。

18.2.2　实例施工图预算编制完整成果

本书实例选自某公路工程,工程背景完整介绍、公路工程施工图、相关说明文件、工程提量、工程组价等均完整罗列于电子资料库,请扫描二维码参考学习。

公路工程施工图预算文件

参考文献

［1］中华人民共和国住房和城乡建设部,中华人民共和国国家质量监督检验检疫总局.建设工程工程量清单计价规范:GB 50500—2013[S].北京:中国计划出版社,2013.

［2］中华人民共和国住房和城乡建设部.市政工程工程量计算规范:GB 50857—2013[S].北京:中国计划出版社,2013.

［3］重庆市城乡建设委员会.重庆市市政工程计价定额:CQSZDE—2018[S].重庆:重庆大学出版社,2018.

［4］重庆市城乡建设委员会.重庆市建设工程费用定额:CQFYDE—2018[S].重庆:重庆大学出版社,2018.

［5］中华人民共和国交通运输部.公路工程建设项目概算预算编制办法:JTG 3830—2018[S].北京:人民交通出版社,2018.

［6］中华人民共和国交通运输部.公路工程预算定额:JTG/T 3832—2018[S].北京:人民交通出版社,2018.

［7］中华人民共和国交通运输部.公路工程机械台班费用定额:JTG/T 3833—2018[S].北京:人民交通出版社,2018.

［8］交通运输部职业资格中心.交通运输工程技术与计量:公路篇:2021 年版[M].北京:人民交通出版社,2022.

［9］交通运输部职业资格中心.交通运输工程造价案例分析:公路篇:2021 年版[M].北京:人民交通出版社,2022.

［10］何琦,马知瑶,马成龙.市政工程计量与计价[M].北京:机械工业出版社,2023.

［11］王婧,刘大鹏,魏静.市政工程计量与计价[M].重庆:重庆大学出版社,2022.

［12］钱磊.市政工程计量与计价[M].2 版.重庆:重庆大学出版社,2021.

［13］史永红,雷建平.市政工程计量与计价[M].2 版.北京:中国电力出版社,2020.

［14］俞素平,孙莉萍,姜海莹.公路工程计量与计价实务[M].北京:清华大学出版社,2022.

［15］钟晓红,董立.公路工程计量与计价[M].2 版.北京:机械工业出版社,2019.

［16］胡嘉.公路工程造价[M].北京:北京理工大学出版社,2020.

［17］钱源.公路工程造价编制[M].重庆:重庆大学出版社,2020.